Hans Goldbrunner

Arbeit mit Problemfamilien

Systemische Perspektiven
für Familientherapie
und Sozialarbeit

Matthias-Grünewald-Verlag · Mainz

CIP-Titelaufnahme der Deutschen Bibliothek

Goldbrunner, Hans:
Arbeit mit Problemfamilien : systemische Perspektiven für
Familientherapie und Sozialarbeit / Hans Goldbrunner. —
Mainz : Matthias-Grünewald-Verl., 1989
(Edition Psychologie und Pädagogik)
ISBN 3-7867-1402-9

2. Auflage 1990

© 1989 Matthias-Grünewald-Verlag, Mainz
Das Werk einschließlich aller seiner Teile ist urheberrechtlich geschützt.
Jede Verwertung außerhalb der engen Grenzen des Urheberrechtsgesetzes
ist ohne Zustimmung des Verlages unzulässig und strafbar.
Das gilt insbesondere für Vervielfältigungen, Übersetzungen,
Mikroverfilmungen und die Einspeicherung und Verarbeitung
in elektronischen Systemen.

Umschlag: Harun Kloppe, Mainz
Satz: Roddert Fotosatz, Mainz
Druck und Bindung: Druckhaus Darmstadt GmbH

ISBN 3-7867-1402-9

Inhalt

Einleitung 7

I. Theoretische Modelle der Familie 15
　1. Lineares und zirkuläres Denkmodell 16
　2. Familie als soziales System 17
　3. Kommunikationstheoretische Aspekte 26
　4. Tiefenpsychologische Aspekte 32
　4.1 Das Kind als Objekt der Bedürfnisbefriedigung der Eltern 32
　4.2 Der Aufbau gemeinsamer familiärer Abwehrsysteme . . 34
　4.3 Die Mehrgenerationenperspektive 37

II. Merkmale von Problemfamilien 40
　1. Der Begriff „Problemfamilie" 40
　2. Sozioökonomische Belastungen von Problemfamilien und ihre Folgen 45
　2.1 Die finanzielle Situation 46
　2.2 Arbeitslosigkeit und Arbeitssituation 48
　2.3 Wohnsituation 51
　3. Familiendynamik bei Problemfamilien 52

III. Schwierigkeiten und Grundzüge der Arbeit mit Problemfamilien 64
　1. Der Mythos der Unbehandelbarkeit 64
　2. Sprachbarrieren 68
　3. Allgemeine Merkmale der Arbeit mit Problemfamilien . 73

IV. Allgemeine Grundlagen der Arbeit mit Problemfamilien . 76
　1. Zweigleisigkeit als Arbeitsprinzip 76
　2. Das Behandlungssetting 87
　2.1 Wer nimmt an der Behandlung teil? 87
　2.2 Hausbesuche 90
　3. Zur Dynamik des Behandlungssystems 93
　4. Wahrnehmung und Diagnose der Familie 103

V. Spezielle Ansätze 110
　1. Die Bearbeitung äußerer Probleme 110
　2. Probleme der Verhaltenskontrolle 116

    3. Umdeutung der familiären Wirklichkeit 125
    4. Die Zusammenarbeit des Familienberaters mit anderen Helfern 130

VI. **Die Bearbeitung von Beziehungen** 144
    1. Die Erarbeitung einer grundlegenden Kommunikationsstruktur 145
    2. Beziehungsarbeit und Beziehungssprache 148
    3. Der Einsatz von Metaphern in der Familienberatung . . 153
    4. Handlungsorientierte Beziehungsarbeit 157
    5. Der Umgang mit Krankheitssymptomen unter dem Beziehungsaspekt 163

VII. **Die Persönlichkeit des Beraters** 172

VIII. **Falldarstellungen** 179
    1. Ehepaar Lompa 179
    2. Familie Schmidt/Moll 192

Literaturverzeichnis 212

Einleitung

Die Familientherapie hat sich wie kaum ein anderes psychotherapeutisches Behandlungsverfahren in einer unwahrscheinlich kurzen Zeitspanne durchgesetzt. Das ist um so erstaunlicher, da dieser Vorgang begleitet wird von einer mächtigen Gegenbewegung, nämlich der Kritik an der bürgerlichen Kleinfamilie. Allzu häufig ist von den Vertretern unterschiedlichster Richtungen der Familienkritik der Vorwurf zu hören, die Familientherapie unterstütze ein überholtes Familienideal, das an der Ausbildung von psychischen Erkrankungen maßgeblich beteiligt sei. Anscheinend unbehelligt von dieser Kritik gewinnt die Familientherapie auch in Deutschland zunehmend Anhänger, und entgegen der ursprünglichen Befürchtung, daß gesunde Angehörige von psychisch Kranken wohl kaum bereit seien, sich einer Psychotherapie zu unterziehen, wird die Möglichkeit zur Familientherapie von der Bevölkerung inzwischen weitgehend genutzt.

Die Bedeutung der Familientherapie wird noch deutlicher, wenn man berücksichtigt, daß sie zur Verbreitung eines neuen Denkmodells beiträgt, das inzwischen noch wesentlich bekannter ist als die praktische Familientherapie: das Denken in Beziehungen und Systemen, welches das einzelne Individuum in seinem sozialen Kontext vernetzt wahrnimmt.

Das Vordringen der Familientherapie scheint jedoch in bestimmten Bereichen gebremst zu werden. Das gilt insbesondere für sozial benachteiligte Gruppen, deren psychosoziale Versorgung in erster Linie Sozialarbeitern anheimgestellt ist. Psychotherapeuten unterschiedlichster Richtungen haben häufig versucht, Zugang zu Klienten aus den untersten gesellschaftlichen Schichten zu bekommen oder nach gescheiterten Psychotherapien die Barrieren zwischen Mittelschichtstherapeuten und Unterschichtsklienten zu thematisieren; es fehlt auch nicht an erfolgversprechenden Projekten und Einrichtungen, die mit Klienten aus der Unterschicht arbeiten und den Mythos der Unbehandelbarkeit in Frage stellen. Dennoch scheinen die Schwellen zwischen Psychotherapeuten und unteren sozialen Schichten häufig kaum überwindbar. Psychotherapie erscheint in ihrer ursprünglichen Form als ein Privileg der Mittel- und Oberschicht, selbst wenn im Zuge der Ausbreitung eines psychotherapeutischen Verfahrens die Schwelle allmählich nach unten verlagert wird. Für sozial benachteiligte Gruppen bleiben häufig nur Versatzstücke der jeweiligen Methode, die von deren Helfern aufgegriffen und umgesetzt werden. Dieser Prozeß läßt sich anhand der Psychoanalyse Freuds, der klientenzentrierten Gesprächspsychotherapie von Rogers oder der Verhaltenstherapie nachweisen: Jede dieser

Richtungen wurde von der Sozialarbeit zunächst begeistert aufgenommen. Sozialarbeiter erlernten Theorien und Techniken und suchten sie in ihrem Arbeitsfeld umzusetzen, bis sie spürten, daß die Realisierung innerhalb ihres Gebiets auf Grenzen stößt, die durch institutionelle Rahmenbedingungen, gesellschaftliche Normen und Vorurteile sowie zum geringen Teil auch durch die Klienten und ihre Erwartungen festgelegt sind.
Das mag beklagt werden, hat jedoch auch einen positiven Aspekt, nämlich daß die Sozialarbeit sich eine gewisse Offenheit gegenüber neuen Denkrichtungen und Behandlungsmethoden bewahrt hat und sich durch neue Anregungen immer wieder inspirieren läßt, ihr Vorgehen zu modifizieren.
Das gilt in besonderem Maße für die Familientherapie. Die Familientherapie kommt den Bedürfnissen sozialer Berufe sehr gelegen. Das Bewußtsein für die Verflechtung individueller Probleme mit dem Familienleben ist hier von Anfang an stark ausgeprägt. In der Armen- und Gesundheitsfürsorge ging es etwa nicht nur darum, dem Arbeitslosen oder Kranken individuell zu helfen, sondern auch die familiären Auswirkungen der individuellen Not aufzufangen. In der „Familienfürsorge" wurde lange vor Bekanntwerden der Familientherapie die Einbeziehung der Arbeit mit der Familie zum Programm erhoben. Die materielle Not, mit der die Sozialarbeit konfrontiert wurde und wird, stellt in wesentlich stärkerem Maße eine existentielle Bedrohung dar als die psychischen Schwierigkeiten und Beziehungsprobleme von Mittelschichtsangehörigen. Überlebensprobleme schärfen das Bewußtsein für Werte wie Solidarität und Familienzusammenhalt. Die gesamte Familie leidet unter der Arbeitslosigkeit und finanziellen Not. Sie ist aufgerufen, gemeinsam nach Auswegen zu suchen und dabei die Möglichkeiten der Gesellschaft zu nutzen. Das familistische Denken sozial benachteiligter Gruppen steht in Zusammenhang mit der existentiellen Bedrohung. Dennoch zeichnet sich auch hier ein Wandel des Bewußtseins ab, der auf unterschiedliche Wurzeln zurückzuführen ist.
Der Ausbau des Systems der sozialen Sicherung hat zwar materielle Nöte nicht völlig beseitigt, hat ihnen aber vielfach den lebensbedrohlichen Charakter genommen. An dessen Stelle sind neue, nicht minder gravierende Schwierigkeiten getreten: massive gesundheitliche, psychische und Anpassungsprobleme an Anforderungen des Bildungssystems, Arbeitslebens und Normen des Zusammenlebens, Suchtprobleme und Schwierigkeiten, längerfristige Intimbeziehungen einzugehen und aufrechtzuerhalten. Das sind einige der neuen Herausforderungen an die psychosoziale Versorgung sozial benachteiligter Gruppen.
An dieser Stelle werden hohe Erwartungen an familientherapeutische Ansätze geknüpft. Die Familientherapie nimmt heute in der Aus- und Fortbildung von Sozialarbeitern einen hohen Stellenwert ein. Kritik an sta-

tionären Einrichtungen wie Heimerziehung, Strafvollzug oder psychiatrischen Großkrankenhäusern verstärken die Anstrengungen, Familien zu unterstützen, um psychisch gestörte Personen in ihrer Ursprungsfamilie zu belassen oder sie in gezielt ausgesuchten Pflegefamilien oder familienähnlichen Einrichtungen unterzubringen. Allerdings wurde diese Entwicklung nicht allein aufgrund fachlicher Überlegungen, sondern vor allem durch die Kostenexplosion im stationären Behandlungsbereich vorangetrieben. Trotz der finanziellen Engpässe der Träger der sozialen Versorgung ist es in erstaunlich kurzer Zeit gelungen, eine neue, speziell auf die Bedürfnisse der Klientel der Sozialarbeit ausgerichtete Hilfsform zu errichten, die die Betreuung von ganzen Familien zum Ziel hat, nämlich die sozialpädagogische Familienhilfe. Auch wenn diese Hilfsform noch in den Kinderschuhen steckt und noch nicht flächendeckend angeboten wird, wird dennoch deutlich, daß die Bereitschaft, neue familienorientierte Arbeitsformen einzuführen, sehr hoch ist.

Hier stellt sich allerdings die Frage, wieweit familientherapeutische Ansätze für Randschichtfamilien verwertbar sind und wieweit — ähnlich wie bei der Übertragung anderer Psychotherapieformen auf soziale Problemgruppen — Modifikationen erforderlich sind, die die besondere Situation dieser Familien berücksichtigen. An dieser Thematik sucht das vorliegende Buch anzuknüpfen. Es setzt sich zum Ziel, Anregungen für die Arbeit mit Familien aus unteren sozialen Schichten zu liefern. Dabei wird versucht, Elemente des familientherapeutischen Denkens und Vorgehens auf die besondere Situation der unterprivilegierten Familien zu beziehen. Zu betonen ist, daß es sich um Anregungen handelt, denn dieser Beitrag kann sich nicht anmaßen, ein Problem zu lösen, zu dessen Bewältigung schon viel getan und geschrieben wurde, ohne es befriedigend in den Griff zu bekommen. Bei genauerer Betrachtung ist das Problem auch nicht lösbar, da sich durch die Weiterentwicklung psychotherapeutischer Verfahren immer wieder neue interessante Perspektiven ergeben, wenn sie in die Arbeit mit Randgruppen übertragen werden.

Der Schwerpunkt liegt auf einigen Aspekten, die bisher bei der Anwendung familientherapeutischen Denkens und Handelns auf Randgruppenfamilien noch zu wenig beachtet wurden: die Bedeutung ökonomischer Probleme. Dabei wird der nicht unproblematische Versuch unternommen, eine Verbindung zwischen ökonomischen und Beziehungsproblemen herzustellen. Daraus leitet sich die praktische Konsequenz ab, über den Umweg der Bearbeitung materieller Mangelzustände einen Zugang zu Beziehungskonflikten zu schaffen. Beziehungen drücken sich nicht in erster Linie durch Worte aus, sondern durch Handeln und die Gestaltung von Alltagssituationen. Diese Binsenweisheit, die allerdings in der Psychotherapie allzu leicht in Vergessenheit gerät, soll hier konsequent in beraterisches Handeln umgesetzt werden. Die Bearbeitung von Beziehungen vollzieht sich nicht in einem lebensfernen Therapieraum, sondern in der Lebenswelt der Familie. Indem der Berater mit der Familie zusammen die Alltagsrealität untersucht, Probleme auswählt und praktikable Lösungen erarbeitet, drängen sich Beziehungsmuster der Familie förmlich auf, sie werden buchstäblich „greifbar". Diese Situation, in der die Motivation der Familie meist sehr hoch ist, Beziehungen weiterzuentwickeln, gilt es zu nutzen. Ich hoffe, dazu einige Impulse zu vermitteln. Mir scheint es in erster Linie wichtig, an alltäglichen Erfahrungen anzuknüpfen und sie in einem zweiten Schritt in theoretische Bezüge einzuordnen. Denn manche alltagspraktischen Beobachtungen gehen auf dem Weg der Abstraktion verloren und sind dann aus wissenschaftlichen Arbeiten nicht mehr zu rekonstruieren. Ich versuche, einige praktische Anliegen aufzugreifen und weiterzuentwickeln. Dabei ist mir bewußt, daß eine Reihe Fragen offenbleiben oder sich neu stellen. Ich habe bewußt die Formulierung „Familien*arbeit*" gewählt, um die Frage der Zuordnung dieses Ansatzes zu einer bestimmten Berufsgruppe zu umgehen. Mein Anliegen ist zunächst, Handlungsmöglichkeiten aufzuzeigen. Wer die Anregungen aufgreift und im Rahmen seines Arbeitsfeldes umzusetzen sucht, ist demgegenüber sekundär und erst ein zweiter Schritt, der von vielfältigen Bedingungen abhängt, die im einzelnen oft nicht zu überblicken sind.

In die Arbeit mit sozial benachteiligten Familien sind meist eine Vielzahl von Helfern unterschiedlichster Richtungen einbezogen, deren Verhältnis zueinander zuweilen ebenso problematisch ist wie die Problemlage der Familie selbst. Hier scheint es nicht in erster Linie bedeutsam, eine Zuordnung des Arbeitsansatzes bezogen auf helfende Berufe oder Institutionen vorzunehmen, sondern zunächst einen Ansatz zu entwickeln, der in einer umfassenden Sicht der Art der Beziehungen in der Familie gerecht zu werden sucht und gleichzeitig die Einbettung der Familie in das Netz sozialer Hilfen sowie in gesellschaftliche Konstellationen berücksichtigt. Diesen Ansatz bereits einer bestimmten Profession oder Hilfseinrichtung zuzuordnen, wäre gleichbedeutend mit der Solidarisierung für die ausgewählte Gruppe. Daraus läßt sich jedoch die Gefahr ableiten, daß der Ansatz vorschnell parteiisch wird. Das hieße jedoch, daß ein Vorzug des systemischen Ansatzes aufgegeben wird, nämlich sich in eine distanzierte Metaposition zu begeben und die subtilen Wechselbeziehungen zu analysieren, die Problemlösungen in der Familie positiv oder negativ beeinflussen.

Auch eine andere Lösung des Problems, nämlich eine neue Form der systemischen Beratung zu kreieren, erscheint mir mehr Probleme zu schaffen als zu lösen. Letztlich sehe ich im Moment keinen besseren Ausweg, als die Frage offenzulassen und es dem dynamischen Zusammenspiel der Einrichtungen und Berufe zu überlassen, wie sie damit umgehen. Wenn das Bewußtsein dafür aufgrund zunehmender systemischer Einsichten wächst, ist zu hoffen, daß sich von der Praxis her angemessenere Lösungsansätze entwickeln lassen, die auf den Gegebenheiten vor Ort aufbauend versuchen, das Problem der Aufsplitterung der sozialen Hilfen in den Griff zu bekommen.

Einer Begründung bedarf auch die Wahl des Ausdrucks „*Problem*familie", die in gewissem Sinn schon den Zugangsweg zur angesprochenen Personengruppe ausdrückt. Die Verwendung von Begriffen sollte nämlich in Übereinstimmung mit der vorherrschenden Sicht der Thematik stehen. Zur Bezeichnung der fraglichen Personengruppe werden meist Kriterien räumlicher Natur (z.B. Obdachlose) oder der gesellschaftlichen Einordnung (z.B. sozial Benachteiligte, Randgruppen, untere Unterschicht) benutzt. Diese unscharfen Kriterien erlauben jedoch keine klare Zuordnung, legen bereits eine bestimmte theoretische Sicht nahe, die linear geprägt ist und eine implizite Schuldzuschreibung suggeriert. Einen Ausweg aus diesem Dilemma bietet hier der Begriff Problemfamilie, der stärker beschreibenden Charakter hat und eher auf die Situation der Familie hinlenkt, nämlich auf die Existenz einer Summierung von Problemen, deren Lösung anscheinend nicht mehr möglich ist. Die Existenz von Problemen auf unterschiedlichen Ebenen, ihre Bedeutung für das familiale Zusammenleben sowie die Anstrengung zu ihrer Bewältigung sind der Gegenstand dieser Arbeit. Aufgrund dessen schien mir der Ausdruck „Problemfamilie" angemessen, um die Zielsetzung der Arbeit zu umschreiben. Mir ist bewußt, daß dieser in den letzten Jahren wenig benutzte Terminus einen neuen Gehalt erhält, der sich dadurch auszeichnet, daß der damit umschriebene Personenkreis weder soziologisch noch psychiatrisch im Sinne eines Krankheitsklassifikationssystems eindeutig definiert wird. Das enthält eine Unsicherheit, hat jedoch den Vorteil, daß die Sicht stärker auf die Familie selbst und ihr Zusammenwirken bei der Lösung von Problemen fokussiert wird.

Zum Verständnis des vorgestellten Ansatzes ist es hilfreich, die wichtigsten praktischen Erfahrungen zu nennen, auf denen er aufbaut. Charakteristisch dafür sind Beratungen von Familien, die in einem relativ institutionsfreien Rahmen durchgeführt wurden, aber in enger Zusammenarbeit mit Institutionen der Sozialarbeit oder psychologischen Beratungsstellen. Praktisch sind hier drei Schwerpunkte zu nennen.

Zum einen handelt es sich um Familien, mit denen ich selbst während und nach meiner familientherapeutischen Fortbildung arbeitete. Ich habe dabei z.T. mit Sozialarbeitern oder Sozialpädagogen zusammen Familien betreut, z.T. auch in Einzelbehandlung. Die ausgewählten Beispiele entstammen überwiegend diesem Gebiet. Ein anderer Bereich ist das Projekt

„Familienberatung" an der Universität-Gesamthochschule Essen, bei dem Studenten der Sozialarbeit/Sozialpädagogik und der Erziehungswissenschaften mit dem Schwerpunkt Sozialwesen mit Familien arbeiten. Über dieses Projekt wurde bereits an anderer Stelle berichtet (Goldbrunner u. a. 1988). Eine der aufschlußreichsten Lernerfahrungen dieses Projektes war, in welchem Ausmaß theoretisch noch wenig festgelegte Studenten sich in komplexe Familiensituationen einfühlen konnten und intuitiv originelle Problemlösungen entwickelten. Ich hoffe, daß es mir gelungen ist, im praktischen Teil einige davon einzufangen. Der dritte Praxisbereich stellt die Kooperation mit Sozialarbeitern und Sozialpädagogen im Rahmen von Fortbildungsveranstaltungen und Supervision dar. Diesem Bereich verdanke ich Einsichten in die Frage, wie Familien schrittweise zur Familienarbeit motiviert werden können, wie die Arbeit mit einem einzelnen Familienmitglied auf die ganze Familie bezogen werden kann, sowie vor allem das schwierige Problem der Zusammenarbeit zwischen unterschiedlichen Helfern, die eine Familie unterstützen.

Der vorliegende Ansatz ist somit Ergebnis eines langen Suchprozesses, der nicht immer gradlinig und systematisch im Sinn eines geschlossenen theoretischen Systems verlief, sondern bei dem Zufälle eine bedeutende Rolle spielten. Sowenig der Prozeß nach einem logisch überzeugenden Prinzip ablief und vermutlich weiter ablaufen wird, ebensowenig ist es auch das vorläufige Ergebnis. Es schien mir wichtiger, das was sich in der Praxis erfolgreich erwies, zu beschreiben, als ein geschlossenes und logisch stringentes Verfahren zu entwickeln. Dennoch war es mir ein Anliegen, nicht rein pragmatisch vorzugehen, sondern das Vorgehen auch theoretisch zu begründen, zumindest innerhalb eines bescheidenen Rahmens.

Diese Hintergrundüberlegungen machen den Aufbau des Buches verständlich. In einem ersten Kapitel geht es darum, theoretische Modelle zum Verständnis der Familie offenzulegen. Dabei war es erforderlich, das dieser Arbeit zugrunde liegende Verständnis der Familie als soziales System eingehender zu beschreiben, da es sich um die bedeutsamste theoretische Grundlage innerhalb der Familientherapie handelt, der Systembegriff allerdings sehr unterschiedlich benutzt wird. Während das Systemmodell eine sehr abstrakte und allgemeine Verständnishilfe darstellt, dienen kommunikationstheoretische und tiefenpsychologische Theorien dem Zweck, familiale Prozesse differenzierter wahrzunehmen. Dieses Kapitel stellt eine Auswahl bekannter theoretischer Ansätze aus der Familientherapie dar, die mir als Zugang zur Wahrnehmung von Problemfamilien bedeutsam erscheinen. Darauf aufbauend wird versucht, den Begriff „Problemfamilie" inhaltlich zu präzisieren und einige markante Züge von Problemfamilien zu beschreiben. Im Mittelpunkt stehen hier die sozio-ökonomische Belastung, die sich vor allem in der finanziellen Situation, der Arbeitsproblematik und der Wohnsituation widerspiegelt, sowie der Versuch, einige typische Beziehungskonstellationen aufzuzeigen. Derartige Ansätze, die in erster Linie auf kasuistischen Beobachtungen beruhen und nicht als repräsentativ gelten, stehen immer in dem Dilemma, daß sie in dem Maße, in dem sie Zusammenhänge aufzeigen, gleichzeitig zur Vorurteilsbildung beitragen, wenn sie unkritisch übernommen werden. Dennoch ist gerade eine klischeehafte Darstellung in der Praxis hilfreich, Beobachtungen zu strukturieren, und zwar auch dann, wenn diese Sicht verworfen wird. Auch wenn der Leser/die Leserin die vorliegende Sicht nicht übernimmt, mag sie ihm/ihr helfen, seine/ihre eigene abweichende Perspektive klarer zu erfassen.

Versuche, das komplexe Geschehen zwischen Familie und Berater sprachlich nachzuzeichnen, sind immer hochgradig selektiv und letztlich häufig unbefriedigend, weil sie mehr Fragen aufwerfen als sie beantworten. Dennoch stellt die Digitalisierung dieses Prozesses eines der wichtigsten Kommunikationsmittel unter Fachleuten dar. Ich habe mich bemüht, Mißverständnisse zu reduzieren, indem neben der Thematisierung des therapeutischen Prozesses zahlreiche Praxisbeispiele eingeblendet werden, die einerseits die Thematik illustrieren, andererseits immer wieder auf ganzheitlichere Zusammenhänge verweisen.

Da sich insbesondere in der psychotherapeutischen Fachliteratur viele Hinweise auf Schwierigkeiten der Behandlung von Unterschichtklienten finden, ging es zunächst darum, der Frage der Behandelbarkeit nachzugehen. Hier werden einige Schwierigkeiten und Barrieren aufgezeigt sowie — eher in eine positive Richtung weisend — einige allgemeine Merkmale der Arbeit mit Problemfamilien, die in der Literatur relativ übereinstimmend genannt werden.

Das Spezifische des hier zur Diskussion gestellten Ansatzes besteht in der Zweigleisigkeit, d.h. in der Verbindung von Problemlösungen auf der eher sozioökonomischen und der Beziehungsebene, der Verknüpfung einer sozialarbeiterischen mit einer familientherapeutischen Zielsetzung und Vorgehensweise. Dieser Ansatz wird zunächst allgemein skizziert. Die Beziehung zwischen Familie und Berater wird als dialektisches Verhältnis interpretiert, innerhalb dessen Spannungszustände zwischen Gegensätzen ausgehalten werden müssen, z.B. zwischen Nähe und Distanz, Anpassung und Neustrukturierung. Als bedeutsam ist auch anzusehen, wie sich der Berater einen Eindruck der Familie verschafft, d.h. wie er die Familie wahrnimmt und diagnostiziert.

Neben diesen allgemeineren Fragen, die den Rahmen des Vorgehens abstecken, ist es sinnvoll, das Vorgehen weiter zu präzisieren. Das ist nur möglich, wenn einige Schwerpunkte herausgegriffen werden, die in der Arbeit gehäuft auftreten. Bei der Bearbeitung äußerer Probleme und der Kontrolle agierender Verhaltensweisen geht es zunächst darum, Probleme, unter denen die Familie vorrangig leidet oder die von der Umwelt als problematisch angesehen werden, gezielt anzugehen und gleichzeitig eine Sensibilisierung für die zugrunde liegenden Beziehungskonflikte zu erzeugen. Die Technik der Umdeutung soll in diesem Zusammenhang dazu dienen, der Familie Zugang zu einer Sicht ihrer eigenen Realität zu verschaffen, die ihr bisher noch kaum bewußt ist. Ein zentrales Problem stellt die Zusammenarbeit dar, da Problemfamilien häufig von mehreren Einrichtungen Hilfen in Anspruch nehmen.

Die Bearbeitung und Veränderung der innerfamilialen Beziehungen ist einer der Schwerpunkte. Auch hier kann aus der umfangreichen Palette vorhandener Ansätze nur eine gezielte Auswahl von Vorgehensweisen aufgezeigt werden, die sich in der eigenen Arbeit als erfolgreich erwiesen haben. Es geht zunächst darum, eine Gesprächsform herzustellen, die ein gegenseitiges Zuhören garantiert. Das Reden über Beziehungen bedarf einer besonderen „Beziehungssprache", die allerdings der Sprache der Unterschicht näherstehtals der eher verallgemeinernden und abstrakten Sprache der Mittelschicht. Ein Spezifikum stellt dabei die Thematisierung der Beziehungen dar, soweit sie sich in den Handlungen der Familienmitglieder abbildet. Auch organische Krankheiten und psychosomatische Symptome bieten sich häufig an, zum Gegenstand der Beziehungsarbeit erhoben zu werden. Einen Gegenpol gegen die zuweilen technisch ausgerichtete Beschreibung des Ansatzes stellt das abrundende Kapitel dar, das versucht, die Persönlichkeit des Beraters in den Mittelpunkt zu stellen. Dadurch wird verdeutlicht, daß auch in einer systemisch konzipierten Beratung persönliche Verantwortung zu übernehmen ist, was nur in einer linearen Sicht des Beratungssystems möglich ist.

Als Abrundung folgen zwei Falldarstellungen. Das erste Beispiel ist ein Transkript einer längeren Sequenz aus einer Paarberatung, die ich selbst durchführte. In dieser Sitzung klingen verschiedene Themen an, die in den vorangehenden Kapiteln beschrieben wurden. Das zweite Beispiel ist ein zusammenfassender Prozeßbericht einer länger dauernden sozialpädagogischen Familienhilfe mit massiven Problemen, die einen hohen zeitlichen und emotionalen Einsatz der Beraterin erforderlich machte. Ich danke Frau Helga Pilkowski, daß sie die Falldarstellungen für die Veröffentlichung zur Verfügung stellte.

I. Theoretische Modelle der Familie

Ehe auf einzelne Konzepte der Familie, die innerhalb der Familienarbeit bedeutsam sind, eingegangen wird, soll eine kurze Vorbemerkung zum Stellenwert von Theorien vorausgeschickt werden, um Fehlerwartungen abzubauen und Enttäuschungen zu verhindern.
Theorien haben im Rahmen der Familienarbeit in erster Linie eine Orientierungsfunktion. Sie dienen dazu, der Vielzahl von Techniken Sinn und Bedeutung zu verleihen (Minuchin und Fishman 1983) und Hinweise zu liefern, wann sie angewandt werden. Sie sind eine Art Landkarte, die hilft, sich im Dschungel der familialen Interaktionen zurechtzufinden. Dieser pragmatische Standpunkt ist für den wissenschaftlich denkenden Therapeuten unbefriedigend, da für ihn der Wahrheitsanspruch an eine Theorie über alles geht.
Unter wissenschaftlichen Gesichtspunkten sollen Theorien an der Realität überprüfbar bzw. bereits weitgehend abgesichert sein, es sollen keine voreiligen Kurzschlüsse erfolgen usw. Der Praktiker benötigt übersichtliche Modelle, die ihm zu einem raschen Einblick verhelfen und Handlungsperspektiven eröffnen. Modelle müssen nicht allgemeingültig sein, sie können, wenn sie nicht weiterhelfen, rasch verworfen und durch bessere ersetzt werden.
Theoriemodelle der Familientherapie stehen in diesem Spannungsfeld zwischen wissenschaftlicher Absicherung und Praktizierbarkeit. Beide Anforderungskriterien sind meist nicht in vollem Umfang realisierbar. Je höheren wissenschaftlichen Ansprüchen eine Theorie genügt, um so unhandlicher wird sie für den Praktiker. Umgekehrt laufen Modelle, die allein unter praktischen Gesichtspunkten entwickelt werden, Gefahr, zu vereinfachen und die Komplexität der Realität zu nivellieren, wenn sie zu rezeptartig benutzt werden. Dieser Spannungszustand ist nicht aufhebbar. Daraus ergibt sich jedoch, daß jeder Versuch einer theoretischen Modellbildung als Kompromiß erscheint, der in beide Richtungen — der wissenschaftlichen wie der praktischen — Wünsche offenläßt.
Auch die folgende Darstellung von theoretischen Modellen zum Verständnis familiärer Beziehungen ist in diesem Dilemma zu sehen. Auf der einen Seite wird versucht, zumindest punktuell auf die wissenschaftliche Problematik zentraler Begriffe zu verweisen. Das gilt zumindest für das Systemmodell als der zentralen Theorie der Familientherapie. Daneben werden verschiedene andere Konzepte schemenhaft dargestellt, die für die Arbeit mit Problemfamilien bedeutsam erscheinen. Systemtheoretische, kommu-

nikationstheoretische und tiefenpsychologische Aspekte stellen zunächst allgemeine Konzepte zum Verständnis der Familie dar. Darüber hinaus ist es erforderlich, speziellere Merkmale von Problemfamilien aufzuzeigen. Diese Ausführungen sind als eine Zusammenfassung bedeutsamer Aspekte zu sehen, die in erster Linie unter dem pragmatischen Aspekt ausgewählt sind.

1. Lineares und zirkuläres Denkmodell

Die Entwicklung der Familientherapie ist eng mit der Ausarbeitung eines Denkmusters verbunden, das in der Psychotherapie bisher unbekannt war. In der Einzelbehandlung überwog das linear-reduktionistische Denken: Aus der komplexen Vielfalt des Verhaltens werden möglichst klar abgrenzbare Einzelvariablen herausgefiltert und nach dem Modell einer linearen Ursache-Wirkungskette miteinander verbunden, etwa nach dem Schema: A (verwöhnende Haltung der Mutter) ist die Ursache von B (Alkoholismus, Drogenabhängigkeit). Diese Denkweise erweist sich in der Familienbehandlung als unbefriedigend. Bei sorgfältiger Beobachtung entdeckt man so viele Einzelvariablen, daß es aussichtslos erscheint, sie zufriedenstellend auf kausale Verbindungen zu reduzieren. Ferner gerät der linear denkende Familientherapeut rasch in ein Netz familiärer Verstrickungen, da die Festschreibung von Ursachen und Folgen von Familienmitgliedern als Schuldzuschreibung und Parteinahme verstanden wird. Lineares Denken ist ein beliebtes Streitthema in Familien, etwa nach dem Muster:

Mutter: (zum Vater) Mark bleibt dieses Jahr in der Schule sitzen. Du hättest Dich mehr um ihn kümmern sollen!

Vater: Jedesmal, wenn ich mich mit Mark beschäftige, hast Du was an mir auszusetzen. Wenn Du es besser weißt, dann mach es doch selbst!

Die Mutter sieht die Ursache für Marks Schulversagen im Rückzug des Vaters. Der Vater gibt als Grund für seinen Rückzug die entwertende Kritik der Mutter an. Dieses Spiel, bei dem jeder sein Verhalten mit dem Verhalten des anderen entschuldigt, läßt sich endlos fortsetzen, wenn man das lineare Denkmuster nicht aufgibt. Aus etwas größerer Distanz erkennt man unschwer, daß es sich bei dem Streit über die Ursache des Schulversagens um etwas handelt, das die Beziehung zwischen den Eltern strukturiert: Beide benutzen den Sohn, um den Konflikt, den sie miteinander haben, auszutragen.

Die Unzulänglichkeiten des linear-reduktionistischen Denkmodells, die hier an einem Beispiel aus der familiären Interaktion aufgezeigt wurden, haben in Natur- und Humanwissenschaften zur Ausbildung eines neuen wissenschaftlichen Paradigmas geführt, das von der Familientherapie begeistert aufgenommen wurde. In der Literatur findet man dafür unterschiedliche Bezeichnungen, die jeweils andere Akzente setzen: zirkulär, holistisch, organismisch. Am gebräuchlichsten ist jedoch der Begriff systemisches Modell. Die systemische Sicht vernachlässigt die analytische Aufteilung in einzelne Ursache-Wirkungs-Beziehungen und ersetzt sie durch eine ganzheitliche Perspektive, in der die Interdependenz, die gegenseitige Beeinflussung des gesamten Beziehungsnetzes, untersucht wird. Jedes Verhalten wird als Ergebnis der Einwirkung eines komplexen sozialen Feldes wahrgenommen, das es gleichzeitig in Form von Rückmeldungen verändert. Aus diesem Blickwinkel erscheinen nach Ursachen forschende Warum-Fragen unangemessen; ein besserer Zugangsweg zum Verständnis eines sozialen Systems ist hier die Suche nach Beziehungsmustern und -regeln, wie Ereignisse miteinander verkettet sind.

2. Familie als soziales System

Die Systemtheorie wird als die gemeinsame theoretische Basis für familientherapeutische Richtungen unterschiedlichster Herkunft angesehen. Dennoch mehren sich die Stimmen, die auf die Problematik dieses Denkmodells hinweisen. „Die Familie als System zu bezeichnen, erzeugt ebenso viele Fragen wie sie beantwortet" (Kantor und Lehr 1975, zit. n. Brunner 1986, S. 23). Eines der Hauptprobleme dabei ist die starke Differenzierung, die der Systembegriff inzwischen erfahren hat. Wenn von System gesprochen wird, ist immer zu hinterfragen, welche Bedeutungsvariante dabei thematisiert wird.

Diese ernüchternden Feststellungen sind den folgenden Ausführungen über die Familie als soziales System vorauszuschicken, um darauf hinzuweisen, daß es sich um eine Interpretation des Systemmodells handelt, die subjektiv gefärbt ist und Akzente aufweist, die auf den hier vorgestellten Ansatz der Arbeit mit Problemfamilien abgestimmt sind. Es geht zunächst darum, das Systemkonzept möglichst praxisnah darzustellen. Anschließend werden einige kritische Argumente überprüft.

Nach Brunner (1986) werden mit dem Begriff „System" zwei Aspekte erfaßt:

„1. Der Aspekt des Übergreifenden, des Ganzen, der Einheit, der Entität und

2. der Aspekt der Verknüpfung der einzelnen Elemente, Bestandteile, Individuen einer solchen Einheit oder Entität" (S. 25).

In allgemeiner Form läßt sich System definieren als „eine aus irgendwelchen Elementen (materieller oder geistiger Art) geordnet zusammengesetzte Ganzheit" (Simon/Stierlin 1984, S. 355). Skynner benutzt eine Definition, die biologische Merkmale aufweist: „Lebende Systeme sind Prozesse, die über relativ lange Zeiträume gleichbleibende Strukturen beibehalten, obgleich sie ihre konstituierenden Teile in ständigem Austausch mit der Umwelt ersetzen" (S. 21).
Als Hauptmerkmal des Systemmodells kann gelten, daß sich die Aufmerksamkeit nicht auf das einzelne Objekt, sondern auf die *Beziehungen*, die zwischen den Objekten existieren, konzentriert. Die einzelnen Objekte gelten als Teile eines ganzen Systems; die Teile sind in irgendeiner gesetzmäßigen Form aufeinander bezogen und können nicht isoliert voneinander verstanden werden (Das Ganze ist mehr als die Summe seiner Teile). Als Anschauungsbeispiel diene ein Mobile: Jede Figur (als Element des Systems) ist mit den anderen verbunden. Wird eine Figur durch einen Windstoß bewegt, läßt sich die Fortpflanzung der Bewegung auf die anderen Figuren deutlich beobachten, wobei die Bewegung durch die kunstvolle Aufhängung abgewandelt wird. Der Reiz des Mobile besteht nicht in den Figuren, sondern in der Verbindung der Figuren untereinander.
Sieht man die Familie als soziales System, dann interessieren vor allem die Interaktionen zwischen den einzelnen Personen. Der Familientherapeut untersucht, welche regelmäßigen Abläufe in den Transaktionen der Familie zu beobachten sind (der „Familientanz"). Das Verhalten der einzelnen erscheint in einem übergreifenden ganzheitlichen Kontext. Auf diese Weise werden bizarre Verhaltensweisen von Individuen verständlich, wenn sie in das familiäre Geschehen eingeordnet werden. Eine anscheinend sinnlose „schizophrene" Reaktion läßt sich anders bewerten, wenn sie als Element eines Beziehungsmusters erscheint, in dem z.B. massive Wünsche nach Intimität und Angst vor Nähe nebeneinander existieren und auf verschiedenen Kommunikationskanälen gleichzeitig mitgeteilt werden.
Ein wesentliches Merkmal von Systemen ist die Frage der *Stabilität/Veränderung* im Laufe der Zeit. Besonders zwischenmenschliche Systeme sind keine statischen Gebilde, sondern werden ständig mit Veränderungen konfrontiert, die das Systemgeschehen bedrohen. Veränderungen in der Familie ergeben sich etwa innersystemisch aus der Weiterentwicklung, durch Hinzukommen oder Ausscheiden von Familienmitgliedern, aber auch durch Außeneinflüsse wie ökonomische oder politische Veränderungen.

In der Familie Kurz hat die Tochter Manuela (16 Jahre) eine enge Beziehung zu ihrem Vater, während das Verhältnis zur Mutter eher angespannt ist. Manuela hat seit einigen Monaten einen festen Freund. An einem Abend bleibt Manuela länger als verabredet von zu Hause weg. Die Mutter ruft aufgeregt beim Freund an, worauf Manuela sofort nach Hause kommt. Die Mutter macht Manuela heftige Vorwürfe, während der Vater ruhig auf dem Sofa liegt. Da sich Manuela geschickt verteidigt, kommt es zu einem heftigen Streit, bis der Vater plötzlich aufspringt, Manuela schlägt und würgt. Daraufhin wendet sich die Mutter an die Nachbarn, die wiederum die Polizei einschalten. Manuela kommt vorübergehend in ein Aufnahmeheim. Nach der Entlassung wird die Beziehung zwischen Manuela und ihrem Freund noch enger. Kurz darauf wird der Vater wegen einer Depression in ein psychiatrisches Krankenhaus eingeliefert.

Während bei einer linearen Sichtweise die Depression des Vaters individuell diagnostiziert und behandelt wird, ergeben die Vorgeschichte und die Begleitumstände des Ausbruchs bei einer Betrachtung des familiären Beziehungsnetzes einen tieferen Sinn. Manuelas Freundschaft stellt einen wichtigen Schritt in der Loslösung von den Eltern dar, die vor allem für den Vater mit Schmerzen verbunden ist. Das ganze familiäre System wird durch diese Veränderung herausgefordert, die bisherigen Beziehungen aufzugeben und auf einer neuen Ebene einzuregeln. Die Depression des Vaters kann als erste Reaktion auf die veränderte Situation interpretiert werden. Watzlawick u.a. (1969) verwenden zur Beschreibung derartiger Vorgänge kybernetische Termini wie Gleichgewicht, Rückkopplung und Selbstregulierung von Systemen. Die Beziehungen zwischen den Objekten eines Systems — hier den Familienmitgliedern — sind in einer Weise geregelt, daß sie bestimmte Grenzwerte nicht über- oder unterschreiten. Diesen Zustand bezeichnet man als Gleichgewichtszustand *(Familienhomöostase)*. Heider (1977) bezeichnet als Gleichgewichtszustand eine Situation, „in der die Relationen zwischen den Größen harmonisch zueinander passen; es gibt keinen Drang zu einer Veränderung" (S. 238). Systeme, die über homöostatische Mechanismen verfügen, sind in der Lage, trotz Veränderungen in der Umwelt eine gewisse Stabilität aufrechtzuerhalten und ihre Identität zu bewahren. Zur Aufrechterhaltung der Homöostase sind Rückkopplungsprozesse erforderlich. In technischen Regelsystemen lösen Rückmeldungen über das Abweichen des Ist-Wertes vom Soll-Wert Prozesse aus, die den Ist-Wert wieder in den Toleranzbereich zurückführen.
In der Familie Kurz kann man die Phase, in der der Vater eine enge Beziehung zu Manuela hatte, während die Mutter eine kritisierende Kontrolle ausübte, als einen relativ lange anhaltenden Gleichgewichtszustand ansehen. Die Jugendfreundschaft Manuelas wird von den Eltern als Bedrohung erlebt: Manuela entzieht sich gleichzeitig der Nähe des Vaters und der Kontrolle der Mutter. Die Wahrnehmung von Manuelas Wegbleiben ist eine warnende Rückmeldung, daß das bisherige Gleichgewicht aus den Fugen gerät.

Jackson (1957) übertrug das Konzept der Homöostase auf die Familie. Ihm ging es vor allem darum, mit dem Begriff der Familienhomöostase Zustände von übertriebener Starrheit und mangelnder Flexibilität sowie die Unfähigkeit zur Veränderung zu charakterisieren. Das Konzept der Familienhomöostase ist sicher ein überzeugenderes Modell zur Beschreibung hartnäckiger pathologischer Zustände, die sich auch therapeutischer Einflußnahme weitgehend entziehen, als der Wiederholungszwang bei Freud. Es wird jedoch problematisch, wenn man es benutzt, um damit Prozesse in normalen Familien zu beschreiben. Flexible familiäre Beziehungen sind nicht so starr, daß sie nur einen einzigen Gleichgewichtszustand zulassen. Jede Familie durchläuft unterschiedliche Entwicklungsstadien, in denen sich die Beziehungen laufend verändern, d.h. auf einem immer neuen Gleichgewichtszustand einpendeln. Zur Beschreibung von Veränderungen in Familien ist der statische Homöostasebegriff der Kybernetik unzureichend. Er bedarf einer Modifikation, die mit unterschiedlichen Zusatzannahmen angestrebt wird. Bertalannfy (1972) spricht von einem *Fließgleichgewicht*, womit ausgedrückt werden soll, daß Gleichgewichtszustände nur kurze Zeit andauern und sehr schnell in Frage gestellt werden.

Während sich in normalen Familien Beziehungen ständig weiterentwickeln, gelingt es rigiden Familien nicht, Beziehungsstrukturen, die in einer bestimmten Entwicklungsphase sinnvoll waren, aufzugeben und durch neue zu ersetzen. Hier versucht die Familie, ein festes homöostatisches Niveau krankhaft aufrechtzuerhalten, auch wenn dadurch erhebliche Einschränkungen in Kauf genommen werden.

Watzlawick u.a. (1969) benutzen die Begriffe positive und negative *Rückkopplung* zur Beschreibung von Stabilität und Veränderung in der Familie. In familialen Systemen können Rückmeldungen über Abweichungen in unterschiedlicher Form verarbeitet werden:
— durch Auslösung von Transaktionen, die den alten Gleichgewichtszustand wiederherstellen (negative Rückkoppelung),
— durch Auslösung von Handlungen, die auf die Veränderung der bisherigen Beziehungsmuster abzielen (positive Rückmeldung).

Systeme, die über beide Mechanismen (positive und negative Rückmeldung) verfügen, sind in der Lage, unabhängig von Fremdsteuerung zu funktionieren, sie verfügen über Selbstregulierung, d.h. man kann ihnen eine gewisse Autonomie und Unabhängigkeit von der Umwelt zusprechen.

Ein weiteres Merkmal von Systemen sind *Grenzen* bzw. die *Offenheit/ Geschlossenheit*. Damit ein System klar definiert werden kann, muß deutlich sein, wie weit das System reicht, und wo die Umwelt anfängt, d.h. das System ist abgegrenzt. In den Beziehungen zwischen Staaten dienen Grenzen jedoch nicht nur dazu, zu klären, wo einzelne Staaten enden, sondern

Grenzen stellen auch Regeln dar, die festlegen, was und in welcher Form etwas die Schlagbäume passieren darf. Ähnlich wie geographische Grenzen nie total geschlossen gehalten werden können, sondern in unterschiedlichem Ausmaß geöffnet sind, kann das Verhältnis der Familie zur Umwelt mehr oder minder stark geöffnet sein.

Grenzen legen also die Trennlinie zwischen System und Umwelt fest und sorgen dafür, daß bestimmte Dinge von außen in das System gelangen oder vom System nach draußen dringen, während der Austausch anderer Dinge unterbunden wird. Gelingt es nicht, mit Hilfe der Grenze den Austausch einzuschränken, geht der Unterschied zwischen System und Umwelt verloren, innen und außen gleichen sich an. Wird auf der anderen Seite der Austausch völlig unterbunden — was bei sozialen Systemen kaum möglich ist — erstarrt das System, es verliert an Lebendigkeit.

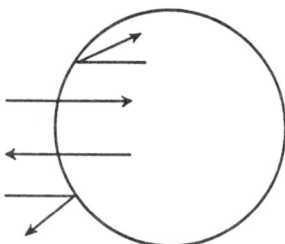

Abb. 1: Die halbdurchlässige Grenze lebender Systeme (aus Skynner, 1981, S. 22).

Das Ausmaß der Offenheit/Geschlossenheit einer Familie wird jedoch nicht nur von der Familie selbst, sondern in beträchtlichem Ausmaß auch durch die Umwelt oder durch soziale Normen bestimmt. Die Flitterwochen sind etwa eine Einrichtung, die jungen Paaren gesellschaftlich zugebilligt wird, um losgelöst von sozialen Verpflichtungen Intimität zu erleben und ein neues Beziehungssystem, das eheliche System, aufzubauen. Ein junges Ehepaar stellt vorübergehend ein relativ geschlossenes System dar, während eine Familie, in der sich die Kinder von den Eltern lösen, und die Eltern neue außerfamiliäre Aktivitäten anstreben, ein eher offenes System bildet.

Im Vorgriff auf die Situation von Problemfamilien sei hier darauf hingewiesen, daß häufig subkulturelle Normen zu beobachten sind, die den Zugang zu Hilfseinrichtungen regulieren. Die Normen zielen darauf ab, daß die Familie sich nach außen wendet, um ihre materielle Not zu signalisieren und materielle Hilfe in Anspruch zu nehmen, während etwa Fragen der Erziehung, Partnerprobleme zur Privatsache der Familie deklariert werden, „die niemand etwas angehen", d.h. die nicht die Außengrenze der Familie passieren dürfen. Psychotherapeutische Angebote prallen aus diesem Grund an der Familiengrenze ab, weil soziale Normen an diesem Punkt keine Öffnung erlauben.

Die Bedeutung der Grenzen wird noch deutlicher, wenn wir uns dem Verhältnis zwischen Systemen unter dem Aspekt der *Hierarchie* zuwenden. Systeme existieren nicht nur nebeneinander (Familie A neben Familie B), sondern überschneiden sich, kleinere Systeme können Teile eines größeren Systems sein, z.B. die Kernfamilie, bestehend aus Eltern und Kindern, ist Teil einer Großfamilie, diese wiederum Teil einer Gemeinde usw. Systeme werden zu hierarchischen Organisationen (Suprasysteme) zusammengefaßt, innerhalb des umfassenderen Suprasystems differenzieren sich kleinere Systeme.

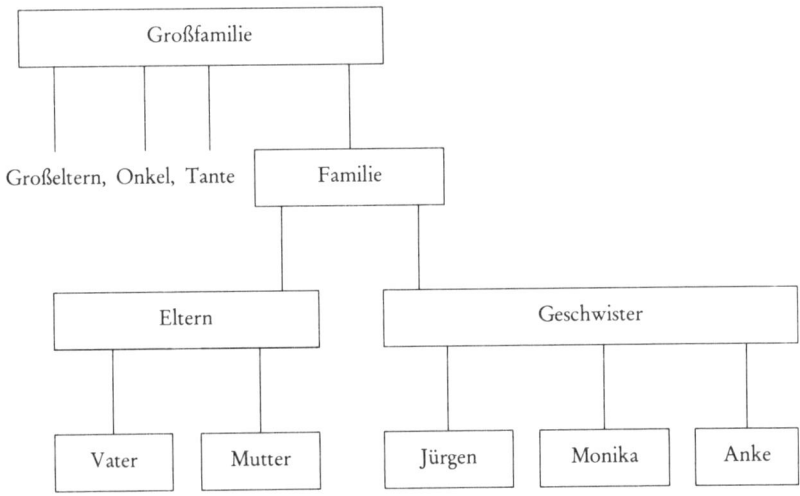

Abb. 2: Systemebenen der Familie.

Das Konzept der Systemhierarchie hat eine hohe praktische Bedeutung, da es ermöglicht, innerhalb der Familientherapie Prozesse auf verschiedenen Ebenen miteinander zu verbinden. Dazu seien hier einige Aspekte angeführt. Im Praxisteil wird dieser Gedanke jedoch noch häufiger zu erwähnen sein.

In der Familientherapie wurde der Aspekt der Systemhierarchie von Minuchin (1977) am prägnantesten herausgearbeitet. Minuchin untersucht vor allem die Bedeutung von *Subsystemen* für die ganze Familie, denen jeweils spezifische Funktionen zugeschrieben werden. Als die bedeutendsten familiären Subsysteme lassen sich anführen:

- das eheliche Subsystem mit der Funktion der gegenseitigen Bedürfnisbefriedigung und Unterstützung der Partner,
- das elterliche Subsystem mit der Funktion der Ernährung und Sozialisierung der Kinder,
- das Geschwistersubsystem mit der Funktion der Ausbildung von gleichaltrigen Beziehungen,
- das Geschlechtersubsystem (z.B. Mutter-Tochter) mit der Funktion der Ausbildung der geschlechtlichen Identität.

In gestörten Familien sind die Grenzen zwischen den verschiedenen Subsystemen häufig unklar. So kann etwa ein „Elternkind" bereits allzusehr mit elterlichen Aufgaben betraut sein und die Rolle eines fehlenden oder enttäuschenden Elternteils einnehmen. Besonders Haley (1977) hebt die klare Trennung unterschiedlicher hierarchischer Ebenen hervor. Nach seiner Meinung beruhen Störungen in der familiären Organisation vor allem darauf, daß Koalitionen über verschiedene Ebenen der Hierarchien gebildet werden, die das Machtgefüge der Familie außer Kraft setzen. Außer dem genannten Beispiel, bei dem ein Elternteil entmachtet wird, indem der andere eine Koalition mit einem Kind (oder allen Kindern) eingeht, nennt Haley z.B. Koalitionen zwischen Großeltern und Kindern, um einen Elternteil zu entmachten. Der Familientherapeut hat die Aufgabe, Störungen der familialen Organisation zu erkennen und die Familie zu unterstützen, die Hierarchie in angemessener Form wiederherzustellen. Vordringlich ist die Bestätigung der Eltern in ihrer Machtposition, was jedoch nicht mit einer Förderung autoritärer Erziehungspraktiken verwechselt werden darf. Einen der schwerwiegendsten Fehler von Familientherapeuten sieht Haley darin, daß der Therapeut sich mit dem gestörten Kind als dem angeblich Schwächsten in der Familie verbündet, damit den Eltern Verantwortung abnimmt und sie aus ihrer hierarchischen Position verdrängt. Minuchin hebt die Notwendigkeit hervor, die Funktionsweise und Abgrenzung der einzelnen Subsysteme zu untersuchen und vernachlässigte Subsysteme zu stützen. In diesem Zusammenhang kann es auch sinnvoll sein, mit einzelnen familiären Subsystemen (Eltern, Problemkind) zeitweise allein zu arbeiten. Sieht man die Familie als Subsystem einer umfassenderen Organisationsstufe, wird es ferner möglich, Familientherapie aus ihrer Isolation auf die Kleinfamilie zu befreien und in einen größeren gesellschaftlichen Kontext zu stellen (z.B. Arbeit mit Mehrfamiliengruppen, Vernetzung einer Familie in einer Selbsthilfeinitiative). Der Aspekt der Hierarchie von Systemen erweist sich somit als wertvoll, Binnenstrukturen in der Familie wahrzunehmen und Familientherapien nach unten (z.B. Individualbehandlung) und nach oben (Gruppenbehandlung, Gemeinwesenarbeit) offenzuhalten.

Besonders in der Arbeit mit sozial benachteiligten Familien erweist sich die Konzentration auf die Zweigenerationenfamilie als zu starr, um die Familienrealität zu erfassen, während die komplexere Sicht hierarchischer Systeme besser geeignet ist, um vielfältigen Beziehungen einer häufig unvollständigen oder instabilen Familie zur Großfamilie, zu Nachbarn, Bekannten und sozialen Institutionen in die Arbeit einzubeziehen. Ferner erscheint es möglich, bei nicht ausreichender Motivation eines Teils der Familie ganz oder vorübergehend nur mit einem Subsystem zu arbeiten und dennoch das gesamte familiäre Beziehungssystem nicht aus dem Auge zu verlieren. Wegen der grundlegenden Bedeutung, die das Systemmodell in der Familientherapie einnimmt, ist es sinnvoll, einige kritische Aspekte aus der Diskussion des Konzepts aufzugreifen. Der Stellenwert der Systemtheorie als verbindender Klammer zwischen unterschiedlichen und z.T. sehr heterogenen Richtungen der Familientherapie wird inzwischen kaum mehr angezweifelt, da sie dazu beiträgt, Vorgänge in der Familie ganzheitlich und prozeßhaft wahrzunehmen.

Sie stellt eine bedeutsame Horizonterweiterung dar, die das einseitig lineare Denkmuster aufzubrechen hilft. Neue Perspektiven zeichnen sich in verschiedenen Bereichen ab. Über die individuelle Ebene hinausgehend werden bedeutsame zwischenmenschliche Beziehungen in Theorie und Praxis stärker einbezogen. Die Formulierung eines abstrakten Systemmodells mit Merkmalen wie strukturierte Ganzheit, Rückkoppelung, Grenzen, Homöostase, Hierarchie erlaubt, mit der Analyse auf unterschiedlich komplexen Ebenen einzusetzen: Individuum, Gruppe, Institution, Gemeinwesen oder Gesellschaft können als System gesehen und behandelt werden. Diese Perspektive gestattet ein flexibleres Vorgehen auch im therapeutischen Bereich, allerdings nur unter der Voraussetzung, daß sich der Therapeut nicht — ähnlich wie der Individualtherapeut — auf eine einzige Systemebene wie die Familie ausschließlich bindet, sondern im Sinn der Offenheit der Systeme und Hierarchie zwar Grenzen von Systemen akzeptiert, aber diese auch zu überschreiten in der Lage ist. Wie sich noch zeigen wird, ist gerade dieser Aspekt für die Arbeit mit Problemfamilien von grundlegender Bedeutung.

Aufgrund dieser Vorteile des systemischen Denkens jedoch von einer „kopernikanischen Wende" (Guntern 1980) des klinisch-psychologischen Denkens zu sprechen, scheint überzogen, vor allem wenn damit die Erwartung verknüpft ist, auf lineare Denkmodelle in Zukunft verzichten zu können. Brunner (1986) weist in einer eingehenden Analyse des von der Familientherapie rezipierten Systemmodells auf die Heterogenität und Uneinheitlichkeit des Systembegriffs hin. Es läßt sich fragen, ob und wieweit die aus dem nicht humanen Bereich entwickelten Vorstellungen sich auf menschliches Zusammenleben übertragen lassen. Dies gilt insbesondere für technische Begriffe wie Homöostase, Rückmeldung, Selbstregulierung. Bei ihrer Verwendung sollte man sich bewußt sein, daß es sich um Analogien handelt, die in bildhafter Form bestimmte Aspekte des familiären Geschehens in den Mittelpunkt rücken, aber nicht das gesamte Geschehen verdeutlichen können. Familiäre Beziehungen sind komplexer als die Steuerungsanlage eines automatisierten Heizungssystems.

Trotz aller theoretischen Bedenken bezüglich der Übertragbarkeit des Homöostasemodells auf die Familie, die in der Literatur ausgiebig diskutiert sind, erweist sich dieses in der Praxis als wertvoll, wenn Gleichgewicht nicht als absolute und unveränderliche Konstante verstanden wird, sondern als eine mehr oder weniger stark ausgeprägte Kraft, die Widerstand gegen Veränderung leistet. Damit läßt sich untersuchen, in welchen Bereichen sie auftritt, wie stark sie ist, wodurch sie unterstützt oder geschwächt werden kann usw.

Die Theorie offener Systeme räumt Wachstumsprozessen einen größeren Platz ein als das homöostatische Modell, dennoch werden auch in diesem Modell Entwicklungsprozesse nicht näher präzisiert (Metsch 1985).

Die systemische Therapie kritisiert, daß lineare Therapien an stabilen Eigenschaften und Krankheitsbildern ansetzen, während sie Interaktionen, Prozesse und Beziehungen analysiert, damit wirke sie weniger pathologisierend und stigmatisierend. Metsch (1985, S. 114) weist jedoch darauf hin, daß auch in den systemischen Therapien durch die Hintertür wieder Eigenschaftsbegriffe auftauchen, und zwar in Form invarianter Beziehungsmuster: „Verstrickung" ist eine Eigenschaft der Familie. Auch die systemische Familientherapie benötigt feste Kategorien, um gesundes und pathologisches Geschehen zu unterscheiden. Allerdings setzen ihre Begriffe auf einer anderen Ebene, der zwischenmenschlichen, an. Dadurch werden individuelle Krankheitsmodelle jedoch nicht überflüssig, sondern in ihrer Bedeutung relativiert.

Zu problematisieren ist auch das Verhältnis von Theorie und Praxis. Systemische Therapie im logisch stringenten Sinn ist ein Nonsens, denn Therapie setzt Verantwortung des Therapeuten voraus, die wieder nur möglich ist, wenn das Kausalitätsprinzip akzeptiert wird. In einer rein systemischen Sicht ist auch der Therapeut ein Element innerhalb von Beziehungsmustern, und es läßt sich nicht feststellen, wieweit er als Therapeut spontan handelt oder sein Verhalten ein Bestandteil eines systemischen Musters ist. Um behandeln zu können, muß der systemische Therapeut seine zirkuläre Sicht verlassen. Zu fragen wäre schließlich auch, ob „lineare Therapie" tatsächlich ausschließlich auf dem Linearitätsprinzip basiert oder bereits eine zirkuläre Problemsicht einschließt, obwohl sie sich noch nicht ausdrücklich auf das Systemmodell beruft. Bereits das psychodynamische Modell Freuds enthält in seiner Persönlichkeitstheorie sowie in seiner Konflikttheorie zweifellos systemische Aspekte, indem die Persönlichkeit sowie die Neurose als Zusammenspiel gegensätzlicher Kräfte angesehen wird. Der Streit zwischen linearem und zirkulärem Modell relativiert sich, wenn der „objektive" Wahrheitsanspruch an Denkmodelle aufgegeben wird, und an seine Stelle die Vorstellung einer perspektivischen Annäherung tritt: Jedes wissenschaftliche Denkmuster gestattet die Wahrnehmung aus einer bestimmten Perspektive, die jeweils einzelne Details schärfer zu sehen erlaubt als andere, während andere vernachlässigt werden.

3. Kommunikationstheoretische Aspekte

Unter zwischenmenschlicher Kommunikation verstehen wir im weitesten Sinne die Vermittlung von Botschaften (Informationen) von Mensch zu Mensch, das Senden und Empfangen von Mitteilungen. Für den Familientherapeuten ist genaues Wissen über Kommunikation bedeutsam, da es hilft, genauer zu analysieren, wie Familienmitglieder miteinander umgehen und wo Störungen im Kommunikationsfluß auftreten. Anders als in der Forschung, wo inzwischen sehr subtile Methoden zur Untersuchung der Kommunikation, vor allem der nonverbalen Kommunikation, entwickelt wurden, benötigt der praktizierende Berater relativ grobe Raster für die Beobachtung, um das bewußt Wahrgenommene in sein kommunikatives Handeln in der Familie einzubeziehen. Ich möchte daher anhand einiger, für Praxiszwecke stark vereinfachter Beobachtungsraster der Kommunikation zeigen, welchen Stellenwert Kommunikation in der Familienarbeit einnimmt und wo die Grenzen dieses Ansatzes liegen.

Als Einstieg ein Beispiel: Ein Proband erzählt seinem Bewährungshelfer folgendes Erlebnis, als er ihn das erste Mal nach seiner Haftentlassung besuchte. In der Haftanstalt habe er etwas Taschengeld angespart. Bei seiner Rückkehr wollte er seiner Mutter eine Freude machen und kaufte ihr einen großen Strauß Blumen. Die Mutter reagierte darauf mit der Bemerkung: „Du lernst nie mit Geld umzugehen. Du solltest lieber sparen, um Deine Schulden abzubezahlen!" Darüber war der Proband enttäuscht, tat aber so, als ob er die Bemerkung überhört hätte.
In diesem Beispiel wird eine Kommunikationsstörung deutlich: Es gelingt dem Probanden nicht, der Mutter seine Gefühle über das Medium Blumen mitzuteilen. Die Mutter ist in ihrer Sorge befangen und versucht ihrerseits erfolglos, den Sohn zu einer Haltungsänderung zu bewegen. Beide machen Mitteilungen, die beim anderen falsch ankommen.

Allgemeiner ausgedrückt lassen sich die wesentlichen Elemente einer Kommunikationseinheit in folgender Formel erfassen (Satir, 1973): „Ich sage etwas zu Dir in dieser Situation".

Abb. 3: Kommunikationsmodell.

„*Ich*" bezeichnen wir als Sender. Im obigen Beispiel ist in der ersten Sequenz der Proband Sender, in der zweiten die Mutter.

„*Sage etwas*" meint die Aussage, Mitteilung, Botschaft oder Information. Die Mitteilung besteht nicht immer aus Worten. In der ersten Sequenz stellen die (vielleicht wortlos überreichten) Blumen eine Botschaft dar. Auch durch Blicke, Schweigen usw. können wir Aussagen machen, die unter Umständen nachhaltiger wirken als Sprechen.

„*Zu Dir*" zeigt den Empfänger der Botschaft an. Dem Empfänger kommt die Aufgabe zu, die Aussage möglichst originalgetreu zu registrieren und ihren Sinn zu entschlüsseln. Bereits hier sei angemerkt, daß in unserer Kultur die Bedeutung des Empfangens vernachlässigt wird. Zu lernen, genau wahrzunehmen und Botschaften zu dekodieren, sind zentrale Aufgaben jeder Psychotherapie und im besonderen der Familientherapie, in der häufig fest eingeschliffene Kommunikationsabläufe nachzuweisen sind.

„*In dieser Situation*": Mitteilungen sind immer in einen situativen Kontext eingebettet, den man kennen muß, um Kommunikation angemessen zu beurteilen.

Die Aufteilung der Kommunikation in eine Abfolge von zeitlichen Kommunikationssequenzen nach dem Schema: A sendet — B empfängt, B sendet — A empfängt usw. stellt eine Vereinfachung dar. In Wirklichkeit ist jeder Partner gleichzeitig Sender und Empfänger. Während A sendet (z. B. redet), sieht er, wie B die Augenbrauen hebt, seinen Blick abwendet, die Finger der rechten Hand zur Faust ballt, sein Oberkörper sich aufrichtet. Er hört, wie B sich räuspert usw. Wenn A diese und noch viele andere nonverbale Signale von B während seines eigenen verbalen Beitrages teils bewußt, teils unbewußt registriert, wird er mehr oder weniger spontan in Tonfall, Mimik, Gestik und zum Teil auch in der Abwandlung seiner Worte auf Bs Körpersprache reagieren. An diesem Beispiel wird klar, daß Kommunikation sich immer aus zahllosen Teilprozessen zusammensetzt, die ganzheitlich organisiert sind. Wenn wir in der Praxis immer nur einen Ausschnitt aus diesem Geschehen bewußt herausgreifen, so geschieht das in der (meist unausgesprochenen) Hoffnung, daß wir die zentralen Strukturelemente der Kommunikation erfassen, was jedoch immer wieder von neuem an der Realität zu überprüfen ist.

Mit der Einschränkung, daß die Herausarbeitung von Einzelelementen immer den ganzheitlichen Kommunikationsprozeß zerstört, möchte ich nun einige Aspekte näher beleuchten, die sich auf die Person und auf die Botschaft beziehen.

Wie bereits festgestellt, befindet sich jedes kommunizierende Individuum ständig in der *Doppelrolle des Senders und Empfängers*, wenn man die Kommunikation über Massenmedien ausklammert. Es bestehen jedoch erhebliche Unterschiede, wieweit sich jemand mit diesen beiden Rollen identifiziert. Eine Person mit starkem Selbstdarstellungsdrang geht vielleicht in der Rolle des Senders auf. Ihr entgeht weitgehend, wie seine Botschaften ankommen. Fühlt sich jemand in einer Beziehung als der unterlegene Teil, wird er vermutlich stärker die Beobachterrolle einnehmen, um sich vor der Überlegenheit des Partners zu schützen. Aus Angst, Schwächen zu zeigen, hält er sich zurück, da seine Blöße den Machtabstand zu seinem Partner noch vergrößern würde. Soweit die Bevorzugung der Sender- oder Empfängerrolle vorübergehenden Charakter hat, z.B. bei der Übermittlung einer umfangreichen Botschaft, ist nichts dagegen einzuwenden. Eine chronische Fixierung der beiden Positionen in Beziehungen führt jedoch zu Unzufriedenheit und Verzerrungen der gegenseitigen Wahrnehmung.

Der Kommunikationstheorie wird häufig — und nicht immer zu Unrecht — vorgeworfen, daß sie sich nur mit der Außenseite, dem von außen beobachtbaren Verhalten befasse, und die Innenseite, das *Erleben* vernachlässige. In unserer Gesellschaft neigen besonders Angehörige der Mittel- und Oberschicht dazu, Gefühle und persönliche Wünsche aus der Kommunikation auszuklammern oder als Sachaussagen zu verschleiern. Dies wird durch eine abstrakte, rationale Sprache noch begünstigt. Bandler und Grinder (1980) weisen anhand linguistischer Untersuchungen von Psychotherapien nach, daß ein abstrakter, verallgemeinernder Sprachgebrauch das Auftauchen von Gefühlen behindert. Erfolgreiche Therapeuten machen mit unterschiedlichen Techniken die Ebene des unmittelbaren Erlebens wieder zugänglich, indem sie im sprachlichen Bereich Elemente betonen wie Konkretheit, Unmittelbarkeit, Verwendung von Bildern und Metaphern. Auch die Einbeziehung der Körpersprache dient dem gleichen Zweck.

Als bedeutsam ist das Axiom von Watzlawick u.a. (1969) anzusehen, *man könne nicht nicht-kommunizieren.* Danach lassen sich alle Verhaltensweisen in zwischenmenschlichem Kontext, die bisher weitgehend als individuelle Störungen definiert wurden, als Versuche umschreiben, zu kommunizieren oder Kommunikation zu verhindern. Inzwischen liegen zahlreiche Untersuchungen vor, die neurotische, psychotische und psychosomatische Störungen als wichtige Bestandteile von Kommunikationsmustern herausarbeiten. Ein wesentlicher Aspekt der Familientherapie besteht darin, die dialogische Bedeutung von Störungen zu ermitteln und bewußt zu machen. Für Familientherapeuten erscheint es unverzichtbar, und zwar auch für tiefenpsychologisch orientierte, die „kommunikative Brille" zu benutzen, um bisher unbewußte Beziehungsstrukturen ans Tageslicht zu bringen. Das ist jedoch nur möglich, wenn Kommunikation nicht nur als bewußtes und rational beabsichtigtes Geschehen gesehen wird, sondern auch dem Bewußtsein nicht oder nicht mehr zugängliche Reaktionen als kommunikative Akte interpretiert werden. So kann etwa Schweigen oder Rückzug unter bestimmten Umständen als Versuch definiert werden, sich in einer Situation nicht festzulegen, wenn jegliche Art von Stellungnahme negativ sanktioniert wird.
Die Rolle unterschiedlicher Kommunikationskanäle wurde bereits angerissen. Wir können eine Botschaft auf mehreren Kanälen mitteilen, z.B. verbal-akustisch (ich liebe Dich), visuell (Blumen schenken) oder über Körperkontakt (umarmen, Kuß). Die Mitteilungen, die wir auf unterschiedlichen Kanälen gleichzeitig senden, können sich gegenseitig ergänzen und bestätigen. Bandler u.a. (1978) sprechen in diesem Fall von *kongruenter Kommunikation.* Es läßt sich jedoch nicht selten beobachten, daß auf unterschiedlichen Ebenen verschiedene, ja sogar gegensätzliche Signale mitgeteilt werden (inkongruente Kommunikation), z.B. eine Liebeserklärung mit einer monotonen Stimme. Sind dem Empfänger die gegensätzlichen Signale bewußt, kann er relativ leicht damit umgehen, etwa indem er die Diskrepanz verbalisiert. Meist ist jedoch ein Teil so versteckt, daß er nicht benannt werden kann, sondern lediglich ein Gefühl des Unbehagens oder Mißtrauens hervorruft, das leicht als „unbegründet, irrational" beiseite geschoben wird. In diesen Fällen ist eine gegenseitige Verwirrung fast unvermeidbar.
Pädagogen ist schon lange bekannt, daß Kinder ihre Sinne in unterschiedlichem Maße einsetzen, um zu lernen. Sie differenzieren vor allem *visuelle, akustische und motorische* Lerntypen. Der visuelle Typ lernt am leichtesten, wenn er sich Bilder einprägen kann, der akustische lernt, indem er etwas hört, der motorische Typ lernt durch Tun. Satir (1975) fand ähnliche Typen bei der Kommunikation in Familien, wobei sie in erster Linie die

Wahrnehmung von Botschaften einbezieht. Mitteilungen, die jemand innerlich überzeugen oder persönliche Gefühle ansprechen sollen, werden häufig über einen bevorzugten Kanal empfangen. Einen auf das Sehen geeichten Menschen spricht besonders an, wenn er wie eine Kamera aufnehmen kann: Körperhaltung, Gestik, Mimik. Er benötigt eine „Vorstellung", um von etwas betroffen zu sein. Für den akustischen Typ werden wichtige Informationen über das Gehör aufgenommen: die Klangfarbe einer Stimme, Geräusche, Lachen, Seufzen werden genau registriert. Dominiert der kinästhetische Bereich, dann werden Wahrnehmungen bevorzugt, die durch Handeln, Körperkontakt und Körperbewegung vermittelt werden: Anfassen, Rückzug, Anspannung, Untätigkeit, Weichheit usw. Grinder und Bandler (1982) entwickelten daraus eine Theorie der Repräsentationssysteme. Sie machten darauf aufmerksam, daß neben den sinnlichen Empfindungen auch das Sprachsystem als digitales Repräsentationssystem bedeutsam ist, um die Erfahrungen zu beschreiben und sie anderen mitzuteilen. Die sprachliche Ebene läßt sich benutzen, um Diskrepanzen zwischen den bevorzugten Kommunikationskanälen von Familienmitgliedern zu diagnostizieren und zu beheben, indem mit Hilfe der Sprache die Kluft zwischen den verschiedenen sensorischen Systemen überbrückt wird. Kommunikationsbarrieren treten dann auf, wenn die Partner über unterschiedliche bevorzugte Kanäle kommunizieren. Streit läuft zuweilen nach dem Schema ab:
A: „Du hörst nie zu."
B: „Du guckst immer weg, wenn ich Dir etwas sage."
Vereinfacht ausgedrückt könnte man sagen: Botschaften verfehlen zuweilen ihr Ziel, weil der Sender auf einem Kanal sendet, den der Rezipient nicht auf Empfang eingestellt hat.
Einer der bedeutsamsten Aspekte der Kommunikationstheorie ist die Unterscheidung zwischen *Inhalts- und Beziehungsaspekt* (Watzlawick u.a. 1969). Jede Mitteilung enthält eine inhaltliche Information und darüber hinaus einen Hinweis, wie der Sender seine Beziehung zum Empfänger definiert. Die Frage „Wann ist das Essen fertig?" beinhaltet zunächst eine Bitte um eine sachliche Information. Möglicherweise steckt dahinter jedoch ein Vorwurf an den Partner: „Ich habe Dir schon so oft gesagt, daß das Essen um ... Uhr auf dem Tisch stehen soll, aber alles, was ich Dir sage, ist für Dich Luft!" Der Beziehungsaspekt zeigt an, wie der Sender seine Botschaft verstanden haben möchte (Nimm meine Mitteilung ernst!) und wie er die Beziehung zwischen sich und dem Empfänger interpretiert (Ich möchte, daß Du mehr auf mich hörst!).
Im therapeutischen Kontext erweist sich der Beziehungsaspekt häufig als der wichtigere Teil. Das erkannte bereits Freud, als er die Phänomene

Übertragung und Widerstand entdeckte und ihrer Bearbeitung den Vorrang in der Psychoanalyse einräumte. In unserem Zusammenhang lassen sich Übertragung und Widerstand kommunikationstheoretisch übersetzen: Während der Behandlung nimmt für den Patienten die Beziehung zum Therapeuten die Priorität ein. Er möchte die Beziehung so gestalten, wie es seinen früheren Erfahrungen entspricht. Die freie Assoziation als Inhaltsaspekt wird diesem Anliegen untergeordnet. In ungestörten Beziehungen, in denen die Partner ihr Verhältnis zueinander abgeklärt haben, wird dem Beziehungsaspekt weniger Aufmerksamkeit geschenkt. Anders ist es jedoch, wenn sich Beziehungen verändern oder gestört sind. In diesem Fall verwenden die Partner viel Energie darauf, dem anderen offen oder versteckt ihre Beziehungsdefinition mitzuteilen und um eine Bestätigung ihrer Sicht zu kämpfen.

Ein zweijähriges Kind etwa, das entdeckt, daß es bestimmte Tätigkeiten allein ausführen kann, die ihm bisher die Eltern oder Geschwister abgenommen haben, wehrt sich hartnäckig gegen die Hilfe der Eltern, weil es der Auffassung ist, ohne Hilfe auszukommen. In diesem Fall besteht Uneinigkeit zwischen dem Selbstbild des Kindes und dem Bild, das die Eltern vom Kind haben. Die „Trotzphase" der Entwicklungspsychologie kann als ein Stadium bezeichnet werden, in der das Kleinkind gegen die bisherige Beziehungsdefinition der Eltern nonverbal rebelliert, während die Eltern sich gegen die neue Sicht des Kindes zur Wehr setzen. Sie geht erst zu Ende, wenn Kind und Eltern ihre Beziehung auf einer neuen Ebene festlegen, die für beide Seiten akzeptabel erscheint.

Der Beziehungsaspekt beinhaltet zahlreiche Elemente: Das Selbstbild (ich bin stark), das Fremdbild (Du bist schwach), die Beziehung im engeren Sinn (ich als der Starke unterstütze Dich Schwachen), Vorstellungen darüber, wie der andere die Beziehung sieht (Du glaubst, Du seiest selbst stark) usw. In gestörten Beziehungen können bestimmte Anteile nicht akzeptiert werden. In einer Familie mit einem „Wunderkind" werden z.B. die Schwächen des Kindes nicht zur Kenntnis genommen, während seine Erfolge ständig herausgestrichen werden. In derartigen Fällen kann man Verschleierungen und Verzerrungen der interpersonalen Wahrnehmung beobachten, die einem Außenstehenden meist sofort auffallen, die dem Betroffenen selbst aber unzugänglich sind, wenn die Methoden der Beziehungsdefinition verheimlicht werden. Personen, die in derartigen Beziehungssystemen verstrickt sind, ist es nicht mehr möglich, sich über ihre Beziehung zu verständigen (zu metakommunizieren). Dazu bedarf es nach Auffassung Watzlawicks u.a. (1969) eines außenstehenden neutralen Beobachters, der das Geschehen aus der Distanz (Metaposition) verfolgt.

4. Tiefenpsychologische Aspekte

Bei einseitig systemtheoretisch orientierten Familientherapeuten findet sich häufig noch die Ansicht, daß tiefenpsychologische Aspekte in der Arbeit mit Familien überflüssig oder gar schädlich seien. Diese Auffassung, die sich auf die individualisierende theoretische und praktische Ausrichtung der Tiefenpsychologie beruft, verkennt jedoch wesentliche neuere Ansätze der Tiefenpsychologie. Inzwischen scheint die Phase scharfer Abgrenzung zwischen tiefenpsychologischer und systemischer Familientherapie langsam zu Ende zu gehen, und die Forderung nach einem radikalen Paradigmawechsel vom linearen zum zirkulären wissenschaftlichen Denkmodell wirkt nicht mehr überzeugend, nachdem systemische und beziehungsorientierte Erlebens- und Handlungsmuster auch von tiefenpsychologischer Seite thematisiert werden.

Auch wenn der Beitrag der Tiefenpsychologie zur Behandlungstechnik noch bescheiden ist, zum besseren Verständnis des Zusammenhangs zwischen Familiendynamik und individueller Problematik steuert sie bereits Wesentliches bei. Besonders das Denken in dialektischen Gegensätzen erweist sich als ergiebig, die Kluft zwischen der intrapsychischen Dynamik des einzelnen Familienmitgliedes und dem interpersonalen Beziehungsnetz der gesamten Familie zu überbrücken. Daneben erkannten tiefenpsychologisch orientierte Familientherapeuten die Bedeutung der Mehrgenerationenperspektive, die die Entwicklung von Störungen über mehrere Generationen hinweg aufdeckt. Aus der Vielzahl tiefenpsychologischer Ansätze zum Verständnis der Familie können hier nur einige Kerngedanken dargestellt werden, um die Grundstruktur der Perspektive zu verdeutlichen.

4.1 Das Kind als Objekt der Bedürfnisbefriedigung der Eltern

Der klassischen Psychoanalyse am nächsten ist die Fragestellung, wieweit unbewußte Anteile der Eltern die Entwicklung des Kindes beeinflussen. Unverarbeitete traumatische Erfahrungen und unbefriedigte Bedürfnisse der Eltern werden ausgelebt, indem sie an das Kind weitergegeben, auf das Kind projiziert werden. Eltern mit einem unerledigten neurotischen Konfliktpotential sind nicht in der Lage, das Kind in seiner Individualität anzuerkennen und angemessen auf die kindlichen Bedürfnisse zu reagieren. Wahrnehmung und Verhalten sind derartig verzerrt, daß das Kind unbewußt in ein bestimmtes Rollenklischee gedrängt wird (Richter 1963). Das sei an zwei Beispielen verdeutlicht: So behandelt etwa ein Vater, dessen Bedürfnis nach elterlicher Zuwendung nie befriedigt wurde, sein Kind mit einer distanzierten Haltung und ist somit nicht in der Lage, dem Kind ein

Gefühl der Nähe zu vermitteln. Eine Mutter, die unter der übertriebenen Strenge ihrer Eltern zu leiden hatte, hat Schwierigkeiten, sich gegenüber ihren Kindern durchzusetzen. Aus Angst, daß sie ebenso autoritär werden könnte wie ihre eigenen Eltern, wagt sie nicht, den Kindern Grenzen zu setzen.

Richter (1963) hat in idealtypischer Form einige Beziehungsstrukturen zwischen Eltern und Kindern beschrieben, die auf dem Vorgang der Übertragung bzw. der narzißtischen Projektion beruhen. *Übertragung* ist im Spiel, wenn das Kind als Substitut für einen anderen bedeutsamen Partner fungiert. Als Beispiel werden angeführt das Kind als Ersatz für eine Eltern-, Partner- oder Geschwisterfigur. Bei der *narzißtischen Projektion* werden Teile des eigenen Selbst der Eltern im Kind „wiederentdeckt". Darunter fällt etwa, daß das kindliche Selbst quasi als Zweitausgabe des elterlichen Selbst gesehen wird oder nicht realisierte eigene Anteile auf das Kind verlagert werden, besonders unerreichte Idealvorstellungen oder unerlaubte, aber unbewußt faszinierende Anteile (negative Identität). Die Typologie Richters soll hier lediglich als Orientierungshilfe dienen. Die Wege, wie Eltern ihre unbefriedigten Beziehungswünsche und -ängste an Kinder weitergeben, sind sicher so vielfältig, daß sie unmöglich in einem einfachen Schema erfaßt werden können.

Während Richter für seine Theorie relativ statische Begriffe benutzt, sucht Stierlin (1976) ähnliche Phänomene in einer dynamischen Sicht zu beschreiben. Für ihn ist der Prozeß bedeutsam, der sich zwischen Eltern und Kindern abspielt. Dies wird bereits in der Wahl seiner Begriffe deutlich. Stierlin spricht von Bindung, Ausstoßung und Delegation. Ausgangspunkt seiner Untersuchungen waren mißglückte Ablösungsprobleme Jugendlicher in der Adoleszenzphase. Nach Stierlin neigen neurotische Eltern dazu, eine Ablösung zu verhindern, indem sie sich an einen dieser Beziehungsmodi klammern. Bei einer übermäßigen *Bindung* werden Verselbständigungsversuche des Heranwachsenden nicht zugelassen. Die *Ausstoßung* stellt das Gegenteil dar. Dabei handelt es sich jedoch um keine echte Trennung, weil der Jugendliche unvorbereitet ausgestoßen wird und keine Unterstützung erhält, ein eigenständiges Leben außerhalb der Familie zu führen. Da in solchen Fällen das Scheitern häufig unvermeidbar ist, fällt der vorzeitig Ausgestoßene irgendwann wieder in die Abhängigkeit der Familie zurück. Die *Delegation* kommt einer geglückten Loslösung von den Eltern am nächsten. In diesem Fall wird der Heranwachsende von den Eltern zur Ablösung ermutigt, unbewußt wird er jedoch mit einer Mission betraut, die den unbewältigten elterlichen Konflikten entstammt. Sexuell unbefriedigte Eltern können etwa ein Kind entsenden und es unbewußt zu sexuellen Abenteuern ermutigen, die sie heimlich miterleben, ohne daß ihr

strenges Über-Ich sie dafür bestraft. Ist der Auftrag, den der Heranwachsende zu erfüllen hat, sehr starr, kann ihn dies daran hindern, flexibel auf die Anforderungen der Umwelt einzugehen.
Der verkürzte Überblick über die Vorstellungen Richters und Stierlins sollen ausreichen, um deutlich zu machen, daß in Familien die Beziehung zwischen Eltern und Kindern dadurch belastet ist, daß Eltern unbeabsichtigt ihre eigenen unbewältigten Konfliktanteile an die Kinder weitergeben und damit deren Leben entscheidend beeinflussen. Diese Hypothek kann Kinder derartig deformieren, daß sie in ihrer eigenständigen Entwicklung behindert und zu Sklaven elterlicher Wünsche werden.

4.2 Der Aufbau gemeinsamer familiärer Abwehrsysteme

Unter dem Einfluß des systemischen Denkens wurden tiefenpsychologische Erkenntnisse über interpersonale Abwehrvorgänge in Zweierbeziehungen erweitert und auf die ganze Familie übertragen. Der Aufbau eines gemeinsamen Abwehrsystems scheint einen wesentlichen Anteil am Zusammenhalt der Familie auszumachen. Richter (1970) spricht von „Familienneurosen" im Gegensatz zur individuellen Neurose des einzelnen. Er unterscheidet zwei Formen von Familienstörungen: familiäre Symptomneurosen und familiäre Charakterneurosen.

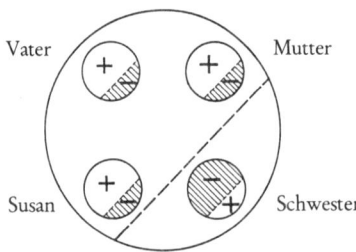

Abb. 4: Aufspaltung gesunder (+) und neurotischer (−) Anteile in einer Familie (aus Skynner, 1981, S. 27).

Bei *familiären Symptomneurosen* werden ein (oder mehrere) Familienmitglieder psychisch unter Druck gesetzt, bis sie klinische Symptome zeigen. Das Scheitern des „Opfers" stellt für die übrige Familie eine Entlastung dar. Das läßt sich auch daran ablesen, daß im Moment der Erkrankung oder des Versagens des „identifizierten Patienten" eine merkwürdige Beruhigung der vorher erregten Familienatmosphäre zu beobachten ist. Es kommt zu einer offensichtlichen Aufspaltung der Familie in einen gesunden und einen kranken Teil. Der kranke Teil leidet jedoch nicht nur an seiner eigenen Störung, sondern ihm werden die ungelösten Probleme der gesamten Familie aufgebürdet. Umgekehrt könnte man in Ergänzung zu Richter sagen, daß der Patient seinen gesunden Anteil nicht auslebt, sondern auf den Rest der Familie abschiebt.

Bei der *familiären Charakterneurose* kommt es nicht zu einer Dichotomisierung, sondern zu einem festen Zusammenschluß der Familie. Oft unter Berufung auf eine Ideologie verändert sich das „Kollektiv-Ich" der Familie in eine Richtung, die eine Entlastung von der innerfamiliären Konfliktspannung verschafft. Anstelle einer Abgrenzung kommt es zu einer Überidentifikation mit dem bedrohtesten Familienmitglied, das zum steuernden Zentrum der Familie wird. Nicht der einzelne wird verrückt, sondern die ganze Familie baut sich eine verrückte Welt auf. An einigen exemplarischen Fällen weist Richter nach, daß individuelle Kernkonflikte die ganze Familie erfassen. Bei der „angstneurotischen Familie" baut die Familie eine sanatoriumsartige Schonwelt auf, um sich gegen angstauslösende Reize der Außenwelt zu schützen. Die „paranoide Familie" interpretiert die außerfamiliäre Realität wahnartig um. Die Familie wird zur Festung, in der das „Gute" gegen die „böse" Welt draußen verteidigt werden muß. Bei der „hysterischen Familie" werden alle Familienmitglieder von einer Zentralfigur dazu animiert, das Familienleben in ein realitätsfremdes Phantasietheater umzugestalten. Richter konnte mit diesen Beispielen familiärer Charakterneurosen nachweisen, daß gesellschaftliche Werte und Leitbilder zur Konfliktabwehr in Familien umfunktioniert werden können.

Bauriedl (1983) entwickelte ein abstrakteres Beziehungsmodell, das versucht, mit Hilfe psychoanalytischer und dialektischer Gedanken Beziehungssysteme auf der existentiellen Ebene zu analysieren. Sie geht aus von einem formalen Modell intrapsychischer *Abwehr*. Alle Abwehrformen lassen sich als Selektions- oder Filtermechanismen charakterisieren, die innerpsychische Normen setzen und somit festlegen, was gut und böse bzw. was zugelassen und abgewehrt wird. Selektion und Normbildung haben positive und negative Funktionen. In positivem Sinn schaffen sie Sicherheit und garantieren einen angemessenen Bewegungsraum, negativ stellen sie eine *Einschränkung* und Abspaltung von Möglichkeiten dar. Um subjektives Erleben angemessen abzubilden, ist für Bauriedl das *Ambivalenzmodell* unverzichtbar. Alle Erlebnisinhalte sind durch antithetische Gegensätze bestimmt (groß-klein, schön-häßlich, heiter-traurig). Die Anwendung ambivalenter Spannungspole auf die Beschreibung von Beziehungen hat den Vorteil, daß auf die Gegenläufigkeit von Beziehungen aufmerksam gemacht wird (ich liebe und hasse Dich. Sei mir nahe und laß mich allein!) Eine wichtige Voraussetzung ist eine hohe *Spannungstoleranz*, die als

„Sowohl-Als-Auch-Haltung" die antithetischen Pole miteinander verbindet. Andernfalls tritt eine Entdialektisierung in Form einer Entweder-Oder-Haltung zwischen beiden Polen ein. In diesem Fall kommt es zu einer Einschränkung des Individuums und der Beziehung, da ein Teil des Gegensatzpaares nicht mehr verfügbar ist. Anstelle von Liebe und Haß wird in der Beziehung nur noch Liebe oder Haß zugelassen und erwartet. Je geringer die Spannungstoleranz, um so stärker treten Abspaltungen auf und um so starrer und stereotyper werden Erleben und Beziehungen.
Bauriedl sucht ihre intrapsychischen Annahmen mit einer Theorie interpsychischer Beziehungen zu verknüpfen, die ähnlich formal und dialektisch strukturiert ist. Beziehung ist zu verstehen als *Relativierung*, als In-Frage-Stellen der intrapsychischen Abwehrstrukturen der Partner. In jeder Beziehung treffen Menschen mit spezifischen Strukturen aufeinander. „In diesem Zusammentreffen liegt sowohl das Risiko als auch die Chance, sich gegenseitig infrage zu stellen, zu relativieren, und das bedeutet: zueinander in Relation zu kommen" (S. 33).
Die Chance einer dialektischen Beziehung ist die Bereicherung des Ich durch das Du und umgekehrt, die zwischen den Personen vorhandene Spannung wird aufgenommen und erlebt. Die Infragestellung, die in einer dialektischen Beziehung enthalten ist, kann für ein Individuum mit geringer Spannungstoleranz zu bedrohlich werden. Dieser Bedrohung wird durch *Manipulation*, Machtausübung entgegengearbeitet, indem versucht wird, dem andern die eigene Abwehrstruktur überzustülpen, ohne sich selbst in eine Veränderung einzulassen. Manipulation ist für Bauriedl das Prinzip jeder Beziehungsstörung. Im Grunde kommt es zu keiner echten Beziehungsaufnahme, sondern zu einer Abwehr des Bezogenseins und zu einer Absolutsetzung der eigenen Normstruktur gegenüber der des anderen (Ich oder Du).
In logischer Fortführung dieser Überlegungen lassen sich in jedem Beziehungsfeld zwei unterschiedliche Grenzen zwischen den Partnern feststellen, die die Beziehung strukturieren: Kontakt- und Abwehrgrenzen. In dem Maße, in dem echte Beziehung zwischen den Partnern zugelassen wird, jeder die eigene Normstruktur durch den andern in Frage stellen läßt, entsteht Kontakt, die Grenze zwischen den beiden wird als *Kontaktgrenze* definiert. Das Ausmaß der Manipulation, in der Beziehung durch Angst, Machtausübung und Intoleranz gekennzeichnet ist, spiegelt sich in der *Abwehrgrenze*.
Starre Abwehrgrenzen, die an rigide intrapsychische Spaltungen gekoppelt sind, bewirken, daß die Anteile der Beziehungspartner nicht klar voneinander geschieden sind. Sie trennen nur das gemeinsam Zugelassene vom Abgewehrten. Zum andern kommt es zu einer starren, aber äußerlichen Bin-

dung der Partner aneinander, da die Beziehung mehr auf Angst und Abhängigkeit als auf Offenheit beruht. Kontakt- und Abwehrgrenze stehen in einem antagonistischen Verhältnis. Ist die gemeinsame Abwehr dominierend, wird die Kontaktgrenze diffus, es kommt zu Übergriffen vom Ich auf das Du. Umgekehrt verlieren die Abwehrgrenzen bei echten Ich-Du-Begegnungen, d.h. bei klaren Kontaktgrenzen, an Bedeutung; die Abwehrstruktur des Ich wird durch die Abwehrstruktur des Du relativiert.

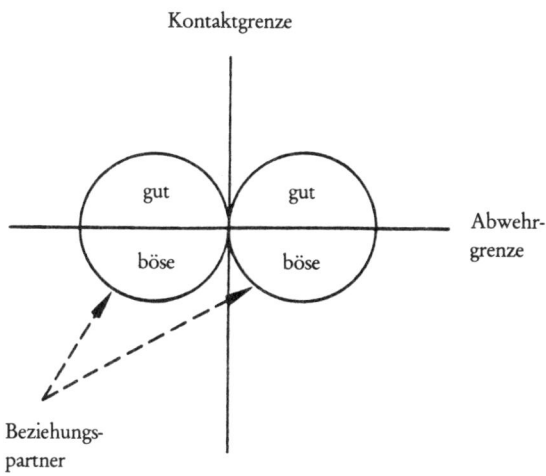

Abb. 5: Kontakt- und Abwehrgrenzen in einer Zweierbeziehung
(aus: Bauriedl, 1980, S. 37).

Bauriedls Beziehungsmodell versucht, die Bedeutung von beziehungseinschränkenden Abwehrvorgängen auf einer sehr abstrakten Ebene zu umschreiben. Sie liefert damit einen Beitrag, Grundstrukturen in Beziehungen zu erfassen und mit intrapsychischen Abwehrprozessen in Beziehung zu setzen. Das Modell ist so allgemein gehalten, daß es nicht nur zur Erklärung innerfamiliärer Beziehungen herangezogen werden kann, sondern auch zum Verständnis des Verhältnisses Therapeut — Familie brauchbar ist.

4.3 Die Mehrgenerationenperspektive

Der Schwerpunkt der tiefenpsychologischen Beiträge liegt auf der vertikalen Beziehungsachse Eltern-Kinder. Werden Eltern und Kinder gleichzeitig in die Behandlung einbezogen, wird beinahe zwangsläufig die Perspektive um die Großelterngeneration erweitert, sofern man nach den Hintergründen für das Verhalten der Elterngeneration forscht. Das Interesse an der Mehrgenerationenperspektive hat indes auch soziokulturelle Gründe. In einer Zeit hoher Lebenserwartung endet die Bindung an die Eltern meist nicht mit der Gründung einer eigenen Familie. Auch wenn die Großeltern räumlich getrennt von der Kernfamilie wohnen, bleiben häufig intensive Beziehungen und Abhängigkeiten bestehen. Das Eingehen einer festen Partnerbeziehung ist häufig verbunden mit dem Aufeinanderprallen heterogener Familienkulturen aus den Herkunftsfamilien, die die jungen Partner zu einer neuen Familienkultur verschmelzen müssen. Veränderungen von Familientraditionen werden jedoch von Herkunftsfamilien leicht als Verrat angesehen und mit negativen Sanktionen belegt.

In diesem Zusammenhang spielt auch der rasche Wandel gesellschaftlicher Werte und Leitbilder eine erhebliche Rolle, wie wir vor allem in der Beziehung zwischen der ersten und zweiten Generation von Migrantenfamilien beobachten können. Während sich die erste Generation noch weitgehend der Kultur des Herkunftslandes verpflichtet fühlt, steht die zweite Generation gleichsam zwischen den Stühlen, da sie weder in der alten Heimat verwurzelt ist, noch in dem Land, in dem sie aufgewachsen ist, voll anerkannt wird. Jedoch auch bei Familien, die innerhalb derselben Kultur bleiben, erlebt man einen raschen Wandel von Normen und Werten. Da Familien primär eine Funktion bei der Tradierung überkommener Werte zugesprochen wird, stellt der soziale Wandel eine Herausforderung für die Familie dar, besonders wenn die Entwicklung über mehrere Generationen verfolgt wird.

Boszormenyi-Nagi und Spark (1973) beschäftigten sich intensiv mit Phänomenen, die mehrere Generationen übergreifen. Sie entwickelten eine Theorie, mit deren Hilfe sie „unsichtbare Bindungen" zwischen den Generationen erklären. Im Mittelpunkt ihres Konzeptes steht die normative Verpflichtung (Loyalitätsbindung) sowie der Ausgleich der Bedürfnisbefriedigung (Verdienstkonten). *Loyalität* ist ein Gefühl der Verbundenheit und Verpflichtung, das die Klammer zwischen den Bedürfnissen und Erwartungen eines sozialen Verbandes und dem „Denken, den Gefühlen und Motivationen eines jeden einzelnen Verbandsmitgliedes als Person" herstellt (S. 15). Aufgrund der Loyalitätsbindung kann eine Familie über Generationen Kontinuität und Zusammenhalt wahren. Dabei können jedoch auch familiäre Leitbilder im Laufe der Zeit einen dysfunktionalen Charakter erhalten. Mit dem etwas vereinfachten Bild der *Verdienstkonten* soll das Bestreben nach einem Ausgleich zwischen Geben und Nehmen nicht nur innerhalb der Kernfamilie, sondern auch über die Generationsgrenzen hinweg ausgedrückt werden. Aufgrund des zentralen menschlichen Wunsches nach Gerechtigkeit ergibt sich aus Leistungen für andere ein Anspruch auf Ausgleich. Aufopferung für andere, Verzicht auf eigene Entwicklungsmöglichkeiten fordern eine Entschädigung, die häufig erst in der nächsten Generation eingelöst werden. So kann etwa eine Mutter, die durch ihre eigenen Eltern ausgebeutet wurde, versuchen, ihre unbeglichenen Ansprüche bei den Kindern einzulösen. Ähnlich können Schulden gegenüber den eigenen Eltern durch übertriebene Verwöhnung der Kinder kompensiert werden. Das Bild des gerechten Kontenausgleichs stellt somit in der Familie ein regulatives Prinzip dar, das für ein ausgewogenes Verhältnis von Leistungen und Gegenleistungen sorgt.

Das Modell von Boszormenyi-Nagi und Spark ist sicher nur ein erster bescheidener Ansatz, dem Phänomen der innerfamiliären Verpflichtung über mehrere Generationen hinweg nachzugehen. Seine Bedeutung ist weniger darin zu suchen, daß es Zusammenhänge klärt, als daß es die Aufmerksamkeit auf die Bindung an Familientraditionen richtet und den Familientherapeuten auf ein zentrales Problem der Behandlung hinweist, vor dem er die Augen nicht verschließen darf.

II. Merkmale von Problemfamilien

1. Der Begriff „Problemfamilie"

Wenn wir uns um eine Klärung des Begriffs Problemfamilie bemühen, ist es bedeutsam, die Herkunft des Ausdrucks zu berücksichtigen. „Problemfamilie" ist weder eine soziologische Kategorie noch ein medizinisches Krankheitsbild, sondern entstammt dem Vokabular der praktischen Sozialarbeit (Weins 1983). Es handelt sich dabei um eine Klientel, die meist über einen langen Zeitraum von sozialer Unterstützung abhängig ist und eine Anhäufung von sozialen Problemen aufweist, von der nicht nur ein einzelnes Individuum, sondern die gesamte Familie betroffen ist. Als typisch für diese Sichtweise kann gelten, daß von Anfang an eine Verschränkung ökonomischer und sozialer Probleme mit innerfamiliären Verhaltensweisen und Beziehungen angenommen wurde, und daß Problemlösungen nicht nur durch die Beseitigung der materiellen Deprivation angestrebt wurden, sondern vor allem durch die Unterstützung der familiären Funktionsfähigkeit. Durch die Blickrichtung auf die gesamte Familie zeigt der Problemfamilienansatz eine Affinität zur Familientherapie, und es ist vielleicht nicht zufällig, daß eines der bekanntesten Problemfamilienprojekte von St. Paul in den 50er Jahren in die Zeit der Anfänge der Familientherapie fällt.
Der Problemfamilienbegriff erfuhr jedoch einen Bedeutungswandel und wurde zu einem quasi-pathologischen Krankheitsbegriff, indem die Unangepaßtheit in den Mittelpunkt rückte, die als „Unfähigkeit oder Unwilligkeit", die eigene Situation zu verändern und Hilfsangebote zu diesem Zweck zu nutzen, erschien. Diese pessimistische Sicht entwickelte sich aus der Erkenntnis, daß es Familien gab, bei denen die Hilfsbestrebungen nicht zu dem erwarteten Erfolg führten. Die These der Behandlungsresistenz von Problemfamilien führte besonders in der Obdachlosenarbeit zu umstrittenen Klassifizierungen, die jedoch eher aus verwaltungstechnischen als aus wissenschaftlichen Überlegungen abgeleitet wurden. Die praktische Konsequenz dieser Sicht war eine Einschränkung der Hilfen bei den Gruppen mit den geringsten Erfolgsaussichten (Weins 1983).
Die Annahme, daß es unter den sozial benachteiligten Gruppen eine besonders hart betroffene Gruppe gibt, deren Schicksal sich aufgrund von Dauerbelastungen nicht grundlegend bessern läßt, sondern lediglich durch kontinuierliche Unterstützung gemildert werden kann, hat sich unter verschiedenen Namen bis heute gehalten. Friedrich u.a. (1979) benutzen als Beurteilungskriterium die anhaltende Sozialhilfebedürftigkeit und spre-

chen von Familien unter dem „chronischen Streß von Armut". Nielsen u. a. (1986) sprechen von Familien mit chronischen Strukturkrisen, für die Sozialisationsdefizite der Eltern verantwortlich gemacht werden (z. B. aufgrund von Heimkarrieren, Sonderschulbesuch), die auf die Kinder weitergegeben werden (S. 108). Für diese Familien sei eine intensive, aber zeitlich begrenzte (ein bis zwei Jahre) sozialpädagogische Familienhilfe nicht indiziert, sondern eher ein „stützender Langzeitkontakt" (S. 135). Auch Oswald und Müllensiefen (1986) sprechen von einem „stützenden Langzeitkontakt bei Familienproblemen, die zur Zeit mit den Mitteln der Familienberatung nicht vermindert werden" (S. 176). Dabei handelt es sich um eine längere beraterische Begleitung der Familie, ohne daß zentrale Schwierigkeiten beseitigt werden. Hier kann nicht der Frage nachgegangen werden, ob diese von verschiedenen Autoren beschriebenen Problemgruppen dieselben Merkmale aufweisen, da in erster Linie bedeutsam zu sein scheint, daß ihre Probleme mit traditionellen und offensichtlich auch mit neuen Methoden nur unbefriedigend gelöst werden können.

Eine klare begriffliche Abgrenzung von Problemfamilien ist kaum leistbar. In der Literatur finden sich unterschiedliche Begriffe, die z.T. synonym, z.T. mit unterschiedlichem Bedeutungsgehalt versehen werden. Vergleichbare Ausdrücke sind etwa: Randgruppenfamilien, sozial deprivierte Familien, sozial benachteiligte, obdachlose, unterprivilegierte Familien, Unterschichtfamilien, sozial auffällige Familien. Als hervorstechende Kriterien gelten vom Begriff her demnach sozio-ökonomische Benachteiligung, gesellschaftliche oder räumliche Randständigkeit, Diskriminierung und Isolation. Das Kriterium der Schichtzugehörigkeit erscheint problematisch, da fraglich erscheint, ob die soziologischen Einteilungskriterien der Schicht auch Auskunft geben über die Zuordnung zu einer Randgruppenfamilie. Dennoch lieferte gerade die schichtspezifische Sozialisationsforschung wertvolle Einsichten in Erziehungsmethoden sozial benachteiligter Familien. Die meisten angeführten Begriffe thematisieren die gesellschaftliche Benachteiligung. Diese stellt eine Sonderform einer Beziehung zwischen einer Minderheit und dem Rest der Gesellschaft dar, die mit einer impliziten Schuldzuschreibung an die Gesellschaft gekoppelt ist. Das schließt gleichzeitig die Gefahr mit ein, daß komplexere Wechselbeziehungen vernachlässigt werden und die benachteiligte Minderheit als Opfer gesellschaftlicher Machtverhältnisse wahrgenommen wird. Damit diese Mechanismen wirksam werden, ist ein bestimmtes Gruppenbildungsbewußtsein makrosozialer Art Voraussetzung, das sich erst im Gefolge anhaltender gleichförmiger sozialer Prozesse einstellt.

Soziologisch weniger vorbelastet ist der Begriff „Problemfamilie", dem ich in dieser Arbeit den Vorzug geben möchte, da er die Möglichkeit bietet, das

Augenmerk auf soziale und psychische Probleme der Familie zu richten. Der Ausdruck soll dabei zunächst in einem alltagssprachlichen Sinn verstanden werden. Man könnte vereinfacht sagen:
Problemfamilien haben Probleme, indem sie kritische Situationen nicht bewältigen. Sie machen Probleme, indem sie sozial auffällig werden. In unserem Zusammenhang bedeutsamer erscheint jedoch, daß sie über unzureichende Ressourcen verfügen, Probleme eigenständig zu lösen.
Diese Sicht bedarf jedoch einer eingehenderen Erläuterung. Weins (1983) liefert eine pragmatische Definition von Problemfamilien, die eine Summierung von sozialen, psychischen und medizinischen Problemen zum Gegenstand hat und in erster Linie für die empirische Forschung gedacht ist. Sie soll hier ausführlicher dargestellt werden, weil sie die wichtigsten in der Literatur genannten objektiven Merkmale von Problemfamilien prägnant zusammenfaßt.
Weins bezeichnet als Problemfamilien „jene Haushalte ..., die ein unzureichendes Einkommen beziehen und von sozialer Deprivation, Randständigkeit, strukturellen Problemlagen und problematischen Verhaltensweisen betroffen sein können" (S. 53). „Soziale Deprivation" ist dabei zu verstehen als „Benachteiligung in wichtigen gesellschaftlichen Relevanzbereichen wie Familie, Bildungs- und Berufssystem" (S. 52), Randständigkeit ergibt sich, wenn eine Familie aufgrund „negativer Bewertung (Stigmatisierung) diskriminiert" wird (S. 52). Strukturelle Problemlagen sind etwa Unvollständigkeit der Familie, Behinderung, Krankheit, Kinderreichtum, Alter. Als problematische Verhaltensweisen lassen sich etwa Alkohol- und Drogenabhängigkeit, Kriminalität, Gewalttätigkeit, Kindesvernachlässigung anführen.
Diese Definition fügt unterschiedliche objektiv feststellbare Merkmale durch einfache Additionen zusammen, was für grobe empirische Erhebungen ausreichen mag. Erwähnenswert erscheint mir, daß nicht ausschließlich Kriterien der sozialen Schichtung benutzt werden, sondern auch schichtübergreifende Phänomene wie strukturelle Problemlagen und problematische Verhaltensweisen, wenngleich sich hier eine Massierung in den unteren sozialen Schichten beobachten läßt. Zu fragen ist jedoch, ob sich der Begriff „Problemfamilie" mit objektiven Merkmalen befriedigend definieren läßt.
Die sich an objektiven Bedingungen orientierende Sicht von Weins soll daher ergänzt werden durch eine Beschreibung von Randgruppen, die auch psychologische Kriterien berücksichtigt (Sprey 1977, S. 161). Neben bereits diskutierten Merkmalen werden hier erwähnt: „das (stets neu zu verarbeitende) Erlebnis von sozialer Diskriminierung und Stigmatisierung, gesellschaftliche Orientierungsunsicherheit, die durch Isolierungserlebnisse ein-

geschränkte Kommunikationsfähigkeit, ein vielfach unterentwickeltes rationales Planungsverhalten" (S. 161). Die marginale Existenz ist geprägt „durch ein negativ geprägtes Lebens- und Selbstwertgefühl, durch Apathie und Resignation ..., die nicht selten in Identitätsstörungen und psychischen Erkrankungen manifest werden; diese Art psychosozialer Behinderung kann von den Betroffenen kaum als solche erkannt noch aus ihren Bedingungsfaktoren erklärt werden" (S. 161). Diese Darstellung listet eine Reihe psychologischer Merkmale auf, die von der gesellschaftlichen Randposition abgeleitet werden. Die Kenntnis dieser Phänomene ist bedeutsam, ist jedoch zu ergänzen durch eine stärkere Anbindung an familiendynamische Überlegungen.

Für den Praktiker, der sich die Bearbeitung der familiären Probleme zum Ziel setzt, ist die Aufsummierung von soziologischen, psychologischen und medizinischen Problemkonstellationen unbefriedigend. Für ihn genügt es nicht zu wissen, welche Probleme Familien haben oder machen, da sie noch kaum Hypothesen über Problemlösungen ermöglichen. Ich möchte daher als Ergänzung eine weitere Perspektive vorschlagen, die auch die Bearbeitungsmöglichkeiten in die Definition einbezieht.

Problemfamilien wären demnach solche Familien, die nicht nur eine Massierung von Problemen aufweisen, sondern darüber hinaus nicht in der Lage sind, angemessene Lösungsstrategien für diese Probleme zu entwickeln.
Aufgrund dieser Defizite kommt es im Laufe der Zeit zu einer Aufschaukelung von psychosozialen Problemen, die für die Familie und die einzelnen Familienmitglieder eine erhebliche Belastung darstellen. Wie wir bereits weiter oben gesehen haben, ist noch ein weiteres erschwerendes Moment ergänzend hinzuzufügen, nämlich die *Unfähigkeit von Hilfsorganisationen, die Familie bei der Problemlösung angemessen zu unterstützen.* Obwohl die Familie häufig schon längere Zeit und bei mehreren Einrichtungen soziale Hilfen in Anspruch nimmt, kommt es zu keiner spürbaren Entlastung. Dieses Verständnis von Problemfamilien erlaubt, einerseits die vorhandenen Probleme in ihrer Schärfe zu erfassen, andererseits öffnet sich auch der Blick darauf, welche Probleme von der Familie wahrgenommen, wie sie bewertet und was unternommen wird, um sie zu lösen. Das sind Kriterien der interaktionellen Struktur einer Familie sowie der Beziehung der Familie zu ihrer sozialen Umwelt, die nicht aus der Behandlung ausgeklammert werden dürfen.

Dieser Versuch einer begrifflichen Abgrenzung ist sehr unscharf und wirft eine Reihe Fragen auf, die hier nicht näher geklärt werden können. Zum Beispiel bleibt offen, was unter Problemen und Lösungen im einzelnen zu verstehen ist. In die Definition von Problemen gehen normative Vorstellungen ein, die sehr unterschiedlich sein können. Ein Lehrer kann etwa das

Verhalten eines Kindes als problematisch ansehen, das den Eltern durchaus normal erscheint, und von den Mitschülern sogar als ideal bezeichnet wird. Diese fehlende Präzision ist jedoch ein Charakteristikum der Arbeit mit Problemfamilien, da hier häufig diffuse und widersprüchliche Vorstellungen darüber, was als Problem zu definieren ist, existieren. Unbehagen bereitet auch, daß Problemfamilien weder im gesellschaftlichen Gefüge noch in den Kategorien der Psychopathologie näher eingeordnet sind. Dieses Moment der Unsicherheit ist jedoch von Vorteil, wenn es als Offenheit definiert wird. Stigmatisierungen und die damit verbundenen praktischen Folgen lassen sich eher vermeiden, wenn überstürzte soziologische Plazierungen oder klinische Diagnosen verhindert werden. Ich sehe in der Tatsache, daß der Ausdruck „Problemfamilien" fachterminologisch wenig vorbelastet ist, eine wichtige Chance für die Praxis, bisher noch kaum ausgetretene Wege zu beschreiten.

Der Vorteil ist in der Offenheit des Problembegriffs zu sehen. Probleme treten auf den unterschiedlichsten Ebenen auf: materiell, gesundheitlich, sozial, psychisch usw. Dabei läßt sich eine Verflechtung von Problemen auf unterschiedlichen Ebenen beobachten, z.B. bei einer Verquickung von Problemen der Gesundheit, Arbeitslosigkeit, Schulschwierigkeiten und Ehekonflikten. Die Existenz vielfältiger Probleme sei anhand eines Ausschnittes aus einem Bericht einer Studentin veranschaulicht, die eine jugoslawische Familie betreute.

Ich wurde in der betroffenen Familie eingesetzt, weil das älteste Kind Verhaltensauffälligkeiten in der Schule gezeigt hatte. Diese waren gekoppelt mit einem rapiden Absinken der schulischen Leistungen. Dabei wurde ich von der Sozialbetreuerin als Hausaufgabenhilfe eingeführt, da zu erwarten war, daß die Familie aufgrund massiven Mißtrauens gegenüber Einmischung von außen eine Beratung ablehnen würde. Die Familie bestand aus Vater, Mutter und drei Töchtern im Alter von zwei, sechs und zehn Jahren. Alle Kinder waren aus unterschiedlichen Verbindungen hervorgegangen. Die Mutter der ältesten Tochter, die die erste Ehefrau des Mannes war, hatte Selbstmord begangen. Das zweitälteste Kind, das auf einem Auge blind war, wußte nicht, daß der jetzige Ehemann ihrer Mutter nicht ihr leiblicher Vater war. Diese Verheimlichung der wahren Sachverhalte gegenüber dem Kind bereitete der Mutter ebenso wie die Unklarheit ihrer Rolle gegenüber der ältesten Tochter erhebliche Konflikte. Die jüngste Tochter, die anfänglich sehr still, mißtrauisch und unlebendig erschien, war das einzige gemeinsame Kind der Eltern.

Die äußere Situation war gekennzeichnet durch schlechte Wohnverhältnisse (drei kleine Durchgangszimmer, kein Bad, Toilette im Treppenhaus), ständigen Streit mit einer der Nachbarsfamilien, finanzielle Schwierigkeiten (Schulden, Ratenzahlungsverpflichtungen, eine Vielzahl von Zeitschriften- und Bücherabonnements), Auseinandersetzungen mit dem Vermieter wegen Mieterhöhungen, überhöhten Nebenkostenforderungen, nicht ausgeführten, notwendigen Reparaturen in der Wohnung und dem Leiden unter allgemeinen Vorurteilen, die ausländischen Familien häufig und in vielfältiger Form entgegengebracht werden.

Die innere Situation der Familie war gekennzeichnet durch einen aggressiven, schlagenden Ehemann und Vater und eine mißtrauische, nervöse, haßerfüllte Ehefrau und Mutter, die sich einerseits scheiden lassen wollte, andererseits keine Möglichkeit sah, sich selbständig zu machen (mangelnder Arbeitsplatz, erhebliche Sprachschwierigkeiten, die Konfliktsituation, das älteste Kind zurücklassen zu müssen und dem zweitältesten erklären zu müssen, wer sein wirklicher Vater war).

Die Situation der Kinder war gekennzeichnet durch eine strenge, vorwiegend strafende Erziehung, wenig Rücksichtnahme auf ihre Bedürfnisse und Interessen (sie wurden häufig allein gelassen, kein Taschengeld, wenig Anerkennung oder Lob, viel Verbote) und eine erhebliche Unsicherheit angesichts der Konflikte zwischen den Eltern. Dabei wurde der ältesten Tochter, die neben der normalen Hauptschule eine weitere ausländische Schule besuchen mußte, die also ohnehin wenig Freizeit hatte, eine Menge Verantwortung aufgebürdet.

Finanzielle Probleme, Schwierigkeiten in den Außenbeziehungen der Familie, Beziehungsprobleme innerfamiliärer Natur greifen hier ineinander. Um ein klareres Bild über einige häufig anzutreffende Problembelastungen zu vermitteln, möchte ich zwei Ebenen eingehender beschreiben. Sozioökonomische Belastungen stellen meist die Präsentiersymptome dar, die hier jedoch nicht isoliert beschrieben werden, sondern im Zusammenhang mit dem gesamten Familienleben. Die Beschreibung der Familiendynamik versucht, verschiedene konflikthafte Beziehungskonstellationen aufzuzeigen, die zuweilen zusammen, zuweilen auch getrennt zu beobachten sind. Weitere Problemebenen wie gesundheitliche Probleme oder Schwierigkeiten, abweichendes Verhalten zu kontrollieren, werden hier nicht dargestellt, kommen jedoch in dem praktischen Teil zum Zuge.

2. Sozioökonomische Belastungen von Problemfamilien und ihre Folgen

Die materielle Situation von Problemfamilien ist sorgfältig untersucht, da sie als erstes ins Auge springt. Hier soll jedoch nicht auf die Situation der Armut an sich eingegangen werden, sondern auf die Bedeutung für die Familie und auf die Frage der Bewältigungsmöglichkeiten. Dabei konzentriere ich mich auf die finanzielle Lage, Arbeit bzw. Arbeitslosigkeit und Wohnungssituation.

2.1 Die finanzielle Situation

Chronischer Geldmangel, Abhängigkeit von Einkommen aus Dienstleistungen (z.B. Sozialhilfe) oder hohe Verschuldung sind hervorstechende Merkmale von Problemfamilien, die das gesamte Familienleben überschatten. Über das Ausmaß der Armut, die von sozialpädagogischen Familienhelfern betreut werden, macht eine Untersuchung in Nordrhein-Westfalen quantitative Angaben: 40% der betreuten Familien waren über 5.000,— DM verschuldet und 60% der Familien lebten ganz oder teilweise von Sozialhilfe (Sozialpädagogische Familienhilfe in Nordrhein-Westfalen 1985, S. 87). Nicht nur die Anschaffung von Luxusgegenständen, sondern auch die Versorgung mit den lebensnotwendigen Gütern wie Nahrung und Kleidung leiden unter der finanziellen Not. Auch der Vergleich mit dem, was sich andere leisten können, weckt Gefühle der Unzufriedenheit und der Benachteiligung, vor allem wenn man berücksichtigt, daß statusfördernde Ausgaben (Auto, Urlaubsreisen usw.) kaum möglich sind. Besonders hart sind hier Kinder im Vorschul- und Schulalter betroffen, die zum Aufbau eines positiven Selbstbildes den Vergleich mit Gleichaltrigen benötigen. Da äußere Statuskriterien der Eltern oder gepflegtes Aussehen in bestimmten Altersstufen wichtige Kriterien für die soziale Einordnung der Kinder darstellen, leiden Kinder oft zusätzlich zur ökonomischen Einschränkung in Form von sozialer Abwertung und Isolierung in der Gleichaltrigengruppe.

Die finanzielle Not ist oft verbunden mit einer beinahe magischen Überbewertung materieller Dinge. Dies manifestiert sich nicht nur in illusionären Wunschphantasien vom plötzlichen unerwarteten Reichtum, sondern auch in unkontrollierten Einkaufsorgien, die Außenstehenden oft unverständlich erscheinen. Hier geht es nicht so sehr darum, sich selbst etwas zu leisten, wozu eigentlich die Mittel fehlen, sondern auch den anderen Familienmitgliedern durch überdimensionierte Geschenke zu beweisen, wie sehr man sie liebt. Kostspielige Ausgaben sind zuweilen Symbol für Liebe und Zuwendung, die zu zeigen auf anderen Wegen oft nicht möglich ist. Daraus ergeben sich jedoch Spannungen in der Familie, da andere Familienmitglieder darin einen Akt der Ungerechtigkeit erblicken und sich benachteiligt fühlen, wenn die vorhandenen finanziellen Mittel nicht gleichmäßig verteilt werden, z.B. wenn Ausgaben für Alkohol oder Rauchwaren für ein Familienmitglied den Löwenanteil des familiären Budgets ausmachen. Noch schwerer wiegt jedoch, daß die ohnehin angespannte finanzielle Situation durch derartige Ausgaben noch gesteigert wird und auf notwendige Anschaffungen verzichtet werden muß. Der Konflikt, wie die begrenzten finanziellen Mittel eingesetzt werden, führt in der Familie zu ständigen Auseinandersetzungen und belastet somit die familiären Beziehungen.

Impulsives Geldausgeben, um lange zurückgedrängte Bedürfnisse zu befriedigen, durchkreuzen oft sorgfältig ausgearbeitete Pläne, mit dem wenigen Geld auszukommen und Schulden abzutragen. Das führt auf seiten des Helfers, der diese Pläne aufgestellt hat, zu Enttäuschungen, die den Rückzug aus der Familie zur Folgen haben können.

Besonders prekär ist die Situation der Familie mit hohen Schulden. Langfristig angelegte Entschuldungspläne überfordern häufig das Durchhaltevermögen der Familie, begünstigen eine resignative Haltung und lähmen Initiativen, Wege aus der Arbeitslosigkeit zu suchen. Übernimmt in diesem Fall etwa ein Ehepartner den progressiven Part (Willi 1975) und sucht gegen die apathische Haltung des anderen anzugehen, so können vorhandene Partnerkonflikte noch verstärkt werden.

Generell läßt sich sagen, daß finanzielle Engpässe nicht nur materielle Entbehrungen nach sich ziehen, sondern darüber hinaus innerfamiliäre Beziehungskonflikte vertiefen (Friedrich u.a. 1979) und so stark belasten, daß krisenhafte Zuspitzungen auftreten.

Die finanzielle Not belastet darüber hinaus die Außenbeziehungen der Familie, insbesondere die Beziehungen zu Hilfs- und Kontrollorganen. Problemfamilien, die auf öffentliche materielle Unterstützung angewiesen sind, stehen oft in einem angespannten Verhältnis zu sozialen Einrichtungen. Um ihre finanziellen Wünsche durchzusetzen, müssen sie unterschiedliche Strategien entwickeln, die in der Regel jedoch nur kurzfristige Erfolge erzielen. Hartmann-Lange und Ackermann (1983) beschreiben einen Durchsetzungsstil der Unterwürfigkeit, um Behörden zum Handeln und Helfen zu bewegen. Um die eigene Bedürftigkeit zu demonstrieren, werden Selbsthilfeversuche nach Möglichkeit verschwiegen. Willfährigkeit ist eine erfolgreiche Haltung, um bei Mitarbeitern von Sozialämtern zu erreichen, daß sie den Ermessensspielraum zur Bemessung der Zuwendungen zugunsten des Klienten voll ausschöpfen. Die Autoren beschreiben eine weitere Strategie, nämlich die materielle Notlage zu betonen und persönliche Konflikte zu verschleiern und zu harmonisieren. Wenn Familienalkoholismus, Prostitution, Schuleschwänzen und Delikte zunehmen, haben Familien nicht zu unrecht zu befürchten, daß die Hilfsbereitschaft abnimmt. Andere, immer wieder beobachtbare Strategien, sind daneben aggressives Auftreten („auf den Putz hauen", „den Schreibtisch zurechtrücken") oder geschicktes Ausspielen verschiedener Dienststellen gegeneinander, was vor allem erfolgreich ist, wenn diese in einem Konkurrenzverhältnis zueinander stehen.

2.2 Arbeitslosigkeit und Arbeitssituation

Arbeitslosigkeit eines oder mehrerer Familienmitglieder ist ein weiteres, häufig anzutreffendes Kriterium von Problemfamilien, das als streßinduzierender Faktor bezeichnet werden kann. Auch wenn die schlimmsten Wirkungen der Erwerbslosigkeit durch sozialstaatliche Maßnahmen abgemildert werden, sind die finanziellen, psychischen und familiären Folgen noch spürbar genug. Allerdings sind hier kaum allgemeine Aussagen möglich, da die Begleitumstände des Arbeitsverlustes, die Einstellung zur Arbeit, die soziale Unterstützung des Arbeitslosen usw. die Verarbeitung der Arbeitslosigkeit mitbestimmen. Vorrangige Probleme scheinen bei Problemfamilien vor allem die Auseinandersetzung mit lang anhaltender Arbeitslosigkeit sowie Schwierigkeiten bei der Suche einer neuen Arbeitsstelle zu sein, während der Verlust einer Arbeit nicht mehr so gravierend erlebt wird, besonders wenn er gehäuft auftritt. Chronische Arbeitslosigkeit begünstigt Resignation und eine fatalistische Grundhaltung, da Bemühungen um eine neue Arbeit in der Regel ergebnislos verlaufen. Verfügen die Betroffenen über unzureichende Möglichkeiten, die freie Zeit sinnvoll zu gestalten, z. B. durch Übernahme einer aktiveren Rolle in der Familie, wird die Gefahr suchtartiger Ersatzbefriedigung verstärkt. Eine andere Gefährdung ergibt sich daraus, daß Schwarzarbeiten oder zweifelhafte Tätigkeiten ausgeübt werden, die weitere Komplikationen nach sich ziehen, wenn sie offenkundig werden. Ein Hauptproblem stellt jedoch die Verschiebung des familiären Rollengefüges dar.

Besonders in solchen Fällen, in denen die Position des Vaters darauf beruht, Macht auszuüben, und seine Autorität durch seine Erwerbstätigkeit begründet wird, stellt Arbeitslosigkeit eine Destabilisierung des familiären Gleichgewichts dar, die kaum zu bewältigen ist. Veränderungen können durch ein starres Rollenklischee des Vaters, aber auch durch Ängste der Mutter, Funktionseinbußen zu erleiden, wenn sie Aufgaben an den Vater abgibt, behindert werden. In einer derartigen Situation wird der Status quo zuweilen dadurch aufrechterhalten, daß der Vater durch Überstrenge seine Scheinautorität zu demonstrieren versucht, während die Mutter die Kinder gegen die Angriffe des Vaters in Schutz nimmt. Auf diese Weise wird wenigstens die Fassade einer intakten Familienstruktur aufrechterhalten. In dieser Situation ist die Mutter die heimliche Gewinnerin, da ihre Beziehung zu den Kindern gefestigt wird. Allerdings hat dieser Vorteil auch seine Kosten, die vor allem im Zusammenhang mit der Pubertät und Ablösung der Kinder sichtbar werden: Aufgrund ihrer emotionalen Verstrickung mit den Kindern verfügt die Mutter nicht über genügend Distanz, um die Kinder zu kontrollieren. Die Kinder beginnen, ihr „auf der

Nase herumzutanzen". Disziplinprobleme in der Schule und erste dissoziale Tendenzen können so nicht rechtzeitig gestoppt werden, wodurch eine abweichende Karriere sich lawinenartig in Bewegung setzt (Quensel 1970). Eine weitere Aufwertung erfährt die Mutter, wenn sie durch Arbeit die Erwerbslosigkeit des Mannes auszugleichen sucht. Auch wenn sie in solchen Fällen Teile ihrer Mutterrolle an das älteste Kind, meist die Tochter, oder an ein Mitglied der erweiterten Familie delegiert, bleibt die Belastung für sie oft zu hoch, so daß Krankheit sie zum Aufgeben der Berufstätigkeit zwingt (Friedrich u.a. 1979). Die familiären Auswirkungen der Arbeitslosigkeit sind also nicht zu übersehen. Voraussetzung dafür scheint allerdings, daß bereits unlösbare Beziehungsstörungen vorliegen. In diesem Fall wirkt die Arbeitslosigkeit wie ein Keil, der den vorhandenen Spalt vertieft und im Extremfall sogar eine Zerrüttung der Familie nach sich zieht. Umgekehrt kann eine intakte Familie Kräfte entwickeln, die helfen, die negativen Folgen der Arbeitslosigkeit abzumildern und Kräfte zu mobilisieren, die Voraussetzung sind, um neue Arbeit zu finden. In mehreren Fällen konnte ich etwa beobachten, daß nach einer Familientherapie aussichtslos erscheinende Arbeitslosigkeit beendet werden konnte (Goldbrunner 1983). Arbeit sichert nicht nur die materielle Basis der Familie und stellt eine mehr oder minder starke Unterstützung des Selbstwertgefühls des Arbeitenden dar, sondern die Arbeitsbedingungen bedeuten häufig eine Herausforderung an die familiären Beziehungen, und die Auseinandersetzungen über das Thema Arbeit können tieferliegende Konflikte an die Oberfläche bringen. Besonders kritisch sind hier ständig wechselnde Arbeitszeiten und längere Trennung von der Familie bei Montagearbeiten. „Der Rhythmus der Arbeit bestimmt den Tagesablauf der Familie, die Häufigkeit und die Qualität der familialen Interaktionen" (Bösel 1976, S. 97). Die Bedürfnisse aller Familienmitglieder aufeinander abzustimmen, fordert ein hohes Maß an gegenseitiger Rücksichtnahme und Disziplin, die Familienmitglieder aufzubringen besonders dann nicht bereit sind, wenn sie miteinander in Konflikt stehen. Verschärfend kommen hier oft beengte Wohnverhältnisse hinzu, die kaum Rückzugsmöglichkeiten bieten.

Ein weiterer Konfliktpunkt ergibt sich daraus, daß jede Arbeit mit bestimmten Normen, Einstellungen und Verhaltensweisen gekoppelt ist, die über den Bereich der Arbeit weit hinausgehen und das Familienleben überschatten. Das ist am besten in bezug auf den Zusammenhang zwischen der hierarchischen Struktur des Arbeitsplatzes und der Machtverteilung in der Familie untersucht, allerdings liegen hierzu keine eindeutigen Ergebnisse vor (Bösel 1976), vermutlich ist dies darauf zurückzuführen, daß es schwierig ist, zwischen tatsächlichem Einfluß auf familiäre Entscheidungen und autoritärem Verhalten als Versuch der Machtausübung, der mit vielfältigen

Methoden abgewehrt wird, zu unterscheiden. Die Berücksichtigung arbeitsplatztypischer Reaktionsmuster erleichtert das Verständnis zahlreicher, in der Familiensituation unangemessener Kommunikationsmuster. Dies sei anhand einiger Beispiele illustriert.
Wenn der heranwachsende Sohn seinem Vater entgegenhält: „Behandle mich nicht wie deinen Lehrling", dann hat er erkannt, daß sein Vater Probleme hat, die Meister-Lehrling-Beziehung nicht auf die Vater-Sohn-Beziehung zu übertragen. Neben der Übertragung von Verhaltensweisen aus der Arbeit auf die Familie ergeben sich noch weitere Schwierigkeiten. Zu Beginn wenig auffällig, auf die Dauer aber sehr nachhaltig können sich Verständigungsprobleme auswirken, die sich daraus ergeben, daß der Arbeitende eine Fachsprache spricht, die seiner Arbeitswelt entlehnt ist, und die den übrigen Familienmitgliedern fremd ist, da ihnen die Arbeitssituation nicht vertraut ist. Das ist nicht so zu verstehen, daß unbekannte Worte benutzt werden. In diesen Fällen kann durch Nachfragen etwas rasch geklärt werden. Schwerwiegender ist, daß feine emotionale Schattierungen bestimmter Begriffe oder Redewendungen nicht richtig erkannt werden, mit denen die familiäre Wirklichkeit umschrieben wird. Die Umgangssprache kennt bereits viele Ausdrücke aus der Arbeitswelt, um Verhalten und Beziehungen zu charakterisieren, wenn z. B. jemand sagt, „in unserer Familie ist Sand im Getriebe", oder der Sohn als „ungehobelt" bezeichnet wird. Wer am Fließband arbeitet, weiß, was er sagt, wenn er von seiner Tochter aussagt, daß „sie aus der Reihe tanzt": Er will damit ausdrücken, daß die Tochter einen schlimmen Fehltritt begangen hat, der den Familienrhythmus empfindlich stört, während die Tochter die Aussage vielleicht als liebenswerten Tadel empfindet. Da Mitglieder von Problemfamilien häufig nur über ein eingeschränktes Sprachrepertoire verfügen und Aussagen nicht hinterfragen oder umschreiben, entwickeln sich hier schnell Kommunikationsschwierigkeiten, die sich zuweilen verhängnisvoll auswirken, wenn bildhafte Vergleiche aus der Arbeitswelt nicht richtig interpretiert werden.
Die Arbeit und die damit verbundenen Normen stellen einen mehr oder weniger integrierten Teil der Identität dar. Unter Rückgriff auf das Rollenmodell von Richter (1963) lassen sich theoretische Annahmen über die Beeinflussung der Kinder durch die Erwartungen der Eltern ableiten. Eltern suchen unbewußt — zuweilen auch bewußt — ihre Kinder dahingehend zu beeinflussen, daß sie die gleiche berufliche Laufbahn oder eine von den Eltern gewünschte (aber nicht erreichte) einschlagen (mein Sohn soll es besser haben und nicht soviel schuften wie ich). Diese Wirkung ist um so starrer, je rigider die Arbeitsvorstellungen der Eltern sind. Nicht immer werden jedoch direkte Berufswünsche an die Kinder herangetragen, häufig sind

es bestimmte Normen und Werte, die für die Ausübung einer bestimmten Tätigkeit bedeutsam sind, z. B. „wenn du aufmüpfig bist, wirst du immer anecken". Sozialisierungsanstrengungen der Eltern, die von ihrer eigenen beruflichen Identität ausgehen, entspringen einem Verantwortungsbewußtsein für die Zukunft ihrer Kinder. Sie werden jedoch problematisch, wenn die individuellen Möglichkeiten und Vorlieben der Kinder übersehen werden, und wenn der Wandel der beruflichen Anforderung aus dem Blickfeld gerät.

2.3 Wohnsituation

Die Wohnverhältnisse sozial benachteiligter Familien sind — bedingt durch die beschränkten finanziellen Verhältnisse und Kinderreichtum — häufig sehr beengt. Neben der Größe der Wohnung ist jedoch auch die Wohnlage von Bedeutung, da damit häufig isolierende und diskriminierende Effekte verbunden sind. Auf diesen Aspekt möchte ich jedoch hier nicht näher eingehen.

Die Bedeutung der Wohnungsgröße für die familiären Beziehungen leuchtet sofort ein, wenn man berücksichtigt, daß räumliche Nähe ein Indikator für psychische Nähe darstellt (Argyle 1969). Ausgewogene Beziehungen setzen eine Balance zwischen Intimität und Distanz voraus. Je nach Situation soll die Möglichkeit zu emotionaler Nähe bis hin zu Körperkontakt, aber auch zum Rückzug und zu zeitweiliger Abkapselung gegeben sein. Hinzu kommt, daß viele Bedürfnisse, die heute an das Familienleben gestellt werden, nur realisierbar sind, wenn ein Minimum an Wohnungsgröße nicht unterschritten wird. Konflikte ergeben sich z. B., wenn ein Familienmitglied Musik hören, ein anderes Fernsehen und ein drittes im gleichen Raum spielen möchte. Beengte Wohnverhältnisse fordern ständige Absprachen und Unterordnung, die das Entscheidungspotential von Problemfamilien oft überfordern.

Schwerwiegender sind jedoch Probleme der interpersonalen Nähe/Distanz in beengten Wohnungen. Räumliche Nähe begünstigt zwar psychische Nähe. Größere psychische Nähe hat jedoch nicht nur ein höheres Ausmaß an Zuwendung zur Folge, sondern auch eine Steigerung der negativen Gefühle: Haß und Ablehnung, die in einer angemessenen Distanz erträglich sind, können sich erheblich steigern, wenn man sich „auf die Pelle rückt", d. h. zu nahe kommt. Das hohe Ausmaß feindseliger Kommunikation unter beengten räumlichen Bedingungen ist nicht ausschließlich ein Zeichen vorhandener Aversionen, sondern auch eine Folge davon, daß die persönliche Schutzzone durchbrochen wird. Man könnte annehmen, daß dieser Nachteil durch die Zunahme der Intimität ausgeglichen wird. Hier macht sich jedoch ein psychologisches Defizit nachteilig bemerkbar, das später noch näher beschrieben wird, nämlich eine grundlegende Beziehungsstörung bei Mitgliedern von Problemfamilien, die es beinahe unmöglich macht, Nähe zuzulassen, ohne in Panik zu geraten, seine Autonomie zu verlieren. Wünsche nach Nähe müssen hier abgewehrt werden, um psychisch überleben zu können. Auch dieses Defizit kommt durch die beengten räumlichen Gegebenheiten erst voll zur Geltung: Während in großräumigen Wohnungen die Angst vor allzu großer Nähe aufgrund der vielen Rückzugsmöglichkeiten gut ausgehalten wird, gibt es hier kaum Gelegenheit, sich von der Familie abzusondern, da sich das gesamte Familienleben überwiegend in einem Raum, der Wohnküche, abspielt (Koschorke 1975). Das tragische Mißverständnis besteht nun darin, daß die Zurückweisung von dem, der die Nähe sucht, als absolute Ablehnung verstanden wird, während sie in Wirklichkeit eine Zurückweisung der Intensität an Nähe bedeutet. Zurückgewiesen wird in erster Linie die Aufdringlichkeit der räumlichen Nähe, nicht so sehr der Wunsch nach Nähe an sich.

Beengte Wohnverhältnisse behindern nicht nur die Rückzugsmöglichkeiten, sondern beeinträchtigen auch die Ausdifferenzierung familiärer Subsysteme, denen nach Minuchin (1977) eine wichtige Funktion zukommt bei der Ausbildung der Identität der einzelnen Familienmitglieder. Wenn sich das gesamte Familienleben weitgehend in einem Raum abspielt, kann sich das geschwisterliche Subsystem nur unzureichend ausbilden, da sich die Kinder vor übereilten elterlichen Eingriffen in ihre Interaktionen nicht schützen können. Das eheliche Subsystem leidet häufig darunter, daß ein Kind bei den Eltern schläft. Auseinandersetzungen zwischen den Eltern werden dadurch gestört, daß die Wohnung so hellhörig ist, daß die Kinder jeden Streit mitbekommen.

Die angeführten Beispiele verdeutlichen zur Genüge, daß in beengten Wohnungen die Chancen zur Intimität nicht genutzt werden können, dagegen massive Abgrenzungsmanöver auftreten, um den individuellen Freiraum nicht allzusehr zu beeinträchtigen. Die räumliche Nähe mobilisiert im Annäherungs-Vermeidungs-Konflikt (Argyle 1969), dem alle sozialen Beziehungen ausgesetzt sind, in überwertiger Form Abgrenzungstendenzen, die sich vor allem in aggressiven Verhaltensweisen manifestieren.

3. Familiendynamik bei Problemfamilien

Es scheint angebracht, dem schwierigen Versuch, das interaktionelle Geschehen bei deprivierten Familien zu skizzieren, einige allgemeine Überlegungen über den Zugangsweg voranzuschicken. Die Dynamik in Problemfamilien wirkt auf den Außenstehenden im ersten Moment häufig fremdartig, sehr extrem und unverständlich. Das Erleben der Andersartigkeit behindert den Beobachter, objektiv und sachlich wahrzunehmen, da das Geschehen sofort eigene Gefühle und Wertvorstellungen mobilisiert. Im Gefolge fällt es schwer, Wahrnehmungen und eigene Projektionen auseinander zu halten, wodurch das Verstehen sehr erschwert wird. Das spiegelt sich nicht nur in Beschreibungen des Familienalltags von Problemfamilien wider, sondern fließt auch in wissenschaftliche Analysen ein. Vor allem scheint es kaum möglich, negative Wertungen auszuschließen. In Gestalt pathologisierender Kategorien werden vielfach Phänomene lediglich als etwas Defizitäres dargestellt, die im familiären und sozioökonomischen Kontext eine wichtige Funktion einnehmen. Eine derartig verengte Sichtweise erweist sich für die Arbeit mit Familien als verhängnisvoll. Der Praktiker benötigt eine Sicht, die oberflächlich pathologisierende Klischees überwindet, einzelne Verhaltensweisen in den systemischen familiären Zusammenhang einordnet und auch einen Zugang zu den Stärken der Familien ermöglicht. Nur so gelingt es, das Selbstwertgefühl zu stützen und die Familie aus ihrer resignativen Haltung heraus zu locken. Ich möchte daher versuchen, das interaktive Geschehen in Problemfamilien so zu beschreiben, daß auch die positiven Aspekte zur Geltung kommen, ohne in das gegenteilige Extrem einer beschönigenden Darstellung zu verfallen. Dieser hohe Anspruch läßt sich nur ansatzweise realisieren. Dennoch scheint es mir nötig, ihn vorweg zu formulieren, damit er dem Leser bewußt wird und er an Stellen, wo dies offensichtlich nicht gelungen ist, selbst anfängt, das Anliegen eines ganzheitlich-verstehenden Zugangs zu Problemfamilien weiter zu verfolgen.

Als Zugangsweg zur komplexen Familiendynamik habe ich mich bemüht, zunächst an einfachen, augenfälligen Interaktionsmustern auf der Zwei-Personen-Beziehung anzusetzen, um dann — ähnlich wie bei einem Roman — immer mehr Personen und komplizierende Situationen in das Geschehen einzubeziehen. Bei der Darstellung war es kaum vermeidlich, auch klischeehafte und typisierende Formulierungen zu wählen. Gleichwohl war es nicht die Absicht, einen Typ der „Problemfamilie" zu entwickeln, sondern Konstellationen aufzuzeigen, die eine Grundlage für die Beobachtung und Hypothesenbildung des Praktikers abgeben könnten. Der Praktiker, der selbst mit der Vielfalt des innerfamiliären Geschehens konfrontiert wird, unterliegt kaum der Gefahr, daß er sich von diesen Aussagen wie von Stereotypisierungen blenden läßt. Vielmehr wird er sich die Frage stellen, wieweit ihm diese Sicht von Nutzen ist, sich im verwirrenden familiären Beziehungsgefüge besser zurechtzufinden, um seine Handlungsfähigkeit nicht zu verlieren.

Eines der auffälligsten Merkmale von Problemfamilien ist die ungeheure Vielfalt und der abrupte Wechsel der Beziehungsqualitäten. Dies sei an einem typischen Beispiel verdeutlicht:

Ein Kind sitzt auf dem Schoß der Mutter und schmust mit ihr, während ein anderes völlig unbeachtet mit einem scharfen Messer hantiert. Plötzlich schreit es auf und rennt zur Mutter, weil es sich in den Finger geschnitten hat. Die Mutter schreit das Kind an, es solle besser aufpassen. Da das Kind nicht aufhört zu weinen, holt die Mutter 50 Pfennig aus dem Portemonnaie und erlaubt dem Schreienden, sich etwas Süßes zu kaufen. Darauf fängt das andere Kind an zu quengeln, es will auch 50 Pfennig. Im gleichen Moment fällt der Mutter ein, daß die Schulaufgaben noch nicht gemacht sind. „Wie oft habe ich Dir schon gesagt, daß Du Dich sofort nach der Schule an die Hausaufgaben setzen sollst!" Das Kind hört nicht hin und rennt nach draußen. Die Mutter läßt es geschehen und schickt die Drohung hinterher: „Warte, bis Papa nach Hause kommt!"

Unbeteiligtes Nebeneinander, intensive Zärtlichkeit, Streit, Beschimpfung usw. wechseln sich in kürzesten Zeitabständen ab. Das sorgt für ständige Überraschungen und Aufregung, und dadurch werden die Beziehungen in keiner Form berechenbar. In dieser kurzen Episode wird bereits ein Muster deutlich, das als eines der beherrschenden Kommunikationsmerkmale von Problemfamilien anzusehen ist und weitgehend auch den Umgang mit der Umwelt, insbesondere sozialen Institutionen, bestimmt. Obwohl dieses Muster so massiv ins Auge springt, daß es kaum übersehen werden kann, ist es doch verwunderlich, daß meist nur die äußerliche Seite beschrieben wird und wenig Verständnis für die zugrunde liegende Dynamik vorliegt. Dies scheint mir sowohl der Fall zu sein in Darstellungen, die schwerpunktmäßig Symptome wie Disziplin- und Schulschwierigkeiten und dissoziale Verhaltensweisen in den Mittelpunkt rücken, wie auch vom Stigmatisierungsansatz beeinflußte Beschreibungen, die diese nicht immer wertneutrale Darstellungsweise selbst mit Diskriminierung versehen. In beiden Fällen liegt nur ein Teilverständnis der Problematik vor, das auf eine oberflächliche Kenntnis und häufig auch auf eine Verstrickung in dieses Beziehungsmuster schließen läßt. Die Hintergründe dieses Verhaltens werden erst klarer, wenn wir den psychoanalytischen Begriff des „Agierens" zu Hilfe nehmen.

Spangenberg (1984) bezeichnet das impulsive Verhalten als zentrales Merkmal dieser Familie und spricht unter Verweis auf psychoanalytische Überlegungen über das Ausagieren von „Agierfamilien" (S. 262). Auch dabei bleiben die dissozialen, normabweichenden Tendenzen im Mittelpunkt, dennoch wird ein ganzheitlich-verstehender Zugang eher möglich, da die Hintergründe und die interaktiven Verwicklungen, die sich aus diesem

Agieren ergeben, schärfer herausgearbeitet werden. Unter Agierfamilien versteht Spangenberg solche Familien, die „dazu neigen, unbewältigte psychische Probleme bzw. Interaktionskonflikte dadurch zu lösen, indem sie daraus resultierende Spannungen durch „Agieren" wieder auf ein erträgliches Maß zu reduzieren versuchen, wobei das Agieren sich von gewöhnlichen Handlungen dadurch unterscheidet, daß diese nicht durch Entscheidungen auf der Ich-Ebene gesteuert werden, sondern unter dem Druck unbewußter Motive stehen" (Spangenberg 1984, S. 262f).

Agieren stellt eine Art Kurzschlußhandlung dar als unmittelbarer Ausdruck der innerlichen Bedürftigkeit, bei der alle „vernünftigen" Überlegungen und Vorsätze außer acht gelassen werden. Rationale und moralische Bedenken werden gleichsam außer Kraft gesetzt, und somit wird der Gegenüber, der sich an Normen gebunden fühlt, überrumpelt und unter massiven Druck gesetzt, die Bedürfnisse zu befriedigen. In der psychoanalytischen Behandlung von neurotischen Patienten wird Agieren als eine Form des Widerstandes bezeichnet, da es die introspektive Arbeit behindert. Allerdings hat sich inzwischen bei der Behandlung tieferliegender Ich-Störungen gezeigt, daß das klassische psychoanalytische Setting zumindest zeitweise verändert werden muß und Möglichkeiten zum Agieren auch innerhalb der Behandlung eingeräumt werden müssen. Zunächst ist Agieren jedoch als defizitäres Phänomen anzusehen, da es nicht gelingt, die inneren Impulse so zu kanalisieren, daß die eigenen Bedürfnisse auf die Anforderungen der Außenwelt abgestimmt werden, und somit negative Sanktionen aufgrund von Befriedigungen vermieden werden. Den Gegensatz dazu bildet neurotische Überangepaßtheit, bei der innere Antriebe aufgrund von Hemmungen nicht mehr unmittelbar, sondern nur noch in neurotisch verzerrter Form zum Ausdruck gebracht werden. Vor allem die Hospitalismus-Untersuchungen von R. Spitz (1946) haben jedoch den Blick dafür geschärft, daß Agieren nicht nur eine Ich-Schwäche, ein Defizit darstellt, sondern auch eine gewisse Stärke. Spitz beobachtete bei Säuglingen, die nach einer längeren Phase einer intensiven Mutter-Kind-Beziehung von der Mutter getrennt wurden und keinen adäquaten Mutterersatz erhielten, eine starke Veränderung des kindlichen Verhaltens, an dessen Ende ein apathisches, uninteressiertes Rückzugsverhalten stand, das Ähnlichkeit mit der Haltung von Verzweiflung, Trauer und Depression aufweist. Schreien und aggressives Aufbäumen, das wir als Analogon zum Agieren ansehen können, tritt in einer früheren Phase auf, in der das Kind die Hoffnung auf Zuwendung noch nicht ganz aufgegeben hat. Wenn dieses impulsive Handeln beibehalten wird, dürfen wir annehmen, daß es durch die Umwelt verstärkt wurde, indem durch Schreien oder Aggression Aufmerksamkeit erzwungen wurde. Agieren hat demnach auch einen positiven Aspekt, nämlich daß es gelingt, durch lärmendes, auffälliges Verhalten sich Zuwendung zu ertrotzen, die zunächst spontan nicht gewährt wird. Vereinfacht könnte man sagen, das unüberlegte, irrationale Handeln von Problemfamilien weist gewisse Ähnlichkeit auf mit dem verzweifelten Schreien eines Kindes, dem es gelingt, sich bei der (übermüdeten) Mutter Gehör zu verschaffen. Obwohl sich die Mutter zunächst aufgrund ihrer Verfassung nicht in der Lage sieht, auf das Kind einzugehen, wird sie durch die Schreie des Kindes gezwungen, ihre eigenen Bedürfnisse zurückzustellen und das Kind zu beachten. Die ertrotzte Zuwendung hat natürlich nicht die gleiche Qualität wie spontane, zumal sie langfristig beim Gegenüber massive feindselige Impulse aufbaut und somit die Beziehung belastet, dennoch stellt das blinde Agieren einen verzweifelten und teilweise erfolgreichen Versuch dar, Gefühle der Einsamkeit abzuwehren. Die zumindest intermittierende Verstärkung sorgt dafür, daß diese Anstrengungen nicht aufgegeben werden. Aus dieser Perspektive lassen sich zahlreiche, bereits erwähnte Verhaltensweisen von Problemfamilien interpretieren: Impulsives Geldausgeben, Gewalttätigkeiten gegenüber Kindern und Ehepartnern, Schwierigkeiten, sich den Normen von Schule und Arbeitswelt anzupassen, inkonsequente Erziehung, Suchtverhalten oder Kriminalität können als letzte Anstrengungen angesehen werden, sich Gehör zu verschaffen und depressionsartige Stimmungen abzuwehren. Auch das von Minuchin (1967) beschriebene Klima der Unbeständigkeit, Unzuverlässigkeit und Inkonsequenz von Slum-Familien läßt sich hier einordnen.

Die Ausführungen über das Agieren dienen dem Zweck, die Doppeldeutigkeit des impulsiven Handelns von Problemfamilien aufzuzeigen. Sie sind indes mißverständlich, da sie die Gefahr aufkommen lassen, Agieren als individuelles Verhalten anzusehen und nach linearen Ursache-Wirkungs-Erklärungen zu suchen, die in der Praxis regelmäßig einseitige Schuldzuschreibungen zur Folge haben und nur noch beschränkte Handlungsfreiräume zulassen. Die psychoanalytische Sicht ist daher zu ergänzen durch eine systemische, d.h. Agieren ist zu betrachten als Element eines umfassenderen Interaktionszirkels, der unsere Aufmerksamkeit verdient.

In der Beschreibung des Agierens wurde schon wiederholt die Zweierbeziehung angesprochen, d.h. die Beziehung einer abhängigen Person, des Kindes, zu einer autonomen Bezugsperson, die in erster Linie für die Ernährung, Pflege und Sozialisation des Kindes verantwortlich ist. Hier soll nicht weiter auf die Frage eingegangen werden, ob die Pflegeperson die leibliche Mutter oder eine andere Person ist, oder ob die Pflege von mehreren Personen gemeinsam übernommen werden kann. Für uns ist vor allem die Beziehung zwischen Kind und Mutterfigur bedeutsam. Diese Zweierbeziehung läßt sich bei Problemfamilien charakterisieren durch Kontaktabbrüche und Unbeständigkeit, durch einen abrupten Wechsel zwischen extremer Nähe und unbeteiligter Distanz (Minuchin 1967). Dieses unberechenbare Schwanken wird als typisch für Familien mit delinquenten Mitgliedern angesehen (Hassan 1977), kann vermutlich aber als allgemeines Merkmal von Problemfamilien bezeichnet werden. Da die Rolle des abhängigen, agierenden Parts bereits verdeutlicht wurde, soll nun die Situation der Pflegeperson näher beleuchtet werden.

Ein zunächst äußerlicher Grund dafür, daß konstante Zuwendung nicht aufrechterhalten werden kann, ist in der Familiengröße zu sehen. Die Atmosphäre einer konstanten Zuwendung ist in einer großen Familie schwerer aufrechtzuerhalten, als wenn wenige Personen zusammenleben. Das fortlaufende Reagieren auf Reize in der Familie unterstützt die Tendenz, daß der „rote Faden" in den Beziehungen verlorengeht. Die Familienmitglieder — vor allem die Kinder — spüren nicht mehr, daß sie beständig geliebt werden, sondern merken, daß sie Zuwendung nur dann erhalten, wenn sie lauter sind als die anderen. Bei den Eltern kann die Gefahr nur schwer gebannt werden, daß sie in dem Bemühen, gute Eltern zu sein und niemand zu kurz kommen zu lassen, mehr geben als sie eigentlich geben können. Fehlen in diesem Fall Rückzugsmöglichkeiten und Beziehungen, in denen man selbst wieder „auftanken" kann, dann entsteht eine innere Leere, das Reagieren auf die Wünsche der Familienmitglieder wird zu einem gefühlsleeren Mechanismus, der nicht zu dem ersehnten Erfolg führt. Der abrupte Rückzug in dieser Situation aus Gründen der Selbstbehauptung ist verständlich, aufgrund von Schuldgefühlen kann er jedoch meist nicht lang genug durchgehalten werden. Besonders Mütter, die in ihrer eigenen Kindheit einschneidende Enttäuschungen erlebten, sind von der Gefahr betroffen, von ihren Kindern innerlich aufgesogen zu werden. Da sie selbst zu wenig Liebe erfahren, fehlt ihnen auch die Erfahrung, daß es bei ausreichender Zuwendung auch möglich ist, Frustrationen zu ertragen und Zeiten des Alleinseins durchzustehen. Rückzug ist negativ besetzt, da er auf das engste mit den eigenen Verlassenheitsängsten verknüpft ist und nicht in der Überzeugung geschieht, daß das Kind die Einsamkeit aushalten kann oder sogar benötigt. Die Mutter muß, um nicht eine schlechte Mutter zu sein, alles tun, um eine Abgrenzung und Differenzierung des Kindes zu verhindern. Infolgedessen versucht sie, dem Kind möglichst alles zu geben und geht in der Beziehung zum Kind völlig auf. Es entwickelt sich ein enges, symbiotisches Verhältnis, das jedoch abrupt abgebrochen werden kann, wenn etwa ein weiteres Kind geboren wird (Koschorke 1975) oder wenn die Mutter aus anderen Gründen überfordert ist, ganz für das Kind da zu sein. Gründe für das Umkippen der symbiotischen Beziehung in eine extrem distanzierte können auch beim Kind liegen. Beispielsweise sind Auslöser entwicklungsbedingte Verselbständigungstendenzen oder Abgrenzungsversuche des Kindes gegenüber dem emotionalen Überengagement der Mutter etwa durch Schreien oder somatische Symptome. Der abrupte Rückzug erzeugt beim Kind Verlassenheitsängste, die bedrohlich erlebt werden, weil es in der bisherigen Abhängigkeit nicht gelernt hat, Autonomie zu entwickeln. Das Kind ist völlig auf die Mutter fixiert und hat nur die Möglichkeit, durch impulsives Agieren alle Kräfte einzusetzen, um die Aufmerksamkeit der Mutter auf sich zu lenken, anstatt Selbständigkeit zu entwickeln.

Durch das Erlebnis, der Dreh- und Angelpunkt für das Kind zu sein, fühlt sich die Mutter in ihrer Rolle stark aufgewertet. Dafür hat sie jedoch einen sehr hohen Preis zu zahlen. Einmal kommen ihre persönlichen Bedürfnisse zu kurz, zum andern läßt eine derartig enge Beziehung kaum mehr Raum für die Partnerbeziehung. Es entsteht ein erster Bruch in der ehelichen Beziehung, wenn der Vater merkt, daß er mit den Kindern um die Gunst seiner Frau wetteifern muß. Vor allem wenn er selbst ein niedriges Selbstwertgefühl hat, reagiert er mit einer narzißtischen Kränkung und Rückzug und bringt nicht die Kraft auf, sich für die eheliche Beziehung zu engagieren, was an sich für seine Frau erforderlich wäre, damit sie den Kindern gegenüber klare Grenzen setzen könnte.

Ein weiterer Mangel der symbiotischen Verstrickung der Mutter mit den Kindern wird bei der Erziehung deutlich. Die Mutter ist kaum in der Lage, den Kindern gegenüber konsequent auf der Durchsetzung von Normen zu bestehen, da die Ängste, von den Kindern abgelehnt zu werden, für sie zu bedrohlich sind. Die enge, wenn auch sehr zerbrechliche Mutter-Kind-Beziehung scheint zuweilen das Gegenteil konsequenter Erziehung. Denn wie bei den Ausführungen zum Ausagieren deutlich wurde, stellt das impulsive, problematische Handeln den Versuch dar, die Aufmerksamkeit auf sich zu lenken. Wäre die Mutter in der Lage, konsequent auf der Einhaltung von Ge- und Verboten zu bestehen, würde sie dem Kind ein wichtiges Instrument rauben, Bedürfnisse zu artikulieren. Gleichzeitig würde es ihr niedriges Selbstwertgefühl nicht ertragen, als „böse" Mutter angesehen zu werden. Auch wenn die Mutter durch das nervenaufreibende Agieren der Kinder an den Rand der Verzweiflung gerät, ist sie kaum in der Lage, konsequent auf der Einhaltung von Normen zu bestehen. Ihre Verbote stellen inkongruente Botschaften dar, deren metakommunikativer Gehalt etwa besagt: „Ich möchte, daß Du das und das tust, aber das soll keine Einschränkung für Dich sein und Du sollst nicht schlecht über mich denken!"

Die unangenehme Aufgabe der Verhaltenskontrolle muß daher häufig von einer anderen Person übernommen werden, meist vom Vater, aber auch — besonders wenn der Vater nicht vorhanden ist — von anderen Familienmitgliedern, etwa der ältesten Tochter, die Minuchin (1977) als „Elternkind" bezeichnet, wenn sie die Rolle erhält, elterliche Macht auszuüben. Das Problem der Übertragung elterlicher Kontrollfunktion an außerfamiliäre Institutionen wie Jugendamt, Bewährungshilfe oder Jugendstrafanstalt wird uns noch beschäftigen. Bedeutsam ist in diesem Zusammenhang zunächst die Unfähigkeit, elterliche Liebe und Machtausübung miteinander zu verknüpfen. Die rigide Aufspaltung expressiver und exekutiver Funktionen führt nicht nur auf der Ebene der Zuwendung zu Verzerrungen, sondern deformiert auch den Erziehungsprozeß, so daß er in die Nähe von Gewaltanwendung rückt. Kontrolle, die nicht von Zuwendung und Verständnis begleitet wird, stellt nämlich eine Überforderung dar, da es kaum möglich ist, den richtigen Zeitpunkt und die richtigen Mittel zu finden. Verantwortungsbewußte Erziehung setzt voraus, offen zu sein für die subtilen Rückmeldungen, die das Kind dem Erzieher durch sein Verhalten sendet. Der Erzieher kann daraus Konsequenzen ziehen und sein Verhalten immer feiner auf die Reaktionen des Kindes abstimmen. Ohne ein Klima emotionaler Wärme ist dieser Prozeß gegenseitiger Beeinflussung erheblich beeinträchtigt. Die erzieherische Kontrolle wirkt autoritär, sie erscheint als Zeichen der Willkür und Grausamkeit und ist nicht in der Lage, ein inneres Normensystem aufzubauen und auf die Erwartungen der Gesellschaft vorzubereiten.

Die von der Kontrollperson ausgesprochenen und von der Mutter häufig zu wenig unterstützten Ge- und Verbote erzeugen frühzeitig Opposition und werden nur soweit beachtet, wie die Sanktionsmacht reicht. Opposition und Angst vor Sanktionen sind eine schlechte Basis für die Internalisierung von Normen, da der Erzieher über keine identifikatorische Macht verfügt (French und Raven 1959), die dazu beitragen, daß die Kinder Normen übernehmen, weil es für sie erstrebenswert ist, so zu werden wie das erzieherische Vorbild. Probleme, ein internes Kontrollsystem aufzubauen, sind nach Minuchin (1983) ein typisches Merkmal von Familien mit delinqenten Jugendlichen.

Die Gefahr, Erziehung in Machtausübung im Interesse der eigenen Bedürfnisse des Erziehers zu pervertieren, kann im Normalfall auch dadurch verringert werden, daß der Erziehende in einer tragfähigen Partnerbeziehung lebt und durch den Partner kontrolliert wird. Dies impliziert jedoch, daß die Zweierbeziehung emotional zur Triade erweitert werden kann, und die Instabilität einer Dreierbeziehung mit wechselnden Koalitionsmöglichkeiten ausgehalten wird. An dieser Stelle wird ein weiterer Mangel der Dreierbeziehung mit einer exklusiven Mutter-Kind-Dyade sichtbar, nämlich, daß die Mutter keine Energie frei hat, dem Kontrollverhalten der Person Aufmerksamkeit zu schenken, das vornehmlich die erzieherische Funktion ausübt. Die Mutter setzt sich z.B. mit dem Vater nicht auseinander, wenn sie den Eindruck gewinnt, daß er die Kinder mit Überstrenge reglementiert. Eine konstruktive Kritik könnte dem Vater helfen, sein Verhalten zu revidieren und angemessenere Re-Formen der Kontrolle zu entwickeln. Die Mutter erliegt hier leicht der Versuchung, anstelle dessen den Vater ins schlechte Licht zu rücken und die eigene Position als der bessere Elternteil den Kindern gegenüber zu festigen. Dadurch ist der Vater auf sich allein gestellt auf der Suche nach dem optimalen Weg der Kontrolle, was für ihn besonders dann eine Überforderung darstellt, wenn er selbst als Kind nur eine einseitig strenge Erziehung erlebt hat.

Die Enttäuschung aus der eigenen Kindheit und die Disqualifizierung durch den Ehepartner ist ein günstiger Nährboden für Aggressionen, die sich in einer überstrengen Haltung als Erzieher niederschlagen, möglicherweise sogar zur Kindesmißhandlung führen können. Auch für den Vater ist diese Extremsituation schwer zu ertragen: als Ehepartner fühlt er sich an den Rand gedrängt, als Vater ist er nur Kontrolleur und die Kinder sehen in ihm nur den Polizisten, gegen den sie Kleinkriege führen. Diese Belastungen des Vaters machen deutlich, daß impulsive Handlungen wie Gewaltanwendung gegen Frau oder Kinder, Verlassen der Familie, Alkoholexzesse und Rückzug in Kneipen immer auch im familiären Zusammenhang gesehen und behandelt werden müssen.

An dieser Stelle erscheint es sinnvoll, das Blickfeld zu erweitern und das Geschwistersubsystem hinzuzuziehen. Hierzu sind die Aussagen widersprüchlich. Koschorke (1975) beobachtete eine extrem ausgeprägte Geschwisterrivalität, während Minuchin (1967) im Subsystem der Geschwister eine entscheidende Sozialisationsmacht sieht, das Funktionen übernimmt, die von den Eltern nicht wahrgenommen werden. Der Zusammenhalt nimmt häufig bandenartigen Charakter an. Die Erklärung dieses Widerspruchs mag in kulturellen Unterschieden zu suchen sein. Mir scheint indes eine andere Begründung wahrscheinlicher: Solange die Kinder auf die Mutter fixiert sind und einzeln darum kämpfen, die Dualunion mit der Mutter aufrechtzuerhalten, geraten sie untereinander in Streit und müssen um die Zuwendung der Mutter rivalisieren. Diese Rivalität beeinträchtigt die Ausbildung der Solidarität unter den Geschwistern, wie es Koschorke beschrieb. Die Situation verändert sich jedoch, wenn die bedrohlich wirkende Kontrollmacht eingesetzt wird. Um der Übermacht nicht wehrlos ausgeliefert zu sein, ist es beinahe lebensnotwendig, daß sich die Geschwister zusammenschließen, denn Zusammenschluß erhöht die Macht.

Durch die Stärkung des Geschwistersystems gerät nun die Mutter in eine zwiespältige Situation. Da die Kinder sich von ihr lösen, wird sie ihre

Überforderung los. Andererseits ergeben sich für sie Probleme, den Funktionsverlust, der durch die Verselbständigung der Kinder entsteht, zu kompensieren. Sie steht plötzlich vor dem Nichts, und wenn sie nicht in der Lage ist, sich Ausgleichsmöglichkeiten zu schaffen, z.B. durch Berufstätigkeit oder Vertiefung ihrer Interessen, gerät sie in eine schwierige Identitätskrise. Ihr stehen im Vergleich zu Frauen aus der Mittelschicht bedeutend weniger Betätigungsfelder zur Verfügung, ihrem Leben einen Sinn zu geben, wenn sie als Mutter nicht mehr gebraucht wird.

Dieser Bereich ist jedoch kaum untersucht, da im Mittelpunkt von Forschung und Praxis die Stellung von Kindern und Heranwachsenden in der Familie steht. Es läßt sich dennoch häufig beobachten, daß die Mutter auch mit dem Erwachsenwerden ihrer Kinder nicht überflüssig wird, sondern die Mutter-Kind-Beziehung auf unterschiedliche Art weitergepflegt wird. Bei Kindern, die sich relativ problemfrei entwickeln konnten, sind ihre Beziehungen zur Mutter auch nach dem Auszug häufig sehr intensiv, vor allem wenn die Kinder in der Nähe wohnen und regelmäßige Kontakte möglich sind. Probleme können sich bei der Partnersuche ergeben. Vor allem dauerhafte Partnerbindungen werden von der Mutter ambivalent erlebt. Die neue Bindung bedeutet für die Mutter, daß die Ablösung endgültig vollzogen ist, und sie mit dem Alleinsein konfrontiert wird. Ferner taucht in ihrer Erinnerung die eigene Partnergeschichte mit allen Höhe- und Tiefpunkten wieder auf, mit der sie nur schwer fertig wird. Wenn die Mutter diese Situation nicht aushalten kann und eventuell auch das erwachsene Kind in der Partnerbeziehung nicht zurecht kommt, ist die Gefahr sehr groß, daß die Mutter entweder in das Leben des Paares massiv eingreift, eventuell sogar als Retterin angerufen wird, oder daß die Partnerbeziehung scheitert und das Kind zur Mutter zurückkehrt. Eine Eingriffsmöglichkeit bietet sich auch durch die Geburt von Enkelkindern an. Die Mutter kann hier als Großmutter ganz oder zeitweise die Pflege der Kinder übernehmen und somit eine neue, auch für sie persönlich wichtige Aufgabe ausfüllen.

Noch mehr kann die Mutter ihre Fixierung an eines der Kinder aufrechterhalten, wenn ein Kind durch auffälliges Verhalten Sorgen bereitet, z.B. durch Kriminalität, Alkoholismus oder Arbeitsverweigerung. Das Sorgenkind beweist der Mutter einerseits ihre Hilflosigkeit, indem es sich ihrem Einfluß erfolgreich widersetzt, andererseits zwingt es die Mutter, die Bindung nicht aufzugeben. Selbst gewaltsame Ausstoßungsversuche verfehlen ihr Ziel, wenn sich das Sorgenkind in eine so verfahrene Situation manövriert, daß die Mutter nicht umhinkann, rettend einzugreifen. Sogar in Extremfällen, in denen die Trennung gewaltsam aufrechterhalten wird, bleiben die inneren Ängste und die Aufregung, die verhindern, daß sich die Mutter mit der Trennung von den Kindern auseinandersetzen muß.

Es bedarf einer Erklärung, weshalb bei dieser Darstellung der Ablösung des Kindes von der Familie die Rolle des Vaters zunächst ausgeklammert wurde. Zunächst ist hier auf den relativ hohen Anteil von Scheidungs- und Stieffamilien zu verweisen, bei denen der Vater keine oder nur eine untergeordnete Rolle im Ablösungsprozeß spielt, und von der Mutter häufig eher als Belastung denn als Unterstützung erlebt wird. Zum andern scheint es in einer Situation, in der die Mutter über lange Jahre eine sehr enge Beziehung zu den Kindern pflegte, während die Beziehung des Vaters eher distanziert und kontrollierend war, und dieser Gegensatz in der Partnerbeziehung nicht aufgefangen wurde, kaum möglich, daß die Eltern spontan aufeinander zugehen und das Ablösungsproblem gemeinsam meistern. Jeder ist so festgefahren, daß er kaum Verständnis für die Gefühle und Reaktionen des Partners aufbringt. Der Vater sucht vielleicht der Mutter die Ängste um das Sorgenkind auszureden: „Du machst Dich nur verrückt damit, ändern kannst Du sowieso nichts mehr. Hättest Du früher auf mich gehört und nicht so viel nachgegeben, wäre es gar nicht soweit gekommen. Aber nun ist er erwachsen und er muß sein eigenes Leben leben und wir haben ein Recht darauf, die letzten Jahre noch an uns selbst zu denken." Wenn der Vater eine so radikale Grenze zieht, sieht sich die Mutter gezwungen, sich auf die Seite des Kindes zu stellen und ihrerseits alles zu tun, um die letzten Bindungen aufrechtzuerhalten. Dabei fühlt sie sich von ihrem Partner abgewertet und setzt sich von ihm ab, weil sie glaubt, daß er im Unrecht ist. Dieser Eindruck wird auch der Umwelt vermittelt und so entsteht für Außenstehende das Bild, daß der Vater bei komplizierten Ablösungsproblemen kaum eine Rolle spielt. Es läßt sich also feststellen, daß die hier gewählte Beschreibung der Ablösung aus der Perspektive der Mutter stammt. Für den Praktiker ist es jedoch problematisch, sich dieser Sicht unkritisch anzuschließen, da dadurch der Vater disqualifiziert und stillschweigend aus der Behandlung ausgeschlossen wird. Für die Bewältigung der Trennung ist es erforderlich, dieses Muster aufzubrechen und die Rolle des Vaters als Repräsentant der trennenden Kräfte in das Geschehen einzubeziehen.

Auch wenn die einzelnen Beziehungen in der Familie nur nacheinander beschrieben werden können, darf man nicht aus den Augen verlieren, daß es sich um ein zusammenhängendes Beziehungsmuster handelt: Das emotionale Überengagement der Mutter für die Kinder verbunden mit dem Gefühl, nicht genug zu geben, fordert die Unersättlichkeit der Kinder heraus. Der frustrierte Ehemann kann nur noch die distanzierte Kontrolleursrolle ausüben, wenn er überhaupt eine Funktion in der Familie wünscht und sich nicht völlig auf außerfamiliäre Aktivitäten versteift. Bemerkt die Mutter, daß es ihr gelingt, den Vater zu autokratischem Verhalten zu bewegen, kann sie sich noch stärker auf die Gefühlswelt konzentrieren. Die Kinder kämpfen gegenüber der Mutter, als ob sie am verhungern wären und die Mutter nicht genug Liebe für alle hätte. Der väterlichen Autorität gegenüber müssen die Kinder als machtvolle solidarische Bande auftreten. Alles zusammen bildet eine Einheit, ein homöostatisches System, auch wenn alle Beteiligten unzufrieden sind und auf Dauer seelische und körperliche Schäden zu verzeichnen sind. Es handelt sich um ein differenziertes Beziehungsmuster, in dem keine Partei fehlen darf, ohne daß das ganze System in Frage gestellt wird. Kommt es dennoch zu einem Versagen oder einem Ausfall einer Seite, dann sind Eingriffe von außen erforderlich, die jedoch in der Regel das System nicht grundlegend ändern, sondern das vorhandene Grundmuster bestätigen und fortsetzen. Wenn die Familie um Hilfe nachsucht, ist ihr nicht daran gelegen, das gesamte System zu verändern, sondern vielmehr die im System nicht ausgefüllten oder unzureichend ausgefüllten Funktionen zu ersetzen. Eingriffe von außen — sei es durch Verwandte, Nachbarn, ehrenamtliche oder professionelle Helfer — führen in den meisten Fällen nur zu einer vorübergehenden Entlastung einer der beteiligten Parteien, zuweilen ist es auch nötig, einen Ausfall ganz zu ersetzen. Läuft die Intervention jedoch darauf hinaus, daß das Beziehungsgefüge grundlegend neu strukturiert werden soll, stehen der Familie genügend Möglichkeiten zur Verfügung, die Anstrengungen zu neutralisieren, z.B. durch Abbruch der Beziehung, gegeneinander Ausspielen verschiedener Institutionen, Flucht in die „Nichttherapierbarkeit". In den meisten Fällen bleibt die Unterstützung des familiären Systems so peripher und oberflächlich, daß die Grundstruktur nicht angegriffen wird.

Mit diesen pointierten Aussagen möchte ich nicht den Stellenwert punktueller Hilfen abwerten, sondern die Aufmerksamkeit darauf lenken, daß jede Hilfe und jede Außenbeziehung der Familie im Zusammenhang mit dem familiären Beziehungssystem gesehen werden muß. Diese Dimension wird in der Arbeit mit Problemfamilien noch weitgehend vernachlässigt. Familie und Umfeld bilden ein erweitertes System, in dem die Beziehungsabläufe der Familie in der Regel in größerem Rahmen fortgesetzt und bestätigt werden.

III. Schwierigkeiten und Grundzüge der Arbeit mit Problemfamilien

1. Der Mythos der Unbehandelbarkeit

Es ist erstaunlich, daß trotz zahlreicher positiver Berichte über Erfolge in der Arbeit mit Randgruppenangehörigen nach wie vor der Eindruck vorherrscht, diese Klientel sei für psychologische Behandlung unzugänglich. Im psychotherapeutischen Bereich befaßte sich z. B. A. Adler schon um die Jahrhundertwende, als einer der ersten, mit Unterschichtpatienten. Er verwies mit seiner Theorie der Organminderwertigkeit auf den Zusammenhang zwischen körperlichem und seelischem Leiden und entwickelte einen psychotherapeutischen Behandlungsansatz, der durch die Einbeziehung pädagogischer Elemente eher auf die Bedürfnisse der Unterschichtklientel ausgerichtet war. Bekannt sind besonders Minuchins (1967) Ansätze mit Slumfamilien in den USA, aus denen sich später seine „strukturelle Familientherapie" entwickelte. In Deutschland befaßte sich anfangs der 70er Jahre besonders eine Gruppe in Gießen um H. E. Richter (1974) mit obdachlosen Familien. Koschorke (1975) entwickelte in Berlin ein Modell für eine Beratungseinrichtung mit Unterschichtfamilien. Goldstein (1978) entwickelte eine „strukturierte Lerntherapie" für Unterschichtklienten, die sich vornehmlich aktiver Techniken, besonders des Rollenspiels bedient. Ackermann (1984) konnte in einer Therapeutenbefragung nachweisen, daß die Verständigungsbarrieren zwischen Mittelschichttherapeuten und Unterschichtklienten kein unüberwindbares Behandlungshindernis darstellen. Erwähnenswert sind auch die erfolgversprechenden Ansätze der sozialpädagogischen Familienhilfe, die in den letzten Jahren rasch an Bedeutung gewonnen hat (z. B. Nielsen u. a. 1986). Die Erfolge von Sozialarbeitern, die den Löwenanteil an psychosozialen Hilfen für Problemfamilien leisten, sind leider kaum wissenschaftlich untersucht.

Die positiven Behandlungsansätze scheinen indes die These der Unbehandelbarkeit sozial benachteiligter Familien kaum ernsthaft erschüttern zu können. Man gewinnt den Eindruck, daß es sich hier um eine Verleugnung von Erkenntnissen handelt, die ähnlich wie Familienmythen (Ferreira 1980) eine Verzerrung der Realitätswahrnehmung zugunsten eines Abwehrprozesses bedeuten, die im Dienst der Aufrechterhaltung eines Gleichgewichtszustandes stehen. Ich möchte daher in Analogie von einem Mythos der Unbehandelbarkeit sprechen, um die Unangemessenheit und die Abwehrfunktion dieser These zu unterstreichen, die eine beinahe unüber-

windbare Barriere zwischen Psychotherapeuten und Angehörigen von sozialen Randgruppen aufbaut.
Zunächst erscheint es jedoch erforderlich, auch auf die objektiven Rahmenbedingungen aufmerksam zu machen, die sich in der etablierten Beratungspraxis spiegeln. Friedrich u. a. (1979) bezeichnen sozial deprivierte Familien aus Notunterkünften als „prognostisch ungünstige und aussichtslose Fälle" (S. 190), da sie die Prognose- und Therapievoraussetzungen der landläufigen Beratungspraxis nicht erfüllen. Die Autoren führen folgende Zugangsprobleme an (S. 191f):

— Schwierigkeiten, Terminvereinbarungen einzuhalten und an einer kontinuierlichen Beratung teilzunehmen,
— Schwierigkeiten, die Aktivität aufzubringen, die erforderlich ist, um die Beratung und Therapie in den Räumen der Institution zu nutzen,
— Schwierigkeiten, die psychodynamischen Anforderungen an die Beratung zu erfüllen (Verbalisierungsfähigkeit, Selbstreflexion, Impulskontrolle, Leidenseinsicht usw.),
— Scheitern von Beratungsansätzen, die psychische Probleme von sozialen oder ökonomischen Problemen isolieren und die soziale Belastung vernachlässigen.

Friedrich u. a. fassen die weithin als „objektiv" erscheinenden Zugangsprobleme zusammen, die sicher nicht übersehen werden dürfen. Dennoch wird hier der Eigenanteil von Beratern an der Verständigungsbarriere vernachlässigt, die im folgenden stärker in den Mittelpunkt gerückt werden soll.
Goldstein (1978) faßt die Vorurteile von Psychotherapeuten gegenüber Unterschichtklienten in der Formel „Non-YAVIS"-Klient zusammen: Er ist nicht jung, nicht attraktiv, nicht verbal (kann sich nicht gut verbalisieren), nicht intelligent und nicht erfolgreich. Diese Art von Klient stellt eine Bedrohung für die herrschenden gesellschaftlichen Leitbilder von Schönheit und Leistung dar. Das Einlassen auf den Non-YAVIS-Klienten würde bedeuten, sich mit der Brüchigkeit dieser Werte und letztlich mit der eigenen Begrenztheit auseinanderzusetzen.
Eine zentrale Rolle spielt im Rahmen des Unbehandelbarkeitsmythos die naive medizinische Vorstellung von Heilung: Heilung besteht nur darin, daß die ganze Gesundheit wiederhergestellt wird. Heilung gibt es nur ganz oder gar nicht, Zwischenstufen von Besserung, Verzögerung des Erkrankungsprozesses, Schmerzlinderung sind aus dieser Sicht keine Heilung. Auf psycho-soziale Probleme bezogen hieße dies, daß Entschärfungen von Krisen, Lösungen von Teilproblemen usw. abgewertet werden und nicht als echte Behandlungserfolge gelten. Die Leugnung von Teilerfolgen ist jedoch nicht nur bei Helfern zu beobachten, sondern oft in noch ausgeprägterem

Maß bei den Familien selbst. Bei der Familie scheinen sie eine Art homoöstatischen Mechanismus darzustellen zur Aufrechterhaltung des Status quo, da die Angst davor, sich dem Wachstumsprozeß anzuvertrauen und mehr Eigenverantwortung zu übernehmen, noch zu ausgeprägt ist. Die Stagnation verleiht ein (zweifelhaftes) Gefühl von Sicherheit, da die Abhängigkeit von weiteren Hilfen nicht aufgegeben werden muß. Der Mythos der Unveränderbarkeit wird durch eine Reihe weiterer Glaubenssätze in der Familie flankiert: den Glauben an die Vererbung negativer Eigenschaften, das Insistieren auf der organischen Bedingtheit psychosomatischer Krankheiten und die Vorstellung, daß sich das gesamte Familienleben ändern würde, wenn sich die materiellen Voraussetzungen verbessern lassen.

Auch auf seiten des Helfers lassen sich verschiedene Mechanismen beschreiben, die zur Aufrechterhaltung des Unbehandelbarkeitsmythos beitragen. Am auffälligsten ist, daß dissoziale Verhaltensweisen, Alkoholmißbrauch, Gewaltanwendung in der Familie nur oberflächlich wahrgenommen werden und nicht die dahinter liegende psychische Notlage erkannt wird. „Die Umgebung ist oft nicht geneigt zu fragen, welche Ängste, welche Depressionen, welche tiefreichenden schweren Entwicklungsstörungen hinter den jeweiligen Verhaltensanomalien stecken" (Güttges 1976, S. 102). Der sich sehr verschlüsselt manifestierende Leidensdruck dringt auf diese Weise nicht bis zum Helfer vor. Ebenso werden positive Bemühungen um kleine Veränderungen in der Familie leicht übersehen, besonders wenn sie durch Familienmitglieder selbst abgewertet werden. Schwierig ist es häufig auch, in der Inszenierung neuer dramatischer Episoden Elemente einer Entwicklung zu erkennen, da sie nach dem alten bekannten Muster abzulaufen scheinen.

Der Unbehandelbarkeitsmythos hat Konsequenzen auf unterschiedlichen Ebenen, vor allem gesellschaftlich gesehen ergibt sich eine Reduzierung des Behandlungsangebotes und eine geringere Motivation von Therapeuten, diese Familien zu behandeln. Bedeutsamer erscheinen mir jedoch die Folgen, die daraus resultieren, daß die Behandlung nicht abgebrochen wird, obwohl der Erfolg ausbleibt. In diesen Fällen sind insbesondere zwei Methoden gebräuchlich, die Behandlung umzudefinieren: als Krisenintervention oder als „stützenden Langzeitkontakt" (Oswald und Müllensiefen 1986). Bei einer ausschließlichen Krisenintervention betätigt sich der Helfer als Feuerwehr, die immer zur Verfügung steht, wenn eine problematische Situation auftritt, ohne daß der Anteil der Familie bei der Entstehung und der Bewältigung der Krise bearbeitet wird. Dadurch ist es kaum möglich, eine kontinuierliche Entwicklung zu fördern. Die Gefahr eines stützenden Langzeitkontaktes ist ähnlich der einer zeitlich unbefristeten Behandlung,

in der sich der Therapeut vom familiären System aufsaugen läßt und auf neustrukturierende Vorgehensweisen verzichtet, da er darauf vertraut, daß Veränderungen allein durch die Wirkung einer positiven Beziehung eintreten.
Hartmann-Lange und Ackermann (1983, S. 243) analysieren drei typische Reaktionsformeln auf Klienten aus unteren sozialen Schichten, die auch im Gefolge des Unbehandelbarkeitsmythos auftreten können:
1. strafende, ablehnende Verhaltensweisen,
2. zurückziehendes, passives Verhalten,
3. überidentifizierendes Verhalten.
Die ersten beiden Reaktionen stellen unterschiedliche Formen dar, stärkere Distanz zu schaffen. Ihre Bedeutung ist klar: Wenn es nicht möglich ist, positive Veränderung herbeizuführen, ist es sinnvoll, eine Position einzunehmen, die weniger Engagement erfordert. Die Funktion der Überidentifikation ist nicht so eindeutig, da hier die Distanz eher verringert wird und man eher annimmt, daß dadurch eine Veränderung zustande kommt. Tatsächlich können in diesem Fall äußerliche Erfolge eintreten, die allerdings ausschließlich auf die Initiative des Helfers zurückzuführen sind, da dieser dazu tendiert, für die Familie zu handeln anstatt sie selbst zum Handeln zu animieren.
Die Ausführungen über den Unbehandelbarkeitsmythos bedürfen noch einer Korrektur, sie sind nämlich nicht mißzuverstehen als Begründung eines Behandlungsoptimums. An der Realität nicht überprüfbare Euphorie ist genauso wenig angemessen wie ein unkritischer Pessimismus. Vielmehr geht es darum, den Blick zu schärfen für die positiven Ansätze, und dadurch die eigenen positiven Eindrücke — auch wenn sie noch so dürftig scheinen — nicht verwässern zu lassen durch gegenläufige negative Erfahrungen, die zwar auch zur Kenntnis genommen werden müssen, aber doch nicht die ganze Wahrheit darstellen.
An dieser Stelle drängt sich auf, den Unbehandelbarkeitsmythos als Ergebnis gesellschaftlicher Isolierungs- und Ausgrenzungsprozesse von Randgruppen psychoanalytisch zu interpretieren. Richter (1972) spricht von einer „kollektiven Sündenbockstrategie", wonach die Gesellschaft ihre unbewußten Triebimpulse auf soziale Randgruppen projiziert und sich mit ihnen teilweise identifiziert. Dies ermöglicht eine Ersatzbefriedigung in der Phantasie, ohne daß Schuldgefühle entstehen, da die Selbstbestrafungsimpulse in aggressiven Ausstoßungs- und Bestrafungshandlungen gegen Randgruppenangehörige ausagiert werden können. Der Unbehandelbarkeitsmythos könnte hier als Rationalisierung aggressiver Ausgrenzungen durch Helfer gelten, die auch in einem gesellschaftlichen Kontext stehen. Hier liegt die Versuchung nahe, die Überlegungen noch weiter voranzutreiben

und zu fragen, ob die negative Einstellung von professionellen Helfern nicht als Legitimation für die Nichtfachleute dienen kann, sich von Randgruppen abzugrenzen und ihnen Unterstützung zu verweigern. Auch wenn diese Vermutung für bestimmte Bevölkerungskreise zutreffen mag, darf man hier aber nicht aus dem Auge verlieren, daß Resignation von Fachleuten auf dem sozialen Sektor häufig eine Gegenbewegung von Laien und Selbsthilfegruppen zur Folge hat, die diese Lücke zu füllen sucht. Gerade diese heute kaum mehr bestreitbare Tatsache verbietet es auch, das Verhältnis der Gesellschaft zu Randgruppen generell nach einem bestimmten theoretischen Erklärungsschema wie dem Sündenbockmodell zu interpretieren, da hier feinere Nuancierungen vernachlässigt werden. Wie sich gezeigt hat, ist aber gerade die Unfähigkeit, das Verhalten von Randgruppenangehörigen differenziert und nicht klischeehaft wahrzunehmen, eine der Schwierigkeiten der Behandlung und vielleicht allgemeiner des Umgangs mit Randgruppen überhaupt.

Als Resümee läßt sich festhalten, daß eine Reihe erfolgversprechender Ansätze in der Arbeit mit Klienten von sozialen Randgruppen existieren, die von der Fachwelt jedoch meist zu wenig beachtet werden. Dennoch werden die Schwierigkeiten in der Arbeit mit dieser Klientel nach wie vor sehr hoch angesetzt. Als Begründung lassen sich nicht nur tatsächlich vorhandene Probleme, sondern vor allem ein psychodynamisch grundgelegter Unbehandelbarkeitsmythos anführen, der bei Beratern und Klienten gleichermaßen zu beobachten ist. Dieser Mythos verhindert die Wahrnehmung der realen Behandlungsergebnisse und trägt dazu bei, daß sich bestimmte Muster in der Helfer-Klient-Beziehung verfestigen.

2. Sprachbarrieren

Für eine verbal orientierte Psychotherapie werden sprachliche Differenzen zwischen Mittelschichttherapeut und Unterschichtklient als schwerwiegende Verständigungsbarrieren angesehen. Es ist daher erklärlich, daß das sich auf Bernsteins (1972) Untersuchungen berufende Defizittheorem der Unterschichtsprache bei Psychotherapeuten starke Beachtung fand, vermutlich auch um die eigene Unfähigkeit, Zugang zur Gefühlswelt von Unterschichtpatienten zu finden, zu entschuldigen. Bernstein ermittelte in Untersuchungen mit einer Londoner Stichprobe erhebliche Unterschiede in der grammatikalischen Struktur der gesprochenen Sprache zwischen Unterschicht- und Mittelschichtangehörigen. Der von der Unterschicht benutzte „restringierte" Sprachcode läßt sich grob vereinfacht kennzeichnen durch kurze, grammatikalisch einfache Sätze unter Verwendung eines begrenzten Wortschatzes. Diese relativ undifferenzierte Sprache stellt eine Behinderung dar, wenn über komplexe Sachverhalte kommuniziert werden soll, wie etwa in der Schule oder in der Psychotherapie. Allerdings stellte sich in weiterführenden Untersuchungen heraus, daß sprachliche Differenzen zwischen Unterschicht und Mittelschicht im deutschen Sprachraum nicht so gravierend ausfallen (Dittmar 1973). Die Thematik erweist sich als wesentlich komplexer als zu Beginn der soziolinguistischen Forschung angenommen wurde, z.B. spielt der Dialekt in Deutschland eine erhebliche Rolle und überlappt Schichtunterschiede. Bedeutsamer jedoch ist die Verlagerung der Aufmerksamkeit von der linguistischen Struktur auf die semantische Bedeutung und die pragmatische Funktion der Sprache. Sprache wird nun nicht ausschließlich an einer syntaktischen Idealnorm gemessen, sondern wird aus dem Lebenszusammenhang des Sprechers entschlüsselt. Sprache ist ein Verständigungsmittel, das der Kommunikation in einem bestimmten sozialen Feld dient und je nach den Erfordernissen der jeweiligen Situation abgewandelt werden kann. „Sprache drückt Bedeutungen aus, die durch konkrete Erfahrungen in der Lebensrealität entstehen" (Ackermann 1984, S. 121). In experimentellen Untersuchungen konnte nachgewiesen werden, daß sprachliche Differenzen auch in unterschiedlichen Gesprächssituationen zu beobachten sind, z.B. wenn die Situation eher steif und förmlich (Gespräch Chef-Mitarbeiter) oder persönlich und vertraut ist (Gespräch unter Freunden) (Graumann 1972, S. 1210ff.) Die Verständigung wird durch eine Vielzahl anderer situativer Faktoren beeinflußt und beeinträchtigt, die den Kommunikationspartnern nicht immer bewußt sind, wie etwa räumliche Anordnung der Partner, Dauer des Gespräches usw. Störungsfreie Kommunikation setzt weitgehende Übereinstimmung oder zumindest Einsicht in die Rahmenbedingungen voraus. Sprachbarrieren besagen demnach nicht nur, daß der Sprecher (z.B. der Unterschichtklient) nicht über das gleiche sprachliche Repertoire verfügt wie der Empfänger (z.B. der Mittelschichttherapeut), sondern auch, daß der Empfänger die mitgeteilte Botschaft nicht richtig verstehen kann, da ihm in Unkenntnis des Kontextes die Bedeutung der verwendeten Begriffe und Ausdrücke nicht geläufig ist. Derartige Verständigungsprobleme ergeben sich in fast allen pädagogischen und therapeutischen Bezügen (Goldbrunner 1986b) und lassen sich nicht auf Schichtunterschiede reduzieren. Dennoch sind die Sprachunterschiede zwischen Mittelschichttherapeut und Unterschichtklient am häufigsten thematisiert worden. Während die Gründe für diese Kluft zunächst in sprachlichen Defiziten der Unterschicht gesucht wurden, scheint sich heute die Einsicht durchzusetzen, daß Schwierigkeiten des Therapeuten, sich in die Situation von Unterschichtklienten zu versetzen, eine wichtige Rolle spielen. „Die

Verständigungsbarriere in der therapeutischen Interaktion liegt ... weniger beim Klienten, der nicht verbalisieren kann, als vielmehr beim Berater, der sich die Lebensrealität nur unzureichend vorzustellen vermag" (Hartmann-Lange und Ackermann 1983, S. 246).
Diese Barrieren scheinen allerdings nicht so schwerwiegend, wie noch häufig angenommen wird. In einer Befragung von Psychotherapeuten kam Ackermann (1984, S. 222) zu dem Ergebnis, daß den Interviewten weitgehend zwar Unterschiede der Sprache bewußt waren, daß diese jedoch nach den Aussagen der Therapeuten keine Auswirkungen auf die Therapie hätten. Der Anteil der Therapeuten, die der Ansicht waren, daß die Sprache der Unterschicht ihre therapeutischen Möglichkeiten einschränke, war niedriger als der Anteil derer, die in der Unterschichtsprache günstige Voraussetzungen für die Therapie sahen. Therapiebegünstigende Faktoren der „Unterschichtsprache" lassen sich vor allem erkennen in der Lebendigkeit, Unmittelbarkeit, Anschaulichkeit und Konkretheit, mit der sich Unterschichtangehörige einbringen. Diese Fähigkeiten erleichtern den Zugang zu den Gefühlen.
Auf die Tatsache, daß sprachliche Differenzen nicht unüberwindbar sind, verweist ein Befund, den Argyle (1969) mitteilt. Danach findet zu Beginn einer therapeutischen Interaktion ein Lernprozeß statt, bei dem sich die Partner mit ihrem Redeverhalten aufeinander einstimmen. Argyle bezeichnet diesen Vorgang als Synchronisation. Die Abstimmung bezieht sich auf Sprechtempo, Redelänge, Pausen usw. Hier wird die Anpassungsfähigkeit der Partner sichtbar, die vermutlich auch das Verstehen der Sprache erfaßt, wenngleich die Angleichung des Sprachverständnisses vermutlich schwieriger verläuft. Im praktischen Teil dieser Arbeit werde ich auf den Angleichungsprozeß zwischen Helfer und Familie noch zu sprechen kommen.
Ein Faktor verdient für die Arbeit mit Familien besondere Beachtung, nämlich die Bedeutung des emotionalen Zustandes der Partner für die Kommunikation. Satir (1975) hat in der Familientherapie beobachtet, daß Familienmitglieder in Streßsituationen zu bestimmten Kommunikationsformen neigen, die von der Kommunikation in spannungsfreien Zuständen abweichen. Satir beschreibt vier typische streßinduzierte Kommunikationsformen: beschwichtigen, anklagen, rationalisieren und vom Thema ablenken, die sich in verbalen und nonverbalen Äußerungen gleichermaßen niederschlagen. Diese Muster sollen hier nicht näher ausgeführt werden, vielmehr dient Satirs Beitrag als Beleg dafür, daß die Art der Kommunikation vom emotionalen Spannungszustand der Partner abhängig ist. Bei hochgradiger Erregung, wenn die Gefühle kaum kontrollierbar sind, wird anders gesprochen als in einer ausgeglichenen Verfassung, z.B. in kürzeren, unvollständigen Sätzen, es dominieren persönliche, gefühlsgeladene und

wertende Aussagen. Mir scheint, daß in der Auseinandersetzung um die Unterschichtsprache die innere Anspannung in der Gesprächssituation zu sehr vernachlässigt wird. Da Beratung von Unterschichtklienten jedoch weitgehend Krisenintervention darstellt, die immer unter einem hohen Streßpegel steht, wird deutlich, daß hier ein bedeutsamer Einflußfaktor vernachlässigt wird.

Ein Beispiel aus dem ersten Gespräch einer Paarberatung soll die unterschiedlichen Sprechstile der Ehepartner veranschaulichen, die mit einer unterschiedlich starken Erregung in Verbindung zu bringen sind. Frau Neuner (46 Jahre) und Herr Neuner (66 Jahre) sind seit drei Jahren verheiratet. Herr Neuner ist pensioniert, Frau Neuner ist berufstätig; sie trank früher sehr viel, wurde vor zwei Jahren auf Wunsch ihres Mannes und mit Hilfe einer Anonymen Alkoholiker-Gruppe trocken. Die folgenden Ausschnitte stammen aus der ersten Hälfte des Erstgespräches.

Herr N.: Ich wollte einen Menschen, der zu mir gehört, ich wollte ein bißchen Zärtlichkeit, wie es bei Eheleuten üblich ist. Das ging die ersten Wochen, wo ich zurückkam vom letzten Auslandseinsatz, gut. Meine Frau hat praktisch Schluß gemacht, hat gesagt: Komm mir nicht mehr nahe und hat irgendwelche Ausflüchte gebraucht und zugleich gesagt, ich verspreche Dir, es kommt alles wieder in Ordnung ... nur jetzt ein bißchen. Das dauert schon zwei Jahre. Wir führen ein eheähnliches Verhältnis im umgekehrten Sinn. Wir sind zwar verheiratet, aber wir führen keine Ehe im üblichen Sinn, weil meine Frau jedes Näherkommen, jede Anlehnung ablehnt. Ich habe meinem alten Hausarzt die Lage geschildert, und er hat nur den Kopf geschüttelt und gesagt: Wissen Sie was, warten Sie noch ein bißchen, kommen Sie dann zu mir. Ich geben Ihnen die Adresse von einem guten Rechtsanwalt.

Der Mann schildert den ehelichen Konflikt sachlich, relativ unbeteiligt. Er redet ruhig. Eigene Gefühle erscheinen abstrakt als Substantiva (Zärtlichkeit, Anlehnung). Auch das Zitieren wörtlicher Aussagen deutet nicht auf ein emotionales Engagement hin, sondern wirkt eher wie Zeugen- und Gutachteraussagen vor Gericht. Nach Satirs (1975) Typologie entspricht dieses Beispiel weitgehend dem rationalisierenden Kommunikationsstil. Gerade diese sachlich feststellende „Berichterstattung" löst bei der Frau heftige Gefühle aus, wie ihre darauffolgende Reaktion zeigt.

Frau N.: Ich bin im Moment fix und fertig, nervlich, ich bin im Krankenhaus, ich habe Asthmaanfälle gekriegt, ich fühle mich so unter Druck gesetzt.
Th.: Was von dem, was Ihr Mann gesagt hat, hat Sie so unter Druck gesetzt?
Frau N.: Ja allein die Tatsache, wenn ich ganz ehrlich bin, ich habe da kein bißchen so Liebe herausgemerkt, ja. Das ist einfach nur eine Feststellung, zu sagen hier: Ich habe noch eine Lebenserwartung, ich habe das Alter, ich will noch was von meinem

Leben haben. Ich will ne Frau haben, ich kann mir eine Freundin nehmen. Ja. Ich meine, wir sind ja damals auch miteinander gelaufen, ne, als seine Frau krank war, ne, und bitte, ich hab für mich gedacht, vielleicht hat er ja schon wieder eine Freundin. Ich weiß es nicht! Und so die Tatsache, wie er darüber spricht und sagt, ja, da muß ich jetzt was ändern, und ich warte da nicht mehr lange, und als er vom Arzt wiederkam und sagte, äh, Anwalt suchen, da war ich im Moment drauf und dran. Ja gut, dann geh! Also für mich ist irgendwie ... was kaputtgegangen.

Das Schluchzen zu Beginn und die stoßartigen, kurzen Sätze drücken die Erregung aus. Die Frage des Therapeuten, was sie unter Druck gesetzt habe, schafft eine leichte Entspannung, und im Gefolge tauchen blitzlichtartig entscheidende Szenen ihrer Beziehung auf, wobei die Situationen nur angedeutet werden, dagegen kommen ihre intensiven Gefühle sehr klar zum Ausdruck, ohne daß sie explizit verbalisiert werden. Bei einer rein formalen Analyse dieser beiden Aussagen könnte man dazu neigen, den Mann eher dem elaborierten Code und die Frau eher dem restringierten Code nach Bernstein (1972) zuzuordnen. Dennoch ist einleuchtend, daß die Sprechweise stark vom Erregungsniveau abhängt. Fühlt sich die Frau nicht mehr so stark unter Druck, redet sie ruhiger und ändert ihren Sprechstil, während der Mann, wenn er seine emotionale Betroffenheit stärker zeigen kann, seine rationale Sprechweise aufgibt.

An diesem Beispiel wird gleichzeitig ein Beziehungsmuster deutlich, das sich — in meist weniger dramatischer Form — zwischen Unterschichtklienten und Mittelschichttherapeuten abspielt: Der Unterschichtklient befindet sich in einem Zustand hoher emotionaler Erregung, während ihm der Therapeut zwar in einer warmen, akzeptierenden Haltung, aber gleichzeitig mit einer gewissen sachlichen Distanz gegenübertritt. Diese Distanz nimmt der Klient in erster Linie in der „Therapeutensprache" wahr, die ähnlich kühl wie die Äußerung unseres Ehemannes klingt. Der Klient sieht sich auch dem Druck ausgesetzt, seine Probleme in die Sprache des Therapeuten zu übersetzen, ohne daß er erlebt, daß sich der Therapeut auf seine Ebene begibt und mit ihm mitempfindet. Da der Therapeut für den Klienten jedoch eine Autoritätsperson darstellt, gegen die man nicht offen revoltiert, zeigt er seine Verletztheit nicht in einer ähnlichen Form, wie sie die Ehefrau in unserem Beispiel zeigt, er paßt sich vielmehr zunächst an und zeigt seinen Widerstand darin, daß er den Therapeuten an einer empfindlichen Stelle trifft, z. B. indem er die Behandlung abbricht. Der Therapeut kann zu seiner Entlastung dieses Ende auf einer rationalen Ebene umdefinieren und dem Klienten das Etikett „unbehandelbar, unergiebig" oder etwas wissenschaftlicher „Alexithymie" verpassen.

Der Vergleich zwischen unserer Paarbeziehung und der Beziehung zwischen Unterschichtklient und Mittelschichttherapeut hat keine wissenschaftliche Beweiskraft. Dennoch vermag er zu verdeutlichen, daß sprachliche Differenzen oft nur die äußere Seite eines tieferliegenden Beziehungskonfliktes darstellen und eine Beseitigung der Barrieren kaum möglich sein dürfte, wenn sich die zugrunde liegende interpersonale Kluft nicht abbauen läßt. Das schließt jedoch ein, daß sich der Therapeut als Teil des helfenden Systems mit seinen persönlichen Einstellungen, Vorerfahrungen und Gegenübertragungsmustern in Frage stellt.

3. Allgemeine Merkmale der Arbeit mit Problemfamilien

Die provozierende Auffassung, daß die Theorie der Unbehandelbarkeit von Randgruppenangehörigen einen Mythos verkörpere, der sich nicht durch die Erfahrung bestätigen läßt, ist nun dadurch zu untermauern, daß konkrete Behandlungsmöglichkeiten aufgezeigt werden. Dies soll nun anvisiert werden, indem zunächst in pragmatischer Form einige allgemeine Kriterien der Arbeit mit Problemfamilien aufgezeigt werden, die dann in Form eines „zweigleisigen" Behandlungskonzeptes näher präzisiert werden. Dabei soll jedoch weniger Wert auf die theoretische Begründung als auf das praktische Vorgehen gelegt werden. Es geht in erster Linie darum, nicht nur theoretische Leerformeln zu entwickeln, sondern praktikable Antworten auf die anstehenden und häufig unlösbar erscheinenden Probleme zu suchen und den Leser zu ermutigen und anzuregen, in diesem Suchprozeß selber weiter fortzufahren, entweder auf den angedeuteten Wegen oder auf anderen Spuren, die hier ausgeklammert bleiben.

Jede Art von Familienberatung bedarf zu Beginn besonderer Anstrengungen aller Beteiligten, miteinander in Kontakt zu kommen. Dies wird bei deprivierten Familien erleichtert, wenn der Helfer sich bestimmte Rahmenbedingungen bewußt macht, die von verschiedenen Autoren als allgemeine Merkmale der Arbeit mit Unterschichtklienten angesehen werden und auch auf die Familienberatung übertragen werden können. Ihre Beachtung ist vor allem in der Anfangsphase bedeutsam. Wenn es gelingt, ein positives therapeutisches Klima aufzubauen, sind beide Seiten meist so flexibel und anpassungsfähig, daß im weiteren Behandlungsverlauf Diskrepanzen in der Sprache, im Verhalten oder in Einstellungen ausgehalten werden können, ohne daß es zum Abbruch kommt.

Allgemein läßt sich sagen, daß der Helfer durch ein starkes Entgegenkommen die hemmenden Barrieren abbauen kann. Allerdings darf dies nicht so weit gehen, daß der Klient das Gefühl von Aufdringlichkeit spürt, was wiederum Abwehr erzeugen kann. Der Abbau der räumlichen und sozialen Distanz erleichtert die Kontaktaufnahme. Koschorke (1975) schlägt vor,

Beratungszentren in der Nähe der Klientel zu errichten, die einen ungezwungenen Zugang ermöglichen. In vielen Fällen sind Hausbesuche angebracht, wobei die Familie den „Heimvorteil" nutzen kann, während der Berater wichtige diagnostische Eindrücke erhält, die bei einem Gespräch im Büro verlorengehen. Ferner ist darauf zu achten, daß Wartezeiten so kurz wie möglich gehalten werden sollen. Ob sie sich ganz vermeiden lassen, wie Hartmann-Lange und Ackermann (1983) fordern, ist besonders bei starker Auslastung der Beratungsstelle zu bezweifeln.

Eine wichtige Entlastung für die Familie bedeutet es, wenn die Beratung sich zu Beginn auf akute Krisen und manifeste Probleme konzentriert (Skynner 1981) und der Helfer die Familie noch nicht mit tieferliegenden psychologischen Konflikten konfrontiert. Es erfordert allerdings ein gewisses Können, gleichzeitig eine Atmosphäre aufzubauen, die bei der Familie ein Einlassen auf grundlegende Störungen erleichtert. In Krisensituationen ist oft nur eine zeitlich begrenzte Planung möglich. Die Behandlung soll daher in einem zeitlich überschaubaren Rahmen stattfinden (Koschorke 1975). Einen Arbeitsschwerpunkt stellt die Planung und Realisierung von konkreten Aktionen dar, die der Krisenbewältigung dienen, wobei der Helfer die Familie zum Handeln ermutigen sollte. Wichtig ist jedoch auch zu ermitteln, zu welchen Schritten die Familie im gegenwärtigen Zeitpunkt noch nicht in der Lage ist, und wie mit diesem Defizit umgegangen werden kann. Es ist hier bereits wichtig zu bedenken, daß der Helfer in dem Dilemma zwischen Entlastung und Verwöhnung steht, wobei eigene Ängste, eine falsche Weichenstellung vorzunehmen, die Entscheidungsfähigkeit oft noch lähmen. Unterstützung und Stabilisierung in massiven Krisen bieten praktische und materielle Hilfsmaßnahmen wie ärztliche Behandlung, Erholungsurlaub usw. (Skynner 1981). Auch die Vermittlung von Informationen, Aufklärung über Sachverhalte, die der Familie unbekannt sind, das aktive Eingreifen in die Erziehung, das für die Familie Modellcharakter haben kann, sind wichtige Aufgaben, die oft zu Beginn übernommen werden müssen. Die Rolle des Beraters ist hier insgesamt eher führend und dirigistisch, was jedoch nicht zu verwechseln ist mit einer autoritären Grundhaltung. Er muß den Ablauf des Gespräches klar strukturieren, was z.B. bedeutet, daß er ausufernden Streit oder Ablenkungsversuche abbricht oder die Funktion des Gesprächsleiters übernimmt (Minuchin u.a. 1967). Eine wichtige Hilfe ist eine konkrete, einfache und anschauliche Sprache (Skynner 1981). Die therapeutische Fachsprache stört nicht nur die Verständigung, sondern erschwert häufig auch die rasche Lösung der anstehenden Probleme. Der Helfer sollte eine eindeutige Führungsposition einnehmen, dabei aber im Auge behalten, daß im Mittelpunkt die Werte, Bedürfnisse und Wünsche der Familie und nicht seine eigenen stehen (Skynner 1981).

Auch wenn die Wünsche der Familie seinem eigenen Empfinden zuwiderlaufen, hat er sie zunächst zur Kenntnis zu nehmen und außer bei grob schädigenden Verhaltensweisen auch zu akzeptieren. Das Verstehen wird zuweilen erleichtert, wenn man sich bewußt macht, daß in Streßsituationen extreme Bedürfnisse in überspitzter Form zum Ausdruck gebracht werden, zuweilen auch mit der Absicht zu provozieren.

Diese allgemeinen Hinweise müssen jedoch immer in den jeweiligen Kontext einbezogen und situativ modifiziert werden. Flexibilität, Kreativität und Anpassungsfähigkeit sind in der Arbeit mit Problemfamilien vor allem gefordert und lassen sich nicht ersetzen durch Routinetechniken, die nicht mehr hinterfragt werden.

IV. Allgemeine Grundlagen der Arbeit mit Problemfamilien

1. Zweigleisigkeit als Arbeitsprinzip

Eines der Kernprobleme in der Arbeit mit Problemfamilien ist die Aufspaltung der äußeren, materiellen und der inneren, psychischen und interpersonalen Realität, institutionell verankert in der Trennung zwischen Einrichtungen, die Hilfen schwerpunktmäßig anbieten im äußeren Bereich, z.b. Sozialamt, Institutionen der Sozialarbeit und Einrichtungen, die Hilfen schwerpunktmäßig im psychischen Bereich anbieten, z.b. Beratungs- und Psychotherapiezentren. Die häufig forcierte rigide Abgrenzung beider Bereiche trägt dazu bei, daß die vielfältigen Verflechtungen zwischen außen und innen vernachlässigt werden. Die Begriffe „außen-innen" sind hier keine Fachtermini, sondern sollen eher zum Ausdruck bringen, daß es unterschiedliche Problembereiche gibt, zwischen denen besonders bei Problemfamilien eine schwer überschreitbare Grenze existiert, wobei gerade diese Grenze das Kernproblem darstellt, da Anstrengungen auf einem abgegrenzten Gebiet durch Störeinflüsse aus dem anderen zunichte gemacht werden und gleichzeitig die Ressourcen zur Problembewältigung aus dem anderen Gebiet nicht genutzt werden.

Die Abgrenzung „außen-innen" läßt sich unterschiedlich definieren. Am eindeutigsten ist die Trennlinie zwischen materieller/physischer und psychischer Realität. Als materielle Realität lassen sich z.b. anführen die finanzielle Situation, Arbeit, Wohnverhältnisse, Wohngegend. Die physische Realität entspräche etwa der körperlichen Gesundheit. Die psychische Realität beinhaltet Gedanken, Gefühle, Einstellungen, Wünsche und Bedürfnisse. Das Verhalten des Individuums stellt die Nahtstelle zwischen außen und innen dar, wird in der Praxis jedoch eher dem Innenbereich zugeordnet. Probleme im Außenbereich wären etwa: finanzielle Not, Schulden, beengte Wohnverhältnisse, Arbeitslosigkeit usw. Im „Innenbereich" könnte man nennen: Neurosen, Psychosen oder Beziehungsstörungen. Diese grobe, wissenschaftstheoretisch sicher problematische Grenzziehung kann für die Praxis helfen, rigide Abspaltungen rasch ausfindig zu machen.

In vielen Fällen ist jedoch eine andere Grenzlinie bedeutsam, die mit der genannten nicht identisch ist, und eher den Verhaltensbereich betrifft, nämlich die Unterscheidung in produktive und defektive Sympotomatik (Hartmann 1970). Produktive Auffälligkeiten sind Verhaltensweisen mit einem nach außen gerichteten, dissozialen Charakter wie oppositionelles

Verhalten, Sachbeschädigung, Diebstahl, Mißhandlung, Alkoholmißbrauch, die in psychoanalytischer Terminologie auch als Ausagieren bezeichnet werden. Diesen „lärmenden" (Dechêne 1975) Symptomen wird mehr Beachtung geschenkt als der zugrunde liegenden defektiven Symptomatik, die sich in Merkmalen wie depressive Verstimmung, Hemmungen, mangelhafte Frustrationstoleranz, niedriges Selbstwertgefühl usw. äußert.
Die Aufspaltung in produktive und defektive Symptomatik hat zur Folge, daß bei der Bewältigung von produktiven, agierenden Symptomen verstärkt kontrollierende und bestrafende Maßnahmen eingesetzt werden, während die Haltung des Verstehens und der Zuwendung vernachlässigt wird. Die Behandlung defektiver Symptome dagegen läuft Gefahr, daß ein Klima der Verwöhnung entsteht und notwendige Konfrontationen unterbleiben. An dieser Stelle sei daran erinnert, daß uns diese unheilvolle Trennung bereits bei der Beschreibung der Familiensituation begegnete, als wir uns mit der Funktionsteilung mütterlicher Zuneigung — väterlicher Strenge in der Erziehung auseinandersetzten (S. 58 ff.).
Nachdem deutlich geworden ist, was mit der Spaltung zwischen Innen- und Außenbereiche intendiert ist, soll nun auf die Problematik eingegangen werden, um dann Lösungswege zu suchen. Zu diesem Zweck möchte ich die Fragwürdigkeit einseitiger materieller oder psychologischer Hilfen von Problemfamilien aufzeigen, bei denen die Verschränkung psychosozialer Konflikte mit materiellen Lebensbedingungen vernachlässigt wird. Für Praktiker und soziale Einrichtungen, die mit Problemfamilien arbeiten, ist es bedeutsam, ob sie sich primär an äußerlichen, „objektiven" Problemlagen orientieren wie Armut, Arbeitslosigkeit, Wohnungslosigkeit, Unvollständigkeit der Familie oder eher an subjektiven, psychischen Konflikten wie niedriges Selbstwertgefühl, Ängste, Krankheiten oder an interaktionellen Defiziten wie inkonsistenter Erziehungsstil, inkongruente Kommunikationsmuster oder starre Beziehungsstrukturen. Äußere Daten sind leicht ermittelbar und abgrenzbar, lassen sich verwaltungsmäßig erfassen, eher technisch behandeln, ohne daß man sich als Helfer in die Familiendynamik emotional einläßt. Die Erfolge sind leicht zu messen und zu politischen Zwecken einzusetzen. Dennoch schärften gerade zweifelhafte Erfolge einseitiger Hilfsprogramme, die nur die ökonomische Sphäre berücksichtigten, das Bewußtsein dafür, daß die „innere" Seite der Problemfamilie nicht vernachlässigt werden darf. Die Verlegung einer Familie aus einer Notunterkunft in eine Sozialwohnung, ein Entschuldungsplan oder die Vermittlung einer Arbeitsstelle sind oft nur kurzsichtige Erfolge, die sich rasch verflüchtigen, wenn die Familie nicht genügend Möglichkeiten besitzt, mit Belastungen fertig zu werden, die sich aus der neuen Situation ergeben. „Die gestörten interpersonellen Beziehungen in einer Familie und die intrapsychi-

schen Konflikte eines Familienmitgliedes sind mit materieller Hilfe nicht zu beheben" (Urlaub 1976, S. 175).
Aus einer psychoanalytischen Sicht läßt sich diese einseitige materiell orientierte Hilfsstrategie bezeichnen als eine kurzfristige Befriedigung einer oralen Anspruchshaltung, die diese Haltung jedoch nicht abbaut, sondern im Gegenteil verstärkt, während die Chance vertan wird, Ichkräfte zu mobilisieren, um Bedürfnisse selbst befriedigen zu können.
Der Zugang zur inneren Welt der Familie ist demgegenüber schwieriger, zeitaufwendiger, erfordert emotionales Engagement und stößt auf zahlreiche Barrieren. Und auch dieser Weg hat Nachteile: Der verstehende Helfer läuft Gefahr, die materielle Not herunterzuspielen oder die Konfrontation mit auffälligen Verhaltensweisen zu vermeiden. Er sucht psychotherapeutisch zu helfen und übersieht dabei, daß Kinder vernachlässigt werden, oder er verharmlost Gewalttätigkeiten, um das Vertrauen, das er mühsam aufgebaut hat, nicht zu gefährden. Der Vorwurf der mangelnden Sensibilität für die sozioökonomischen Notlagen kann nicht nur Psychotherapeuten gemacht werden, die sich mit einzelnen Familienmitgliedern beschäftigen, sondern gilt auch für die Familientherapie. Die Familientherapie gibt sich zwar vom Programm her systemisch und sieht die Familie als offenes System, das in Wechselbeziehung zur Umwelt steht, dennoch beschränkt sie sich faktisch meist auf die Bearbeitung der innerfamiliären Beziehungen (Buchholz u. a. 1984). Die Einbeziehung außerfamiliärer Belastungen wird nur vereinzelt angesprochen (z. B. Minuchin 1977).

Diese Schwierigkeiten lassen sich am Beispiel der Familie Groß verdeutlichen. Familie G. ist bereits mehrfach über einen kürzeren Zeitraum von Praktikanten der Sozialarbeit betreut worden. Die Familie ist unvollständig. Frau G. ist ca. 35 Jahre alt, sie lebt von ihrem Mann getrennt, das Scheidungsverfahren wird in der Betreuungszeit abgeschlossen. Bei der Mutter leben die beiden Kinder Richard, 7. Klasse Hauptschule und Anja, 3. Klasse Grundschule. Frau G. hat Kontakt zu einem Mann, der sie gerne heiraten möchte, während sie Distanz hält. Zuletzt wurde die Familie über acht Monate von zwei Studenten betreut. Dabei gab es zu Beginn Schwierigkeiten mit der Schule von Richard. Die Studenten drängten darauf, die Probleme in gemeinsamen Gesprächen zu klären, gegen die sich Frau G. sperrte, da sie befürchtete, daß sie gegenüber den Lehrern nur aggressiv reagieren würde. Schließlich willigte sie jedoch ein. Das Gespräch zwischen Schulleiter, Lehrern, Frau G. und den beiden Studenten verlief in einer positiven Atmosphäre; über die Schulschwierigkeiten von Richard wurde offen gesprochen, u. a. kamen als Hauptproblem längere Zeiten zur Sprache, in denen Richard im Unterricht fehlte. Lösungsmöglichkeiten wurden erarbeitet. Frau G. war über den Verlauf des Gesprächs zufrieden. Während der nächsten Zeit schien das Problem gelöst, wurde aber nicht mehr eingehend angesprochen. Die Gespräche drehten sich schwerpunktmäßig um die persönlichen Schwierigkeiten von Frau G., die Beziehung zu ihrem Freund und ihr Verhältnis zu Nachbarn. Richard zog sich zurück, während Anja in der Schule zunehmend auffällig wurde. Der Abschluß der Betreuung durch die Studenten fiel mit dem Schuljahrsende zusammen. Frau G. entzog sich zunächst — zur Überraschung der Studenten — einem Abschlußgespräch, das jedoch nach drei Monaten nachgeholt wurde. Dabei wünschte Frau G. weiter Betreuung durch Studenten. Dazu erklärte sich eine Studentin bereit, die selbst einen Sohn in Richards Alter hatte. Zu Beginn ihres Einsatzes traten massive Probleme auf. Das Scheidungsverfahren wurde abgeschlossen, der Rektor der Schule von Anja sprach bei Frau G. vor, da bei Anja erhebliche Lernstörungen auftraten. Frau G. trank in dieser Zeit viel, wurde gegenüber der Studentin sehr laut, wenn diese sie auf ihre Probleme anzusprechen suchte. Sie lehnte die weitere Betreuung schließlich ab, als die Studentin darauf beharrte, sich mit der Schule von Richard wegen der erneut auftretenden Probleme in Verbindung zu setzen. Nach einigen Wochen kam der Kontakt zwischen Frau G. und der Studentin aufgrund einer Vermittlung der Bezirkssozialarbeiterin, die von der Schule informiert worden war, wieder zustande. Frau G. vereinbarte mit der Studentin, daß diese zunächst allein zur Schule gehen soll, um mit den Lehrern das Halbjahreszeugnis zu besprechen. Die Schule informierte die Studentin, daß Richard seit einem halben Jahr montags nie zur Schule kommt, wodurch die Versetzung gefährdet sei. Außerdem sei das Zeugnis vom letzten Schuljahresende weder von Richard noch von der Mutter abgeholt worden. Zum nächsten Gesprächstermin wurde der Studentin die Tür nicht geöffnet.

Frau G. verstand es zunächst geschickt, die Schulprobleme aus den Gesprächen auszublenden. Dies war jedoch nicht mehr möglich, als die nachfolgende Studentin, die die schulische Situation sehr genau kannte, Frau G. mit der Schulproblematik konfrontierte. Diese Konfrontation überforderte jedoch Frau G. zunächst und die Arbeit konnte erst durch Vermittlung einer dritten Person fortgesetzt werden, wodurch es möglich wurde, die Schulproblematik zielstrebig anzugehen. In der ersten Betreuungsphase ließen sich die Studenten durch das leiten, was Frau G. an Gesprächsthemen anbot. Dabei ergab sich zwar eine gewisse Entwicklung, aber die Abspaltung der „produktiven" Symptomatik blieb aufrecht. Erst in der zweiten Phase war es möglich, diese Ausblendung rückgängig zu machen, allerdings unter Umständen, die in einer normalen Beratung vermutlich zum Abbruch geführt hätten.
Dieses Beispiel verdeutlicht, daß die Tendenz zur Reduzierung der komplexen Familiensituation auf eine Ebene nicht nur der gängigen Beratungspraxis entspricht, sondern — was viel schwerer wiegt — einen der zentralen Abwehrmechanismen darstellt, der durch die einseitige Praxis noch unter-

stützt wird. Indem sich die Familie auf die materiellen Gegebenheiten konzentriert und die psychische Komponente ausklammert, schafft sie eine Entdialektisierung (Bauriedl 1983), sie reduziert die gegensätzliche Realität auf eine Ebene. Helfer, die diesen Prozeß mitvollziehen und unterstützen, schließen sich unbewußt diesem Manöver der Familie an und werden damit unbemerkt von der Familie vereinnahmt. Diese Entdialektisierung stellt eine Spaltung innerpsychischer und interpersonaler Phänomene dar, die nach Bauriedl (1983) einen der zentralsten Abwehrmechanismen darstellt: Anstatt den Gegensatz zwischen der psychischen und der sozialen Realität auszuhalten, wird die angsterregende psychologische Seite abgespalten und geleugnet. Dadurch wird die Realität zwar vereinfacht, aber die Chancen, die in der abgespaltenen Seite liegen, werden gleichzeitig aufgegeben, wodurch wichtiges Problembewältigungspotential nicht mehr zur Verfügung steht.

Wenn hier von einer Spaltung der psychischen Realität und der sozioökonomischen Realität von Problemfamilien gesprochen wird, darf man nicht aus dem Auge verlieren, daß der Begriff Spaltung nicht mehr im ursprünglich tiefenpsychologischen Sinn zur Beschreibung seelischer Konflikte benutzt wird, sondern in einem erweiterten Sinn, um die konflikthafte Berührungsstelle des Seelischen mit der Außenwelt zu verdeutlichen. Spaltung ist hier kein rein intrapsychischer Abwehrmechanismus, sondern ein psychosozialer, dem die Funktion zukommt, entweder die psychische oder die soziale Ebene abzutrennen und zu leugnen.

An dem Beispiel des Auseinanderklaffens zwischen äußerer und innerer Realität der Familie dürfte hinlänglich deutlich geworden sein, wo die Grenzen von Hilfsangeboten liegen, die wesentliche Teile der familiären Realität ausblenden. Die Aufhebung dieser Spaltung ist daher ein wesentliches Ziel, auf das bereits Friedrich u. a. (1979) nachdrücklich hinweisen: „Wo sich die Beratung von Familien mit kumulierenden psychosozialen Konflikten auf deren äußere Lebensbedingungen richtet, muß zusätzlich berücksichtigt werden, daß diese Lebensbedingungen meist eng mit den konflikthaften Prozessen in der Familie verflochten sind, so daß auch äußere Veränderungen auf das interpersonelle, familiendynamische Konfliktgeschehen zurückwirken" (S. 214). Während Friedrich u. a. lediglich von einer *Verflechtung* sozioökonomischer Lebensbedingungen und innerfamiliärer Beziehungskonflikte sprechen, bzw. von der Konsequenz, diese Verflechtung in der Beratung zu *berücksichtigen*, wird durch die These der *Abspaltung* der Gegensatz dynamisch noch schärfer gefaßt: Bleibt bei dem Begriff Verflechtung das Außen-Innen-Verhältnis verschwommen und unverbindlich, so verweist der Ausdruck Spaltung darauf, daß diese Verbindung nicht irgendeine Selbstverständlichkeit darstellt, sondern eine schwer zu lösende Aufgabe. Die Schwierigkeit ergibt sich gerade daraus, daß „nur" das materielle Problem, die Krankheit oder die Dissozialität wahrgenommen wird, während die Beziehungsproblematik geleugnet wird. In der Unfähigkeit, das äußerlich sichtbare Problem zu lösen, manifestiert sich ein besonderes inneres oder beziehungsmäßiges Defizit, vorhandene Kräfte zur Bewältigung materieller Nöte zu aktivieren.

Die Aufspaltung der familiären Realität in materielle und Beziehungswirklichkeit oder auch in produktive und defektive Symptomatik sind nur zwei Varianten innerfamiliärer Entdialektisierungen, darüber hinaus sind zahlreiche andere Gegensätze zu beobachten, von denen oft ein Aspekt ausgeklammert wird, z.B. Verwöhnung – Versagung, Unterstützung – Kontrolle, Nähe – Distanz (Goldbrunner 1983c). Die erstgenannten Gegensätze spielen jedoch in der Arbeit mit Problemfamilien eine so hervorragende Rolle, daß sie besonders herausgestellt zu werden verdienen.

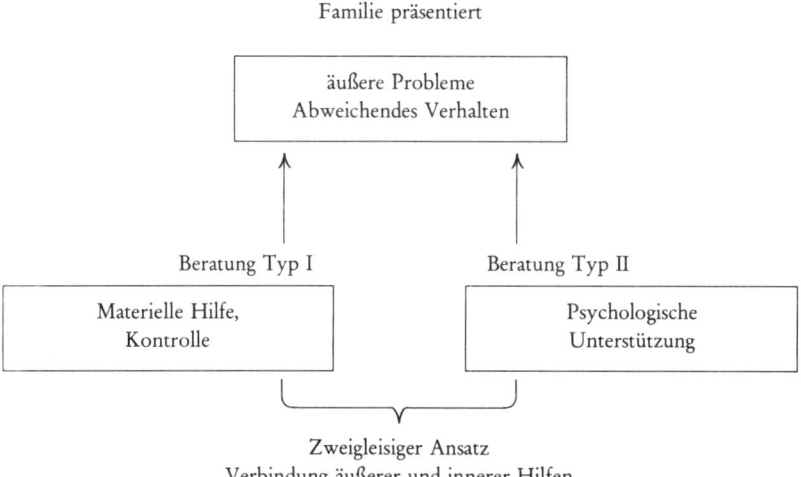

Abb. 6: Formen der Beratung bei Problemfamilien.

Die beiden bereits beschriebenen Fälle, bei denen Hilfe entweder in Form einer materiellen Versorgung oder einer psychologischen Beratung eingesetzt wird, lassen sich nun verstehen als symmetrische oder komplementäre Reaktion des Helfers auf den Hilferuf der Familie. Eine symmetrische Reaktion besteht darin, daß der Helfer die materielle Problemdefinition der Familie unreflektiert übernimmt und die psychologische Ebene genauso wie die Familie ausblendet (Beratung Typ I). In der komplementären

Antwort nimmt der Helfer eine Gegenposition zur Familie ein, er konfrontiert die Familie mit den „eigentlichen" Problemen, die er *nur* auf der psychologischen und auf der Beziehungsebene zuläßt, während das materielle Problem als Randproblem deklariert wird (Beratung Typ II). Problematisch werden beide Beziehungsmuster, wenn jeweils eine Ebene völlig abgespalten wird. Daraus ergibt sich die Notwendigkeit, Hilfsansätze darauf abzustimmen, daß die gegensätzlichen Ebenen miteinander verbunden werden.

Ein derartiges Vorgehen, das auf die Verknüpfung zweier gegensätzlicher Richtungen abzielt, möchte ich mit dem Ausdruck *„Zweigleisigkeit"* umschreiben. Zweigleisigkeit besagt dabei, daß in der Behandlung von Problemfamilien zwei Schienen parallel laufen, eine „äußere" und eine „innere". Das ist in einem doppelten Sinn zu verstehen: zum einen laufen tatsächlich in jeder Beratung mehrere Prozesse gleichzeitig ab, auch wenn nur einer thematisiert wird; d.h. beispielsweise, während über die materielle Lebenssituation der Familie gesprochen wird, lassen sich gleichzeitig Beobachtungen auf der Beziehungsebene anstellen. Diese entspricht etwa der Unterscheidung in Inhalts- und Beziehungsaspekt bei Watzlawick u.a. (1969), die besagt, daß jede Mitteilung eine Aussage über einen Inhalt und über eine Beziehung zwischen Sender und Empfänger enthält. Auf der anderen Seite — und das ist das bedeutsamere für uns — läßt sich daraus ein kognitives Raster und eine Zielperspektive für den Berater entwickeln: Der Berater kann gleichzeitig Prozesse auf zwei Ebenen verfolgen, obwohl an der Oberfläche nur auf einer Ebene, z.B. der äußeren, gearbeitet wird, und er kann aufgrund seiner Eindrücke auf der anderen Ebene so intervenieren, daß Veränderungen auf beiden Ebenen gleichzeitig ablaufen. Durch diese Doppelstrategie scheint es eher möglich, die beschriebenen Spaltungsprozesse rückgängig zu machen. Das möchte ich zunächst anhand eines Beispiels veranschaulichen, das aus der Beratung des Ehepaares Walter entnommen ist.

Frau W. leidet seit etwa zwei Jahren unter massiven Herzbeschwerden, Angstzuständen in Verbindung mit Vorstellungen zu sterben, Lähmungserscheinungen in der linken Körperhälfte u.a. Körpersymptomen. Eingehende medizinische Untersuchungen ergaben keine organischen Befunde. Die Symptome traten auf, nachdem innerhalb von zwei Jahren zwei Kinder von Frau W. kurz nach der Geburt verstarben und dazwischen auch noch ihr Vater plötzlich starb, als sie hochschwanger war. Frau W. erhält starke Psychopharmaka, die die Situation zwar erleichtern, aber zu keiner spürbaren Besserung führen. Frau W. berichtet, daß ihre ganze Familie unter ihren Beschwerden leidet. Da der Ehemann bereit ist, an der Beratung teilzunehmen, finden zunächst Paargespräche statt, bei denen schwerpunktmäßig daran gearbeitet wird, wie beide zusammen arbeiten können, um die Schmerzen der Frau erträglicher zu machen. Dabei wird deutlich, daß Frau W. über zahlreiche Möglichkeiten verfügt, mit ihren Angstanfällen fertig zu werden, wenn ihr Mann nicht zu Hause ist. Wenn er aber von der Arbeit nach Hause kommt, konzentriert sie sich ganz auf ihn und erwartet, daß er ihr hilft, während er so abgespannt ist, daß er sich zurückzieht. Frau W. wird bewußt, daß ihr Mann so belastet ist, daß sie nichts mehr von ihm erwarten kann. Herr W. hat jedoch Schuldgefühle, weil er seine Frau im Stich läßt. Hier fällt Frau W. ein, daß sie gar nicht mehr auf die Reaktion ihres Mannes achtet, wenn es ihr *ganz schlecht* geht. In dieser Situation liegt sie im Bett und will in Ruhe gelassen werden. Wenn sie sich auf ihren Mann konzentriert, geht es ihr schon *etwas besser*.

Hier wird nicht versucht, die Schmerzen als psychosomatische Symptome psychodynamisch zu interpretieren, sondern sie werden als körperliche Schmerzen akzeptiert, und es werden Wege erarbeitet, wie diese Schmerzen gelindert werden können. Trotz der Fokussierung auf die organischen Symptome treten bereits Beziehungsprobleme zutage, die jedoch noch nicht verallgemeinert werden. Das Thema Schmerz-Schmerzlinderung stellt in diesem Fall die äußere Ebene der Behandlung dar. Gleichzeitig entsteht schon ein umrißhaftes Bewußtsein der Beziehungsebene, indem gegenseitige Erwartungen und Reaktionen auf diese Erwartungen an einem greifbaren Beispiel deutlich werden. Die Schmerzproblematik verkörpert in diesem Fall die äußere Ebene, während der zugrunde liegende Beziehungskonflikt sowie die mit diesem verknüpfte unbewältigte Trauerarbeit die innere Ebene repräsentiert.
Vermutlich existieren in der Realität noch wesentlich mehr gleichzeitig ablaufende Ebenen, aber es ist in der Praxis schon schwierig genug, zwei Wege gleichzeitig zu verfolgen. Zweigleisigkeit darf allerdings nicht zu engstirnig verstanden werden in dem Sinn, daß in jeder Phase der Behandlung beide Richtungen gleichermaßen zum Tragen kommen, das wäre eine Überforderung sowohl für die Familie wie auch für den Helfer. Es gibt in Wirklichkeit graduelle Abstufungen und Akzentverschiebungen im Behandlungsverlauf, jedoch wäre eine Minimalforderung, daß keine der beiden Linien total ausgeblendet werden sollte. Das impliziert, daß jeder Psychotherapeut, der mit Problemfamilien arbeitet, Verständnis für die materielle Situation der Familie aufbringen sollte und diesbezügliche Themen nicht grundsätzlich ausblendet oder als Widerstand interpretiert. Auch wenn er selbst über zuwenig Möglichkeiten verfügt, konkrete Hilfen anzubieten, sollte er der Familie bei der Lösung ihrer materiellen Probleme unterstützend zur Seite stehen. Umgekehrt ist es bei Sozialarbeitern, Ärzten und anderen Helfern von Problemfamilien, die sich stärker mit der äußeren Seite

der Familie befassen, unverzichtbar, daß sie sich nach den Zusammenhängen zwischen den materiellen Lebensbedingungen und innerfamiliären Beziehungsstörungen fragen und nicht aus einer übertriebenen Angst vor einer Psychologisierung sozioökonomischer oder medizinischer Bedingungen diese Aspekte abwehren.

Derartige zweigleisige Vorgehensweisen haben Vorgänger in der Psychotherapie von Delinquenten (Goudsmit 1963, Rauchfleisch 1982, Goldbrunner 1983 a). Dabei geht es in einer „Sowohl-als-auch-Strategie" darum, sich zunächst auf die Problemdefinitionen von Delinquenten einzulassen, in der Probleme wie Arbeitslosigkeit, Schulden, Wohnungssuche zunächst im Vordergrund stehen, gleichzeitig aber darauf hingearbeitet wird, daß Vertrauen aufgebaut wird und geistige und motivationale Voraussetzungen geschaffen werden, die eine zumindest partielle Behandlung grundlegender psychischer Konflikte ermöglichen.

Auch in der Arbeit mit Problemfamilien stellt das Entgegenkommen gegenüber den Problemdefinitionen und Bedürfnissen der Familie eine wichtige Voraussetzung dar, eine tragfähige, belastbare Beziehung aufzubauen, die später genutzt werden kann, um allgemeinere Beziehungskonflikte aufzugreifen.

Die Umsetzung des Prinzips der Zweigleisigkeit wirft die Frage auf, ob es besser ist, daß ein Helfer die gesamte Arbeit auf sich nimmt oder die Aufgabe auf zwei (oder mehr) Personen aufgeteilt werden soll. Werden beide Seiten von unterschiedlichen Fachleuten bearbeitet, so ergeben sich daraus zahlreiche Reibungsflächen, die häufig nur durch intensive Zusammenarbeit und die Bereitschaft, Konflikte auszutragen, entschärft werden können. Der Vorteil des Spezialistentums wird hier möglicherweise durch die Konkurrenzsituation wieder aufgehoben.

Einen eher gangbaren Weg sehe ich in der Möglichkeit, daß ein Helfer allein die Beratung übernimmt, der auf einem Sektor Fachkompetenz besitzt, auf dem anderen vielleicht nur Grundlagenwissen, das jedoch durch intuitive Fähigkeiten, durch die eigenen Kompetenzen der Familie oder durch vorübergehende Einschaltung von Fachleuten für spezielle Fragen so erweitert wird, daß Probleme bis zu einem gewissen Schwierigkeitsgrad lösbar werden. So ließ sich etwa in einem langjährigen Praxisprojekt, in dem Studenten mit Problemfamilien arbeiteten, beobachten, daß viele Studenten beachtliche Fähigkeiten im Umgang mit diesen Familien bei sich entdeckten. Allerdings waren diese Fähigkeiten weitgehend außerhalb des Bewußtseins und wurden erst in der Supervision aufgedeckt (Goldbrunner u. a. 1988).

Diese Form der zweigleisigen Arbeit scheint mir vor allem in der sozialpädagogischen Familienhilfe realisierbar, besonders wenn sie mit fortlaufender Fortbildung und Supervision kombiniert wird (Nielsen u.a. 1987). Auch in anderen Arbeitsfeldern, in denen Sozialarbeiter schwerpunktmäßig mit Problemfamilien arbeiten, ist dieser Ansatz erfolgversprechend (Oswald und Müllensiefen 1986). Bei Familien, bei denen die Problematik noch nicht allzu verfestigt ist, scheint ein derartiges Angebot ausreichend (Nielsen u.a. 1987). Stellt der Familienhelfer jedoch fest, daß seine Möglichkeiten im Einzelfall begrenzt sind, kann die Familie aufgrund der positiven Erfahrung eher zu einer weiterführenden Familientherapie motiviert werden, die unter Umständen sogar in Kotherapie ausgeführt werden kann (Goldbrunner 1983b).

Eine noch günstigere Konstellation stellt jedoch der Therapeut dar, der gleichermaßen über die Kompetenz zur Bearbeitung äußerer und innerer Probleme verfügt (z.B. Sozialarbeiter mit familientherapeutischer Zusatzqualifikation). Auch in einem gut harmonierenden Paar von Kotherapeuten liegen gute Chancen, allerdings sind die Voraussetzungen dazu in der Praxis nicht immer gegeben.

Diese Überlegungen über das therapeutische Arrangement sollen lediglich Anregungen geben, wie zweigleisige Beziehungsarbeit konkret realisiert werden kann. Hat der Helfer mehrere Alternativen zur Auswahl, dann ist es leichter, eine praktikable Lösung zu finden als wenn nur eine Möglichkeit zur Verfügung steht. Bedeutsamer ist jedoch, wie sich die Zweigleisigkeit von der Familie her gestalten läßt. Dazu sollen hier einige grundlegende Anmerkungen gemacht werden, die dann im folgenden weiter zu konkretisieren sind.

Die Behandlungsinitiative bei Problemfamilien geht — besonders bei einer produktiven Symptomatik — meist nicht von der Familie selbst aus, sondern von der Umwelt, die die Familie oder einzelne Familienmitglieder als Störenfried erlebt. Im Gegensatz zu Psychotherapeuten, die sich auf den Freiwilligkeitsgrundsatz berufen und Aufsichtsfunktionen ablehnen können, ist der Sozialarbeiter in seiner Doppelfunktion als Helfer und Kontrolleur in der mißlichen Lage, mit der Familie zusammenarbeiten zu müssen, um sie zu motivieren, das störende Verhalten abzustellen. Aufgrund dieser Situation ist zunächst keine hohe Behandlungsmotivation zu erwarten, sondern eher Ablehnung, Mißtrauen und Wut, die möglicherweise durch negative Erfahrungen im Umgang mit Hilfseinrichtungen noch verstärkt worden sind. Gleichzeitig verfügt der Sozialarbeiter jedoch über Machtmittel, mit denen er die Familie unter Druck setzen kann, und die Familie ist auf sein Wohlwollen angewiesen, wenn sie öffentliche Hilfen in Anspruch nehmen will oder wenn gerichtliche Entscheidungen anstehen. In dieser Situation entwickelt sich häufig eine ambivalente Beziehung, so daß es kaum möglich ist, echte Empfindungen und taktisches Verhalten in

der Familie zu trennen. Übersehen wird dabei leicht, daß das auslösende auffällige Agieren Anzeichen einer familiären Not ist. Der Helfer neigt in dieser Situation dazu, entweder eine distanzierte Position einzunehmen und sich auf die Kontrolle oder die Einleitung unbedingt erforderlicher Maßnahmen zu beschränken oder sich mit der Familie andererseits zu solidarisieren, um das ihr angetane Unrecht wieder gutzumachen. Im ersten Fall besteht die Gefahr, daß er die psychische Notsituation aufgrund der Distanz nicht erkennt, im zweiten Fall ist er infolge der emotionalen Nähe meist nicht mehr in der Lage, die taktischen Manöver in der Familie zu durchschauen. In beiden Fällen erweist es sich schwierig, eine tragfähige helfende Beziehung aufzubauen, da jeweils nur das, was die Familie vordergründig präsentiert, registriert wird, und der Berater auf eine Art reagiert, die die Familie ermutigt, die bedrohliche Seite abzublocken. Auch wenn beide Parteien dieses Spiel eine bestimmte Zeit mitspielen, bleiben sie letztlich unzufrieden, da keine entscheidenden Änderungen eintreten.
An dieser Stelle erweist sich ein zweigleisiger Behandlungsansatz tragfähiger, da er identifikatorische Nähe und beobachtende Distanz gleichzeitig in Gang setzt: Auf der einen Seite läßt sich der Helfer auf die von der Familie geäußerten Gefühle und Wünsche ein und sucht mit der Familie gemeinsam nach Wegen, wie sich die Krise meistern läßt, auf der anderen Seite sammelt er fortlaufende Erfahrungen über das Zusammenspiel der Familie, nutzt die bereits offenliegenden Ressourcen, blockt Tendenzen ab, die die Lösung behindern, d.h. er führt bereits Veränderungen der Kommunikationsmuster ein. Dadurch beginnt sich in der Familie fast von allein ein Bewußtsein für die Beziehungsstrukturen zu entwickeln, obwohl sie noch nicht ausdrücklich thematisiert werden. Man könnte sagen, die Bearbeitung der manifesten Probleme stellt gleichzeitig eine Spielwiese für das Erkennen und das Experimentieren mit Beziehungen dar, die das Interesse der Familie weckt, sich in einem späteren Stadium näher damit zu befassen, wenn die akute Krise abgeklungen ist und die Vorbehalte der Familie gegen den Helfer keine Rolle mehr spielen. Selbst in solchen Fällen, in denen diese Bereitschaft bei der Familie nicht geweckt werden kann, ist die zweigleisige Denkweise wertvoll, weil sie hilft, Kommunikationsmuster zu erkennen, die den akuten Konflikten zugrunde liegen. Aufgrund dessen kann im Laufe sich wiederholender Krisen geprüft werden, ob sich die Familie tatsächlich im Kreise dreht oder ob Veränderungen sichtbar werden.
Zweigleisiges Vorgehen bedeutet also, daß der Familienberater gleichzeitig zwei Prozeßebenen verfolgt: eine äußere, die Bearbeitung der akuten Probleme, und eine innere, die Wahrnehmung und Bearbeitung der Interaktionen. Während der Problembearbeitung werden Interaktionen nur so weit beeinflußt, wie es die Lösung erforderlich macht. Im Laufe der Arbeit tritt

jedoch bei der Familie häufig eine Akzentverlagerung und Sensibilisierung für die Beziehungen ein, so daß es möglich wird, auch über die Beziehungsmuster zu metakommunizieren. In diesem Fall verschiebt sich die Arbeit mit der Familie auf die zweite Schiene, nämlich die Beziehungsebene. Natürlich bekommen bei diesem Vorgehen Absprachen zwischen Berater und Familie einen hohen Stellenwert (Friedrich u. a. 1979). Es muß immer wieder neu ausgehandelt werden, was Gegenstand der Arbeit ist.

2. Das Behandlungssetting

2.1 Wer nimmt an der Behandlung teil?

Ausgehend von einer holistischen Sicht der Familie und von der Beschreibung dramatischer Szenen, die sich ereigneten, wenn sich Familientherapeuten weigerten, mit der Behandlung zu beginnen, solange nicht alle Familienmitglieder anwesend sind, war die Behandlung von Teilen der Familie lange verpönt. Man nahm an, daß das abwesende Familienmitglied einen familiären Abwehrmechanismus darstellt, der verhindert, daß die Behandlung zu den zentralen familiären Konflikten vorstößt. Es ist unschwer zu erkennen, daß diese rigorose Haltung dem medizinischen Modell einer „Alles oder nichts"-Heilung entspricht, das von der Psychoanalyse noch stark favorisiert wird, zumindest was den theoretischen Anspruch betrifft. Entschließen wir uns jedoch zu der meist realistischeren Annahme, daß die Auflösung von Störungen immer nur in begrenztem Umfang möglich ist, ergeben sich Möglichkeiten, Kompromisse mit dem Beziehungsarrangement der Familie einzugehen, da mit der Arbeit zu beginnen, wo die Familie im Augenblick steht, und das Setting der Behandlung zu modifizieren, wenn sich die Motivation der Familienmitglieder verändert. Diese pragmatische Haltung erlaubt ein flexibles Reagieren auf die Bereitschaft der Familie und der einzelnen Familienmitglieder, an der Problembearbeitung mitzuwirken, was bei Problemfamilien vordringlich ist.

Sie läßt sich jedoch auch theoretisch rechtfertigen. Ausgehend von der Überlegung, daß das gesellschaftliche Leben sich in verschiedenen Systemhierarchien aufgliedern läßt, innerhalb dessen jedes soziale System ein „Holon" (Minuchin u. Fishman 1983) darstellt, d. h. sowohl ein ganzes System wie auch ein Subsystem, einen Teil eines höheren Systems bildet, läßt sich die These nicht mehr aufrechterhalten, daß die Familie die systemische Behandlungseinheit schlechthin darstellt. Familiäre Subsysteme sind u. U. wesentlich relevanter als die ganze Familie, oder Außenkontakte spielen eine zentrale Rolle, so daß es angezeigt ist, daß sie in die Familie einbezogen werden. Das gilt insbesondere für Problemfamilien, deren Außengrenzen häufig offen und unklar sind. Hier läßt sich etwa die Frage stellen, ob der geschiedene Ehemann, der sich noch regelmäßig in der Familie aufhält, die Großmutter oder Verwandte, die die Familie unterstützen, aber auch gleichzeitig ihren Einfluß geltend machen, in die Behandlung einbezogen werden sollen. Wie verhält sich der Helfer zur Lehrerin, die sich stark für eines der Kinder engagiert? Wie geht man damit um, daß sich ein drogenabhängiger Heranwachsender dem Einfluß der Eltern entzieht und sich weigert, in eine Behandlung einzuwilligen, während die Eltern um Unterstützung bitten? Soll der erwachsene Sohn, der sich erfolgreich von der Familie abgelöst hat und von der Mutter als Vorbild hingestellt wird, in die Behandlung einbezogen werden? Diese Beispiele verdeutlichen zur Genüge, daß die gleichzeitige Einbeziehung aller relevanten Bezugspersonen in und außerhalb der Familie bei Problemfamilien häufig nicht möglich ist. Wichtiger als die reale Teilnahme ist indes, daß der Berater die gesamte Familie in ihrem sozialen Umfeld „im Kopf" hat, d. h., daß er eine innere Landkarte aller vorhandenen Beziehungen entwickelt und diese durch seine Beobachtungen der anwesenden Familienmitglieder immer wieder differenziert. Das versetzt ihn in die Lage, sein Eingreifen in die Beratung nicht nur auf die anwesenden Familienmitglieder abzustimmen, sondern so zu gestalten, daß sich das ganze familiäre System verändert. Dieses Vorgehen birgt natürlich die Gefahr heimlicher Koalitionsbildungen, die aber bei sorgfältiger Beobachtung der Familie und bei guter Selbstkontrolle des Helfers sich in vertretbaren Grenzen hält.

Es läßt sich zusammenfassen: Die anvisierte Vorgehensweise basiert auf einer anderen Art eines zweigleisigen Modells. Auf der einen Schiene bewegt sich die Arbeit mit den real anwesenden Familienmitgliedern, auf der anderen, imaginären Schiene verfolgt der Berater in einer Art kognitiver Landkarte die Ausdifferenzierung des gesamten familiären Systems einschließlich bedeutsamer Bezugspersonen aus dem sozialen Umfeld. Diese Sicht erlaubt schließlich auch, in begrenztem Umfang gesamtgesellschaftliche Bezüge zum Gegenstand der Behandlung zu machen, wenn dies erforderlich scheint, z. B. Auseinandersetzung mit Diskriminierungen, Rollenklischees. In der praktischen Umsetzung dieser Konzeption scheint mir der Vorschlag von Fisch u. a. (1987) beherzigenswert, sich in der Arbeit auf die Familienmitglieder zu konzentrieren, die einen hohen Leidensdruck verspüren, und aufgrund dessen an einer Veränderung interessiert sind. Allerdings scheint mir dabei erforderlich, die Beziehungsfähigkeit des Beraters nicht außer acht zu lassen. Berater, die starke Distanz zu ihren Klienten halten und diesen gegenüber ein gewisses Mißtrauen und Skepsis an den Tag legen, können mit hochmotivierten Familienmitgliedern gut arbeiten, weil sie weniger der Suggestion erliegen, sich mit den Anwesenden zu solidarisieren, und eher Möglichkeiten entdecken, sich in die Rolle der abwesenden Familienmitglieder zu versetzen. Distanzierte Berater neigen auch dazu, strategische und paradoxe Vorgehensweisen einzusetzen, die auf der einen Seite die helfende Beziehung belasten, d. h. die hochmotivierte Klienten voraussetzen, die aber andererseits Selbständigkeit und sicheres Auftreten im sozialen Feld begünstigen. Spüren die abwesenden Familienmitglieder, daß sich der Berater nicht auf die Seite des Hilfesuchenden schlägt, sondern diesen anregt, über sein eigenes Verhalten zu reflektieren und Verständnis für die anderen zu zeigen, nimmt in der Regel ihre Bereitschaft zu, mit dem Helfer zusammenzuarbeiten, entweder in unmittelbarer Form, indem sie selbst an der Beratung teilnehmen oder indirekt, indem sie sich „zu Hause" auf die Anregungen einlassen und sich in langsamen Schritten, gleichsam heimlich verändern.

Problematischer dürfte die Arbeit nur mit den hochmotivierten Familienmitgliedern sein für Berater, deren wichtigstes Behandlungsinstrument hochgradige emotionale Nähe zum Klienten darstellt. Dies führt schnell zu einer beziehungsmäßigen Verstrickung mit den Anwesenden und zu einer unbewußten Koalitionsbildung gegen die Abwesenden, die sehr schwer aufzulösen ist. Die Wahrscheinlichkeit, daß die Abwesenden Druck in Richtung Abbruch der Beziehung ausüben, ist sehr hoch. Diese Berater verfügen jedoch meist über die Fähigkeit, auch zu skeptischen Familienmitgliedern rasch eine tragfähige Beziehung aufzubauen, wozu distanzierte Berater weniger in der Lage sind. In diesem Fall ist es also günstiger, beherzt auf die Einbeziehung wenig motivierter Familienmitglieder zu drängen oder zumindest alle flüchtig kennenzulernen, was diesem Berater dann hilft, sich emotional auf alle Beteiligten einzustimmen. Gelingt es, den gefühlsmäßigen Kontakt zu allen herzustellen, scheint es eher möglich, mit familiären Subsystemen zu arbeiten, weil der Berater bei sich selbst beobachten kann, wie sich im Laufe der Bearbeitung seine Gefühle zu allen Familienmitgliedern ändern, auch wenn er nur mit einem Teil unmittelbar arbeitet.

Es ist bereits angeklungen, daß das Problem „Arbeit mit der ganzen Familie oder mit familiären Subsystemen" auch dadurch relativiert werden kann, daß sich die Zusammensetzung des Behandlungssystems im Laufe der Zeit ändert. Bei dem Versuch, Familientherapie mit der Bewährungshilfe zu verknüpfen, konnte ich eine stufenweise Einbeziehung der Familie beobachten, die auch für die Arbeit mit Problemfamilien in manchen Fällen gangbar sein dürfte (Goldbrunner 1987). Beachtenswert dabei ist nicht so sehr, daß die Einbeziehung der Familie immer in den gleichen Stufen erfolgt, sondern vielmehr die Feststellung, daß dies oft nicht in einem einzigen Schritt möglich ist, sondern einen längeren Zeitraum umfaßt, wobei auch äußere Ereignisse wie familiäre Krisen eine wichtige Rolle spielen, die häufig den Leidensdruck verändern. Aufgrund eigener Erfahrungen habe ich ein dreistufiges Realisierungsmodell der Familienarbeit beschrieben. Auf der ersten Stufe wird mit dem einzelnen Klienten gearbeitet, sein Verhalten wird jedoch bereits auf den familiären Kontext bezogen. Die Wechselwirkung zwischen Klient und Familie wird herausgearbeitet. Die zweite Stufe läßt sich beobachten, wenn andere Familienmitglieder den Berater um Rat und Hilfe ersuchen, wobei häufig krisenhafte Zuspitzungen der Konflikte Auslöser darstellen. Die gemeinsame Bewältigung der Krise kann genutzt werden, um das Bewußtsein für innerfamiliäre Beziehungskonflikte zu schärfen. Dennoch erlischt mit der Beendigung der Krise häufig die Bereitschaft zu weiterer Zusammenarbeit. Wiederholungen von Krisen oder eine Anhäufung von Problemen können jedoch die Bereitschaft wecken, die Beziehungskonflikte gemeinsam und konsequent anzugehen. Diese dritte Behandlungsstufe stellt die eigentliche familientherapeutische Phase dar im ursprünglichen Verständnis. Aufgrund weiterer Erfahrungen möchte ich nun ergänzen, daß sich im Anschluß an die Arbeit mit der ganzen Familie zuweilen weitere Phasen anschließen, in denen Probleme, die nur einen Teil der Familie betreffen, wiederum nur mit dem entsprechenden Subsystem bearbeitet werden, z.B. Ehekonflikte oder die Beziehung eines Elternteils zu seiner Herkunftsfamilie. Die Kenntnis unterschiedlicher Behandlungskonstellationen und ihrer Vorteile und Probleme befreit den Familienberater von der Versklavung an ein therapeutisches Routineverfahren, das die Manövrierfähigkeit des Helfers oft so stark einengt, daß er auf die wechselnden Bedürfnisse von Problemfamilien nicht mehr flexibel reagieren kann.

2.2 Hausbesuche

Eine weitere Variationsmöglichkeit ist mit der Frage verbunden, ob die Beratung im Büro des Helfers oder als Hausbesuch durchgeführt werden soll. Für beide Anordnungen finden sich in der Literatur genügend Argumente, so daß es nicht möglich ist, eine der beiden Formen als die verbindliche anzusehen. Wesentlich erscheint zunächst, die räumlichen, finanziellen und institutionellen Bedingungen genau zu kennen und optimal zu nutzen, um festzustellen, wieweit Handlungsspielraum in dieser Frage überhaupt möglich ist. In meinem Praxisprojekt Familienberatung an der Hochschule mußten bisher fast alle Gespräche als Hausbesuch durchgeführt werden (Goldbrunner u.a. 1988). Auch in der Sozialarbeit und in der sozialpädagogischen Familienhilfe wird überwiegend mit Hausbesuchen gearbeitet.

Beratungszentren, Kliniken oder psychotherapeutische Praxen arbeiten bis auf wenige Ausnahmen fast ausschließlich mit Sprechstunden in der eigenen Einrichtung. Einen Kompromiß stellen hier Versuche dar, Beratungsstellen oder Sprechstunden in unmittelbarer Nachbarschaft der Klienten abzuhalten (Koschorke 1975).
Mir scheint wichtig zu betonen, daß der Hausbesuch kein Patentrezept darstellt, um Zugang zu Problemfamilien zu bekommen. Für die Arbeit mit familiären Subsystemen ist eine Arbeit im Büro meist angebrachter, ja zuweilen sogar nötig, um die Abgrenzung dieses Subsystems von der übrigen Familie auch äußerlich sichtbar zu machen. Zu berücksichtigen ist auch, daß es Familien zuweilen als Diskriminierung erleben, wenn regelmäßig ein Helfer ins Haus kommt, besonders wenn sie von Nachbarn stark beobachtet werden oder die Beziehungen zur Umgebung feindseligen Charakter tragen. Als Belastung wird besonders von Müttern in ihrer Rolle als Hausfrau zuweilen erlebt, dem Berater Einblick in den Zustand der Wohnung zu geben. Das kann starke Schamgefühle erzeugen oder als Gegenreaktion zu großen Aufräumaktionen führen. Besonders schwierig wird die Situation, wenn die Familie der Norm der Gastfreundschaft verpflichtet ist und den Berater als Gast so zu behandeln versucht, daß er sich wohlfühlt, wodurch unbeabsichtigt eine Fassade aufgebaut wird, die die Bearbeitung der eigentlichen Probleme behindert. Dies gilt vor allem für ausländische Familien, die ihre Probleme zuweilen besser in einer Beratungsstelle artikulieren können als zu Hause. Aus diesen Gründen läßt sich nicht prinzipiell der Schluß ziehen, Beratung sollte bei Problemfamilien als Hausbesuch durchgeführt werden. In vielen Fällen ist es jedoch günstig, wenn beide Möglichkeiten bestehen und von Fall zu Fall mit der Familie abgesprochen werden kann, wo die Gespräche stattfinden.
Ein meist zuwenig beachtetes Problem ist darin zu sehen, daß der Helfer, besonders der Anfänger, Schwierigkeiten hat, die Gefühle und körperlichen Reaktionen, die die Wohnatmosphäre bei ihm auslöst, zu kontrollieren. In Extremsituation kann dies zu Verkrampfungen führen, die die Wahrnehmung und Handlungsfähigkeit empfindlich beeinträchtigen. Es verlangt einige Selbstsicherheit von seiten des Beraters, die Familie zu bitten, ihn persönlich allzusehr störende Reizquellen während der Zeit der Beratung abzustellen, z.B. „Ich kann Ihnen nicht richtig zuhören, der Kanarienvogel lenkt mich zu sehr ab. Ist es möglich, ihn in der Zeit, in der ich hier bin, in einen anderen Raum zu stellen?" Die Beseitigung von Störreizen kann auch eine wichtige Lernerfahrung für die Familie bedeuten, wenn sich etwa herausstellt, daß die Familienmitglieder auch etwas miteinander anzufangen wissen, ohne daß z.B. der Fernseher läuft. Auch nach Ausschaltung von ablenkenden Reizen stellt der Hausbesuch für den Bera-

ter eine emotionale Belastung dar, da er viel stärker in das unmittelbare Familienleben verstrickt ist, das sich in der Gestaltung der Wohnung förmlich aufdrängt.

Während akustische Eindrücke wie Störgeräusche abgestellt werden können, kann man sich vor dem optischen Eindruck oder vor Gerüchen nicht verschließen. Auch die einzelnen Familienmitglieder zeigen sich in der vertrauten Umgebung spontaner als in der künstlichen Büroatmosphäre. Das löst beim Berater nicht nur Gefühle von Nähe und Verstehen aus, sondern auch unangenehme Gefühle, die man verspürt, wenn uns fremde Personen zu nahe kommen, wenn sie „aufdringlich" werden. Für die Bewältigung dieser Gefühle ist es wichtig, besonders nach der Sitzung, aber nach Möglichkeit bereits während der Sitzung, auf seine inneren Impulse zu achten und zu prüfen, was davon realisierbar ist. Psychohygienische Vorsichtsmaßnahmen sind bei Hausbesuchen häufig unverzichtbar, damit sich der Berater von den Erlebnissen in der Familie nicht völlig überrollen läßt und dadurch handlungsunfähig wird.

Die prozessualen Abläufe von Familiengesprächen in der Wohnung sind häufig spontaner und elementarer als im Büro. Es wird mehr agiert und weniger reflektiert, das Tempo ist beschleunigt, Gefühle gewinnen an Dramatik und Intensität. Auch im Beisein des Beraters nehmen Familienmitglieder kein Blatt vor den Mund. Der Berater kann nach geraumer Zeit feststellen, daß er selbst schneller und spontaner reagiert, als er von sich kennt; er muß sich der familiären Atmosphäre anschließen und mitschwimmen, wenn er darin nicht untergehen will. Wenn es dem Berater gelingt, so viel Distanz zu halten, daß er die Kontrolle über das System nicht vollkommen aus dem Auge verliert, liegt in dieser Situation eine große Chance für rasche Veränderungen. Dazu ist vor allem erforderlich, daß der Berater über Möglichkeiten verfügt, den Prozeß in der Familie zu verlangsamen und stärker reflektierende Phasen, die der Beruhigung dienen, einzuführen. Einfache Techniken sind hier etwa: abblocken, ablenken, Themawechsel, Informationen geben usw. Anspruchsvoller ist es, den Geschehensablauf selbst zu thematisieren und nach Alternativen zu suchen.

Ein großer Vorteil des Hausbesuches ist darin zu sehen, daß die Familie mehr Spielraum hat, darüber zu entscheiden, wer wann und wie lange am Gespräch teilnimmt. Es gibt mehr Möglichkeiten, sich zurückzuziehen, passiv vom Nebenraum aus zuzuhören und sich nur einzuschalten, wenn man es selbst wünscht. Umgekehrt hat man zuweilen mit unerwarteten Gästen zu rechnen, die dem vorgesehenen Gespräch oft eine ganz andere Wende geben als geplant. Mir scheint in dieser Situation zunächst wichtig, die aktive Gestaltung nicht aus der Hand zu geben. Es ist zu klären, ob das Gespräch im Beisein des Besuches stattfinden soll. Wenn z.B. die Nachbarin über die Situation ohnehin Bescheid weiß, ist ihre Anwesenheit vielleicht ein Zeichen, daß sie in die Arbeit miteinbezogen werden möchte, während sie andernfalls den Prozeß hinter dem Rücken des Beraters sabotiert. In anderen Fällen kann es sinnvoll sein, die Familie zu ermutigen, sich nach außen deutlicher abzugrenzen und Gäste zu bitten, zu einer anderen Zeit wiederzukommen. Unerwartete Gäste bei Hausbesuchen sind eine sonst in der Arbeit mit Familien sich kaum bietende Gelegenheit, das soziale Umfeld der Familie ansatzweise in die Arbeit einzubeziehen. Das geschieht zwar nur punktuell, aber möglicherweise an entscheidenden Angelpunkten. Fragen wie die nach gegenseitiger Unterstützung, Abgrenzung können bis zu einem gewissen Grad bearbeitet werden.

Zusammenfassend läßt sich sagen, Hausbesuche stellen eine Möglichkeit dar, der Familie weitestgehend entgegenzukommen. Dies gilt sowohl für die räumliche Distanz als auch für den Abbau der psychischen Distanz. Der Berater erlebt die Familie stärker im spontanen, gefühlsgeladenen Umgang miteinander. Das wirft vor allem die Frage auf, wie der Berater seine eigenen Gefühle und Körperreaktionen bewältigt und das Geschehen in der Familie unter seine Kontrolle bringt. Dennoch erlaubt gerade diese Unmittelbarkeit, die man in der Wohnung der Familie erlebt, häufig in kurzer Zeit einen tiefergehenden Einstieg in die Gefühlswelt der Familie, insbesondere in Krisensituationen. Darin liegt eine Chance für die Arbeit mit Problemfamilien, die allerdings viel therapeutisches Können voraussetzt, und hier liegt ein Dilemma der derzeitigen Praxis: Je höher jemand familientherapeutisch qualifiziert ist, um so mehr arbeitet er in Einrichtungen, in denen Hausbesuche nicht mehr praktiziert werden.

3. Zur Dynamik des Behandlungssystems

Die Arbeit mit Problemfamilien weist eine spezielle Eigendynamik auf, die von der Wirkung anderer Behandlungsverfahren abweicht. Auch wenn technische Merkmale in einer handlungsorientierten Beratung eine zentrale Rolle spielen, steht im Vordergrund die Beziehungsebene: Techniken sind Beziehungsregeln (Tscheulin 1975), die helfen, eine Beziehung zu strukturieren. Wird der Beziehungsaspekt von Techniken nicht mehr durchschaut, so gerät die Beziehung in eine Versklavung der Technik und es ist kaum mehr möglich, die Beziehung als Hauptinstrument der Arbeit flexibel einzusetzen. Vor allem ein zweigleisiges Behandlungskonzept, bei dem sich der Beziehungsaspekt wie ein roter Faden durch die gesamte Behandlung zieht, macht es erforderlich, sich intensiv mit der Arbeit und der Entwicklung der Beziehungen im Behandlungssystem auseinanderzusetzen. Das geschieht hier zwar auch in Zusammenhang der Beschreibung einzelner Vorgehensweisen, es scheint jedoch auch nötig, das Beziehungssystem in einem größeren Zusammenhang in Augenschein zu nehmen. Um das ganzheitliche Beziehungsgeschehen dem Bewußtsein zugänglich zu machen, ist es erforderlich, es in analytische Einzelteile zu zergliedern und in eine wissenschaftliche Begriffssprache zu betten. Dadurch erscheinen plötzlich zusammengehörige Elemente isoliert, woraus sich neue Mißverständnisse ableiten, die hier nicht näher ausgeführt werden, aber dennoch bewußt sein sollen. Die Ausgliederung von Einzelaspekten aus dem gesamten System ist jedoch kein reiner Willkürakt, sondern verfolgt einen Zweck, nämlich das Spezifische dieses Behandlungsansatzes klarer hervortreten zu lassen.

In Anlehnung an Boszormenyi-Nagy (1981), Stierlin (1978) und vor allem Bauriedl (1983) möchte ich von einer dialektischen Grundstruktur der Beziehungen reden. Beziehungen realisieren sich weitgehend in einem Spannungsverhältnis gegensätzlicher Pole: Nähe-Distanz, Manipulation-Unterwerfung, Zuwendung-Versagung usw. Da wesentliche Elemente des Modells von Bauriedl bereits an anderer Stelle (S. 35ff) eingehender ausgeführt wurden, möge hier der allgemeine Hinweis genügen. Bauriedl versucht, das dialektische Beziehungsmodell am konsequentesten auf die Familientherapie anzuwenden, indem sie den Gegensatz zwischen Manipulation und Infragestellung als Grundstruktur des therapeutischen Systems herausarbeitet. Während sich Bauriedl mit der Darstellung eines groben Rasters begnügt, arbeitet Zimmer (1983) eine größere Anzahl dialektischer Beziehungselemente für Therapeut-Klient-Beziehungen heraus, wobei er es leider bei der Aufzählung bewenden läßt. Die Kunst des Therapeuten besteht nach Zimmer darin, diese gegensätzlichen Prinzipien miteinander zu verbinden. Da mir Zimmers Auflistung auch für die Arbeit mit Problemfamilien diskussionswürdig erscheint, möchte ich sie hier zitieren Zimmer (1983, S. 148). Er stellt folgende Gegensatzpaare einander gegenüber:

Fremdhilfe	*Selbsthilfe*
optimale Hilfe	minimale Hilfe (zur Selbsthilfe)
sich auf den Klienten einlassen	Gegenerfahrungen provozieren
Wärme, Freundlichkeit, mitgehen	Strenge, Beziehung riskieren, Fordern, Führen
Schonung, Angst-Abbau	Konfrontation mit Angst, Belastung
Sprache des Klienten übernehmen	neue Sprache und Konzepte einführen

Fremdhilfe	*Selbsthilfe*
Therapie an Klienten anpassen	Klient zur Therapie sozialisieren
Widerstand akzeptieren	Durchhalten
Leiden ernst nehmen	Hoffnung indizieren
Verantwortung übernehmen	Verantwortung an den Klienten übergeben
persönlicher Kontakt	professioneller Kontakt
Therapie anpassen, um Überforderungen zu vermeiden	sich von ersten Mißerfolgen nicht aus der Ruhe bringen lassen, durchhalten
dem Klienten die nötige Zeit gewähren	die Therapie nicht aufgrund von Abhängigkeitswünschen über Gebühr verlängern

Diese Gegensätze sollen in jeder therapeutischen Beziehung bedeutsam sein. Um das Besondere in der Arbeit mit Problemfamilien noch näher herauszuarbeiten, möchte ich einige dialektische Gegensatzpaare näher ausführen und dabei auch das Verhältnis zwischen den Gegensätzen etwas eingehender beleuchten, da mir gerade das Problem der Verbindung problematisch erscheint.

Eine vertrauensvolle, von Zuwendung charakterisierte Beziehung stellt eine Grundbedingung jeder helfenden Beziehung dar. Wenn wir von emotionaler Wärme sprechen, fassen wir indes nur den einen Pol eines dialektischen Gegensatzpaares ins Auge, der noch zu vervollständigen ist. Der emotionalen *Nähe/Zuwendung* ist die emotionale *Distanz/Ablehnung* gegenüberzustellen. Zuweilen wird auch die Wirkung dieser Ebene angesprochen, etwa in der Polarität Urvertrauen – Urmißtrauen (Erikson 1965). Die Dimension Nähe/Distanz stellt ein Kontinuum dar, was besonders in der Arbeit mit Familien berücksichtigt werden muß: Es wäre verhängnisvoll anzunehmen, daß es gelingt, zu allen Familienmitgliedern und zu unterschiedlichen Familien das gleiche Ausmaß an Nähe herstellen zu können. Das Bedürfnis und das Bemühen um Nähe ist zwar immer vorhanden, aber unterschiedlich stark ausgeprägt. Auch wenn der Familienberater versucht, Allparteilichkeit (Stierlin u.a. 1977) zu verwirklichen, d.h. alle Familienmitglieder zu verstehen und sich aktiv für sie zu engagieren, gelingt dies nur in sehr unterschiedlichem Ausmaß. Minuchin und Fishman (1983) berücksichtigen das unterschiedliche Ausmaß, Nähe zur Familie zu finden, wenn sie vom Zugang aus einer nahen, mittleren und distanzierten Position sprechen. Dabei erscheint mir bedeutsam, daß jede dieser Positionen eine wichtige Erfahrung darstellt und nicht etwa eine distanzierte Beziehung an sich zu verwerfen ist. Familienberatung bietet die Möglichkeit, wesentlich mehr und unterschiedlichere Erfahrungen mit feinen Abstufungen von Nähe-Distanz zu sammeln als etwa die Einzelberatung. Sie ließe sich geradezu charakterisieren als Beziehungsform, in der divergierende Ausmaße an interpersonaler Distanz zu beobachten sind, wobei sich auch im Laufe der Behandlung die Beziehungen laufend ändern. Das gilt für das Verhältnis der Familienmitglieder untereinander wie für das Verhältnis zum Berater. Diese Erfahrung ermöglicht auch, die positiven und negativen Seiten von Nähe und Distanz zu untersuchen.

Gerade bei Problemfamilien kann die Spannung zwischen Nähe und Distanz oft nicht ausgehalten werden, weil einer der Pole negativ besetzt ist und somit abgewehrt wird: Für die Mutter-Kind-Beziehung bedeutet etwa extreme Nähe gleichzeitig Geborgenheit, Sicherheit und Selbstbestätigung, die Mutter-Kind-Dualunion darf nicht aufgegeben werden zugunsten zunehmender Autonomie und Abgrenzung. Distanz ist gleichbedeutend mit Verrat und Im-Stich-Lassen, Verletzen der Mutterpflichten. Sie wird verdrängt und auf eine Drittperson projiziert, häufig den Vater, besonders wenn er die Seite der Distanz extrem auslebt und sich vom Familienleben stark zurückzieht. Die Projektion kann sich jedoch auch auf Personen außerhalb der Familie richten, z.B. auf Helfer, die die Erwartungen der Familie nicht erfüllen. Die distanzierte Seite erlebt sich selbst als unabhängig, die Gegenseite hingegen als eingeengt, symbiotisch miteinander verbunden, aber auch als massiv nach außen abgegrenzt, so daß es kaum möglich ist, in das exklusive Subsystem einzudringen. Das Gefühl von Einsamkeit und das Bedürfnis nach Zuwendung müssen abgewehrt werden. Die Bindung an das symbiotisch verbundene Subsystem wird dadurch aufrechterhalten, daß die dort ausagierten Anteile in Form einer projektiven Identifikation miterlebt werden.

Nähe und Distanz sind also bei Problemfamilien aufgespalten, im Extremfall — z.B. bei einer Trennung der Ehepartner — stellt die Abwehrgrenze sogar die Außengrenze der Familie dar. Hier wird deutlich, daß eine Familienberatung, die eine der beiden Seiten zu stark favorisiert, Gefahr läuft, die Abwehrstrukturen der Familie fortzusetzen. Familienarbeit hat hier die schwierige Aufgabe, beide Seiten anzunehmen und miteinander zu versöhnen. Dadurch kommt es zu einer Öffnung der Grenzen, so daß Nähe und Distanz wieder miteinander verbunden werden. Das macht jedoch erforderlich, daß den Familienmitgliedern zugemutet wird, ihre Absolutheitsansprüche, die mit der Vorstellung von Nähe bzw. Distanz verbunden sind, aufzugeben. Indem der Familienberater seine Position in der Familie ständig verändert und die Spannung aushält, die sich daraus ergibt, daß ihn ein Subsystem kritisch beäugt, während er sich auf eine andere Seite einläßt, aber im nächsten Moment sich einem anderen Teil anschließt, fordert er die Familie heraus, im Zuge dieser Erfahrungen ihre fixierten Abwehrgrenzen zu lockern und selbst neue Möglichkeiten zuzulassen, d. h. auf einer Seite die symbiotische Enge zu lockern und auf der anderen die massive Abgrenzung aufzugeben und sich in Beziehungen zu engagieren.

Während in der Einzelarbeit von Beratern und Therapeuten vor allem emotionale Nähe angestrebt und Distanz vermieden wird, scheint in der Familienberatung eine Gegenbewegung zu dominieren, nämlich die Tendenz, eine gewisse Distanz zur Familie einzuhalten. Bauriedl (1983) spricht in diesem Zusammenhang von Verschmelzungsängsten, die ein Einlassen auf die Familie verhindern und zur Einführung manipulativer Techniken führen, die nicht nur zur Realisierung der bewußt eingesetzten Ziele beitragen, sondern darüber hinaus auf einer unbewußten Ebene die Verringerung der Distanz zur Familie verhindern. Auch die unter Familientherapeuten verbreitete Angst, „ins System zu geraten", d. h. das Spiel der Familie mitzuspielen und dabei den Überblick zu verlieren, kann als Rationalisierung benutzt werden, Nähe zu Familien abzuwehren. In der Arbeit mit Problemfamilien spielt in diesem Zusammenhang vor allem die Angst, von der Familie ausgenutzt zu werden, eine besondere Rolle. Die Anhäufung von Problemen in Verbindung mit der präsentierten Hilflosigkeit lassen diese Befürchtungen nicht unbegründet erscheinen, vor allem wenn der Berater Schwierigkeiten hat, sich von Ansprüchen abzugrenzen und die Familie mit einer Verweigerungshaltung zu konfrontieren.

Hintergrund dieser unterschiedlichen Formen, Nähe zur Familie abzuwehren, ist jedoch eine unbewältigte eigene Problematik des Beraters, die ich vor allem in nicht aufgelösten Allmachtsansprüchen und einer Selbstwertproblematik sehe. Unbewußte Omnipotenzphantasien gestatten es nicht, Fehler zu machen, und sich auf etwas einzulassen, was mit Unsicherheit verbunden ist. Die narzißtische Kränkung, manipulative Versuche der Familie nicht sofort zu durchschauen, ist schwer auszuhalten. Die Flucht in die Distanz erspart diese deprimierende Erkenntnis. Neben der Schwierigkeit, Unzulänglichkeiten einzugestehen, spielt auch ein niedriges Selbstvertrauen eine wesentliche Rolle: Der Berater kann sich nicht vorstellen, daß er der Übermacht der Familie etwas Gleichwertiges entgegenzusetzen hat. Er fürchtet, daß die Nähe zur Familie seine therapeutische Wahrnehmungs- und Handlungsfähigkeit blockiert, so daß er letztlich manövrierunfähig wird. Die Nähe zur Familie konfrontiert vorübergehend mit eigenen Ohnmachtsgefühlen, die schwer auszuhalten sind. Es erscheint leichter, die therapeutische Kontrolle aufrechtzuerhalten, wenn man mehr Distanz

hält. Der Erfolg in der Arbeit mit Problemfamilien ist nicht in erster Linie von äußeren Arbeitsbedingungen oder von der Beseitigung von Sprachbarrieren abhängig, sondern vielmehr von der Bearbeitung dieser Eigenproblematik des Beraters; denn es ist erforderlich, daß Nähe und Distanz gleichermaßen zugelassen und ungezwungen eingesetzt werden können.
Das therapeutische System Familie und Therapeut steht in einer anderen Hinsicht in einem dialektischen Spannungsverhältnis, das sich mit der Ebene Nähe – Distanz teilweise überlappt, teilweise aber auch weiterführt. Minuchin (1977) bezeichnet die Stoßrichtung des Familientherapeuten mit dem Gegensatzpaar *Anpassung und Neustrukturierung*. Der Therapeut muß sich in erster Linie anpassen, d.h. auf die Familie einlassen, lernen, sie zu verstehen, ihre Einstellungen, Normen, Gefühle nachvollziehen. Die Anpassungsbewegung ist besonders bei Familien bedeutsam, die dem Therapeuten aufgrund ihrer kulturellen Herkunft und Lebensbedingungen fremd sind. Hier erscheint es wichtig, die Gegensätze nicht herunterzuspielen, sondern sich anzustrengen, die Familie in ihrem Anderssein zu verstehen, ohne die Barrieren zu verharmlosen. Wenn dies dem Berater gelingt, wird er von der Familie akzeptiert, er wird quasi zu einem Teil der Familie und von der Familie als ein neues Mitglied aufgenommen. Erst dann ist er in der Lage, Veränderungen, Neustrukturierungen von innen in Gang zu setzen. Veränderungen müssen da ansetzen, wo sich die Familie befindet. Rein taktisch-manipulatives Vorgehen, das auf einer oberflächlichen Diagnose beruht, stößt nicht nur auf den Widerstand der Familie, sondern ist auch verantwortungslos, da die Stärken und Schwächen der Familie nicht ausreichend berücksichtigt werden.
Die Verbindung des Gegensatzes Anpassung – Neustrukturierung versucht, zwei unversöhnlich erscheinende Richtungen der Familientherapie miteinander in Beziehung zu setzen und dadurch eine Lösung des Kontrollproblems in der Familientherapie zu ermöglichen. Von verschiedenen Autoren wird jedoch angezweifelt, ob eine Familientherapie, die die Pole Anpassung und Neustrukturierung zu verbinden versucht, möglich oder sinnvoll sei.
Haley (1977) bezweifelt den Wert einer „nondirektiven", auf Verstehen und Wachstum angelegten Familientherapie, und plädiert für eine „direktive" Familientherapie, bei der die Verantwortung für die Veränderung eindeutig beim Therapeuten liegt, der klare Veränderungsstrategien entwirft, durchsetzt und den Erfolg kontrolliert. Nondirektives Vorgehen stellt für ihn einen Rückzug in eine Position der Verweigerung der Verantwortung in der Psychotherapie und damit eine verschleierte Form der Manipulation dar. Das andere Extrem bildet etwa Bauriedl (1983), die sich bemüht, eine theoretische Basis für eine psychoanalytische Beziehungsanalyse zu schaf-

fen. Bauriedl setzt sich zwar zunächst für einen dialektischen Standpunkt ein. Im Kern dieser Dialektik steht der Gegensatz „Infragestellung – Manipulation", d. h., daß man sich in Beziehungen auf den anderen einläßt oder dem anderen die eigene Abwehrstruktur manipulativ aufdrängt. Indem Manipulation per se als Beziehungsstörung definiert wird, gerät Bauriedl in ein Dilemma, da die gegensätzlichen Pole Infragestellung und Manipulation nicht mehr dialektisch als wichtiges Spannungsverhältnis definiert werden, sondern eindeutig positiv (Infragestellung) bzw. negativ (Manipulation) bewertet werden. In der Übertragung dieser Gedanken auf die Familientherapie versucht Bauriedl aktives, strategisches Vorgehen des Therapeuten abzuwerten und als Produkt unbewältigter Ängste des Therapeuten hinzustellen. „Die Alternative zur Strategie ist das intuitive Erleben und die künstlerische Gestaltung von Beziehungen, im Grunde genommen das Erleiden" (Bauriedl 1983, S. 192). Strategie und Erleiden werden als unvereinbarer Gegensatz dargestellt. Für Bauriedl gibt es keine Dialektik Manipulation/Strategie *und* Erleiden, sondern — in merkwürdiger Inkonsequenz ihres ansonsten äußerst logisch konzipierten Ansatzes — lediglich die Möglichkeit des Erleidens, der Infragestellung, wenn auch in der Bemerkung „künstlerische Gestaltung von Beziehungen" heimlich ein schwer kontrollierbares aktives Element in die Behandlung eingeschmuggelt wird. Die polemisch überspitzten Positionen lassen sich als antithetische Pole im Spannungsfeld der Familientherapie ausmachen, die in dialektischer Form miteinander versöhnt werden müssen. Jeder Familientherapeut muß sich bewußt sein, daß er auf der einen Seite die Aufgabe zu erfüllen hat, sich an die Familie anzupassen, sich einzufühlen, die Familie, die einzelnen Familienmitglieder und die Interaktionen in der Familie zu verstehen; auf der anderen Seite hat er eine verantwortungsvolle Machtposition als Initiator von Veränderungen, und zwar sowohl, wenn er offen Neustrukturierungen in Gang setzt als auch wenn er in paradoxen Verschreibungen den Widerstand der Familie als Veränderungspotential mobilisiert als auch wenn er in einer Verweigerungshaltung psychoanalytischer Prägung die Familie zur eigenen Emanzipation zwingt.

Die Kontroverse um manipulative Vorgehensweisen ist für die Arbeit mit Problemfamilien von besonderer Bedeutung, weil das ständige Agieren der Familie den Therapeuten ebenfalls zum Handeln herausfordert. Noch stärker als in der Arbeit mit Mittelschichtsfamilien zeigt die Neustrukturierung hier Kontrollcharakter. Manipulationsfreie Beratung und Psychotherapie bei Problemfamilien mit Agiersymptomen sind häufig nur dann erfolgreich, wenn gleichzeitig von anderer Seite restriktive Maßnahmen eingesetzt werden, die den Kontrollfreiraum der Behandlung ausgleichen, z. B. wenn neben der Familienberatung etwa das Jugendamt repressiv in das

Familienleben eingreift, wodurch jedoch wieder das Problem der Spaltung von Funktionen sichtbar wird. Der Einsatz von Kontrolle innerhalb einer Beratung ist so schwerwiegend, daß es angemessen erscheint, diesem Thema ein eigenes Kapitel zu widmen.
In Zusammenhang mit dem Problem der Machtausübung im Behandlungssystem soll noch einmal auf den eingangs angesprochenen Gegensatz *Technik – Beziehung* zurückgegriffen werden. Die Kontroverse um diesen Gegensatz wurde in der Gesprächspsychotherapie ausführlich ausgefochten, spielt aber auch in der Familientherapie eine wesentliche Rolle. In dem Maße, in dem sich die Psychotherapie am objektivierenden Wissenschaftsideal orientiert, sieht sie sich gezwungen, den Menschen als verfälschenden subjektiven Faktor weitgehend auszuklammern und sein Vorgehen durch möglichst exakte technische Anleitungen zu reglementieren, die auf empirisch abgesicherten wissenschaftlichen Konzepten beruhen. Hier ergibt sich, daß eine einseitige technische Orientierung die nonverbale Kommunikation weitgehend vernachlässigt (Dilthey 1979). Der nonverbal vermittelte Beziehungsaspekt beeinflußt die Wahrnehmung einer Äußerung meist erheblich stärker als der verbale Inhalt. Während diese technizistische Haltung von einer aufklärerischen Wissenschaftsgläubigkeit geprägt ist, steht am anderen Ende der Skala ein optimistischer Glaube an das Entwicklungspotential im Menschen und die „Heilung durch Begegnung" (Stierlin u.a. 1977). Danach erfolgt die Veränderung in erster Linie durch die Erfahrung von unmittelbarer, offener Begegnung von Mensch zu Mensch, die einen offenen Austausch über angstbesetzte und gesellschaftlich tabuierte Themen ermöglicht. Die Technik ist hier lediglich eine Voraussetzung, Fassaden abzureißen und Echtheit in der Beziehung zu ermöglichen. Hier sollen nicht die Hintergründe dieses Gegensatzes vertieft werden, vielmehr geht es darum, wie die Spaltung Technik – Beziehung aufgelöst werden kann, ohne daß einer der beiden Pole ausgespart werden muß.
Eine interessante Lösung dieses Problems bieten Minuchin und Fishman (1983) in einem Kapitel über Spontaneität, nachdem Minuchin in früheren Arbeiten zahlreiche Techniken der Familientherapie entwickelte, die inzwischen zu den Standardtechniken gerechnet werden. Nach Minuchin sind die Techniken zwar ein unverzichtbarer Bestandteil, die während der Ausbildung in einem mühsamen und zeitaufwendigen Prozeß erlernt werden. Dennoch sollte sich der Therapeut hüten, der sein Handwerk zu meistern gelernt hat, das Schwergewicht allzu stark auf sein erlerntes Können zu legen. „Wenn der Therapeut sich allzu eifrig und allzu eng an die Technik hält und mithin „Handwerker" bleibt, dann wird sein Kontakt mit dem Patienten zwar objektiv, leidenschaftslos und nicht zu beanstanden sein, er wird aber oberflächlich bleiben, er wird manipulativ sein, weil der

Therapeut seine Macht nicht einbüßen möchte. Seine Therapie wird letzten Endes nicht besonders effektiv sein" (Minuchin und Fishman 1983, S. 13).
Minuchin geht jedoch nicht so weit, daß er das technische Training in der Ausbildung einschränkt und dafür stärker selbsterfahrungsbezogene Elemente einsetzt, wie es in wachstumsorientierten Ausbildungsinstituten üblich ist, sondern er setzt seine Hoffnung darauf, daß nach der Trainingsphase einzelne Techniken wieder in Vergessenheit geraten können. Erst dadurch wird der Therapeut frei für eine personale Begegnung, er wird zum „Heilenden", reagiert spontan als Mensch, der Respekt vor den Menschen, ihren Wertvorstellungen, Stärken und Interessen zeigt. Der Familientherapeut kann nicht als Techniker so tun, als ob er die Familie als außerhalb des Systems Stehender behandeln könnte. Er muß sich unter Einsatz der eigenen Person in das familiale System begeben, in der jeweiligen Familiensituation zu seiner eigenen therapeutischen Spontaneität finden und dadurch Veränderungen in Gang setzen. Der Therapeut muß die Phase überwinden, in der er von seinem Können fasziniert und an Techniken versklavt ist. Techniken müssen zu Instrumenten werden, wie etwa die Finger eines Pianisten zu Instrumenten werden, die den musikalischen Inspirationen spontanen Ausdruck verleihen. Technische Perfektion garantiert noch kein ästhetisch schönes Klavierspiel, aber musikalische Inspiration ohne technische Beherrschung des Instruments allein bleibt ebenso unbefriedigend.
Minuchin zeigt damit einen praktikablen Weg, technisches Können mit einer unmittelbaren, spontanen Begegnung zu verbinden. Mir scheint jedoch der vorgeschlagene Weg vom Erlernen der Techniken zur Spontaneität nicht der einzig mögliche zu sein. Familientherapie läßt sich ebenso gut erlernen und praktizieren, wenn man zuerst über Selbsterfahrung und Eigentherapie sein persönliches Potential entwickelt und am Ende sich schwerpunktmäßig mit Techniken befaßt, die dem ureigenen Beziehungspotential entsprechen. Vermutlich gehen meist die persönliche Reifung und die Erweiterung des technischen Repertoires Hand in Hand, und es wäre verhängnisvoll, würde man nach dem Erreichen eines bestimmten Niveaus nicht mehr an einer Differenzierung der eigenen Fähigkeiten weiterarbeiten. Die Konfrontation mit den unterschiedlichsten Familien stellt den Therapeuten auch nach langer Erfahrung vor immer neue Probleme, die er als Lernchance zur Weiterentwicklung der Technik und der persönlichen Reifung nutzen sollte.
Abschließend nach diesen allgemeinen Überlegungen, die zentrale Aspekte der Beziehung zwischen Familie und Therapeut ins Blickfeld rücken sollten, sei eine prägnante Zusammenfassung wesentlicher Elemente des therapeutischen Systems gegeben:

„Und was ist nun die Kunst der Familientherapie? Es ist die Fähigkeit, sich Zugang zu der Familie zu verschaffen, ihre Realität zu erfahren, wie die Mitglieder dieser Familie sie auch erfahren, sich in die immer gleichen Interaktionen tatsächlich hineinzufinden, die die Struktur dieser Familie ausmachen und das Denken und Verhalten ihrer Mitglieder formen. Es ist weiter die Fähigkeit, mit Hilfe dieses inneren Zugangs, den man sich zu der Familie verschafft hat, zum Werkzeug der Veränderung zu werden, zu einer treibenden Kraft also, die innerhalb der Begrenzung des Familiensystems wirkt, und dies in einer Weise, die nur mit eben dieser ganz bestimmten Familie möglich ist, um so eine andere und fruchtbarere Lebensweise hervorzubringen. Es ist der Eintritt in das Labyrinth Familie und das Auswerfen des Fadens der Ariadne" (Minuchin und Fishman 1983, S. 14).

Um den Stellenwert der Familienberatung zu veranschaulichen, möchte ich sie mit einem Spiel vergleichen:
Die Familienberatung ist so unrealistisch wie ein Spiel. Es ist etwas, was der Familie hilft, aus ihrem Alltagstrott vorübergehend auszuscheren, um eine Neuerfahrung zu machen und das Familienleben anders zu strukturieren. Der Berater initiiert und regelt das Spiel, versucht ein Spiel zu entwickeln, das auf die konkrete Familie zugeschnitten ist. Die Familie läßt sich auf dieses Spiel ein in der Hoffnung, daß es ihr weiterhilft — oder sie gibt das Spiel auf, wenn es zu beschwerlich oder zu fremd ist. Nicht selten verliert auch ein einzelnes Familienmitglied die Lust, wenn es merkt, daß es auf der Verliererseite ist, obwohl es bisher in der Familie verstanden hat, das Zusammenleben so zu gestalten, daß es gewinnt. Es kann es vielleicht noch nicht aushalten, zu verlieren. Oder jemand oder die ganze Familie versuchen zu mogeln und damit die Spielregeln des Beraters zu unterlaufen. Das Spiel des Beraters wirkt ihnen zu umständlich, zu beschwerlich und bringt Dinge ans Tageslicht, die man noch nicht kennt und von denen man glaubt, daß sie ganz schlimm sind.
Der Berater legt das Spiel fest, bestimmt die Regeln usw. Das kann er auf sehr unterschiedliche Art machen. Er kann viel Phantasie entwickeln und — nachdem er die Familie genau beobachtet hat — spontan ein völlig neues Spiel entwickeln, das weder die Familie noch er selbst bisher kennt. Oder er benutzt ein standardisiertes Spiel, das immer nach den gleichen Regeln abläuft. Dabei kann ihm allerdings passieren, daß er so mit der Einhaltung der Regeln beschäftigt ist, daß er nicht mehr mitbekommt, was in der Familie wirklich abläuft.
Er kann aber der Familie auch mitteilen: „Ich möchte ein Spiel mit Ihnen spielen. Das Spiel heißt: Tun Sie das, was Sie gerne möchten, was Sie sich zu Hause nicht erlauben." Dann setzt er sich hin und beobachtet, was die Familie tut. Er beobachtet, weil es für ihn immer wieder faszinierend ist, zu

entdecken, was die Familie in dieser Situation tut. Er beobachtet sehr genau und hat eine unbeschreibliche Geduld, er kann warten, bis die Familie endlich das zeigt, was ihm wichtig erscheint. Und er ist ein guter Kommentator, der die spannenden Momente des Spiels aufgreift.
Der Berater kann festlegen, wer mitspielt und wer nur zuschaut, wer am Zug ist und wer pausieren muß. Das ist besonders spannend, weil die Familienmitglieder, die gerade pausieren, glauben, nicht mitzuspielen. In Wirklichkeit spielen sie viel intensiver mit, zumindest so lange niemand merkt, wie aufmerksam sie das Spiel verfolgen. Jemand nicht mitspielen zu lassen, ist eine besonders anspruchsvolle Art des Spiels, die nur hervorragende Familienberater beherrschen.
Es gibt unendlich viele Arten, mit der Familie zu spielen, und vermutlich wird jedes Spiel nur einmal aufgeführt. Dennoch muß sich der Berater eines klar machen: Seine Familienberatung ist ein Spiel, er darf das Spiel nicht mit der Realität verwechseln, und wenn er es tatsächlich tut, gibt er sich einer schlimmen Illusion hin.

4. Wahrnehmung und Diagnose der Familie

Hinweise zur diagnostischen Abklärung von Familienproblemen, die dem praktischen Vorgehen zugrunde liegen und dieses fortlaufend kontrollieren, durchziehen die ganze Arbeit; ich möchte mich daher hier darauf beschränken, einige allgemeine Überlegungen zum Stellenwert der Diagnose und zur Art des Diagnostizierens in der Familienarbeit anzustellen, die in der Literatur meist zu kurz kommen und in der Praxis zu wenig beachtet werden.
Im Rahmen eines Modells der Familienarbeit, bei dem die Beziehungen innerhalb des therapeutischen Systems im Mittelpunkt stehen, läßt sich die Diagnose der Familie nicht isoliert betrachten, ohne den Kontext, in dem der diagnostizierende Helfer steht, zu berücksichtigen. In diesem Zusammenhang verliert die Diagnose ihren Absolutheitscharakter und Wahrheitsanspruch, der allzu leicht dazu verführt, eine Diagnose als abwertendes Etikett einem Familienmitglied, der ganzen Familie oder der Umwelt der Familie überzustülpen, was sich dann in der praktischen Arbeit in Form einer Legitimation von Vorurteilen und Kommunikationsbarrieren auswirkt. Die Relativität der Diagnose ist durch verschiedene Faktoren bedingt, von denen einige, die für die Arbeit mit Problemfamilien besonders relevant erscheinen, näher ausgeführt werden sollen.
In systemischer Sicht erhält Diagnose einen anderen Stellenwert als in der klassischen Medizin. Diagnose ist nicht mehr ein objektiver, von der Per-

son des Diagnostizierenden ablösbarer Vorgang, sondern sie wird zu einem dynamischen fortlaufenden Geschehen. Der Berater als Teil des therapeutischen Systems, das Familie und Berater einschließt, nimmt ständig selektiv wahr, bildet aus seinen Wahrnehmungen vereinfachende Hypothesen, entwickelt daraus subjektiv geprägte Ziele und Handlungsstrategien, erhält Rückmeldungen aus der Familie, die zu einer Revision und Differenzierung seiner Hypothesen beitragen. Der Berater kann sich nicht hinter der Maske eines objektiven Wissenschaftlers verschanzen, der unanfechtbare Urteile über die Familie ausspricht.

Pathologisierende Diagnosen werden von den Betroffenen häufig als Stigmatisierung und Anklage erlebt, vor allem wenn sie überwiegend an Defiziten orientiert sind und die vorhandenen eigenen Kräfte, die zur Therapie eingesetzt werden müssen, außer acht lassen. Bei der Beurteilung des familiären Beziehungssystems dürfen bereits existierende medizinische, psychologische und soziale Diagnosen trotz ihrer Problematik nicht vernachlässigt werden, da sie das Familiengefüge nachhaltig beeinflussen.

Problemfamilien werden im Vorfeld der Beratung eine Reihe von Diagnosen mit zweifelhaftem Charakter aufgedrückt, die als sich selbst erfüllende Prophezeiung ihr weiteres Schicksal mitbestimmen: Eltern gelten als frühkindlich gestörte Heimkinder, die unfähig sind, selbst Kinder zu erziehen. In der Akte eines Kindes findet sich immer wieder der Hinweis auf einen sonderbaren Intelligenzquotienten, der in einer merkwürdigen Untersuchungssituation ermittelt wurde. Obwohl das Kind nicht „dumm" wirkt, ist vielleicht nie eine Kontrolluntersuchung durchgeführt worden, um das Ergebnis zu überprüfen. Im krassen Gegensatz dazu steht jedoch zuweilen die unzureichende diagnostische Abklärung bedeutsamer Sachverhalte, etwa daß körperliche Behinderungen (z.B. Seh- oder Hörbehinderung), Krankheiten (z.B. Diabetes von Kindern) nicht erkannt und behandelt werden, was dazu beiträgt, daß jemand Versagen oder eine Verweigerungshaltung unterstellt wird, wo objektiv begründetes Nichtkönnen vorliegt. Auch medizinische Fehldiagnosen psychosomatischer Krankheiten und damit verbunden eine falsche medikamentöse Behandlung oder sogar chirurgische Eingriffe sind nicht allzu selten.

Zum Problem innerhalb der Familienberatung werden diese Diagnosen, die die Familie selbst oft bereitwillig übernimmt, vor allem, weil das Handlungspotential der Familienmitglieder falsch eingeschätzt wird. Es kommt zu beträchtlichen Unter- oder Überforderungen, die weitere Schwierigkeiten nach sich ziehen. Über ihren sachlichen Aussagegehalt hinaus erhalten Diagnosen eine Funktion für die familiäre Struktur. Sie dienen dazu, die familiären Beziehungen zu organisieren, jemand in der Familie bestimmte Aufgaben zuzuschreiben oder von Verantwortung zu entbinden. So wird

etwa von der Mutter, die ständig Kopfschmerzen hat, nicht erwartet, daß sie ihre Kinder konsequent erzieht, und gleichzeitig hat ihr Mann nicht das Recht, sie mit sexuellen Wünschen zu „belästigen".
Eine wichtige Rolle spielt hier auch der Stellenwert der medizinischen Diagnose in der Bevölkerung. In der medizinischen Versorgung übernimmt der Arzt häufig eine richterähnliche Funktion, da sein Urteil eine Aussage über die Heilbarkeit eines Patienten darstellt und meist normativ das Verhalten des Patienten wie seiner Umgebung für die Zukunft festlegt. Obwohl vom wissenschaftlichen Verständnis der heutigen Medizin, das durch zahlreiche weitgehend ungeklärte Krankheitsbilder geprägt ist, dieses Bild des beinahe allwissenden Arztes kaum haltbar ist, fällt es doch Ärzten und Patienten in der Praxis häufig schwer, ihre Omnipotenzphantasien aufzugeben. Für den Familientherapeuten sind sie indes nicht nur deplaziert, sondern auch destruktiv. Geht man nämlich vom Ideal einer objektiven, unumstößlichen Diagnose aus, so gibt es nur zwei Lösungsmöglichkeiten ähnlich einer einfachen Rechenaufgabe: nämlich richtig oder falsch. Das heißt gleichzeitig: Alles, was nicht absolut richtig ist, ist falsch. Diese Sicht schränkt nicht nur die Handlungsfreiräume ein, sondern begünstigt einen unterschwelligen Machtkampf bezüglich der diagnostischen Abklärung der Familiensituation. Läßt sich der Berater nämlich von dieser Vorstellung leiten, wird er von der Familie in eine Auseinandersetzung verstrickt. Familienmitglieder besitzen nämlich genügend Macht, ihm wichtige Informationen vorzuenthalten, zu entstellen oder den Wert seiner Diagnose anzuzweifeln. Der Berater läuft Gefahr, viel Zeit und Energie darauf zu verschwenden, die Unanfechtbarkeit seiner Diagnose zu beweisen. Er ist in seiner Wahrnehmung somit voreingenommen und nicht mehr frei genug, die feinen Nuancen der Prozesse in der Familie zu registrieren. Der „objektive" Diagnostiker wird in ein Paradox verstrickt: Je objektiver er zu sein versucht, um so weniger werden ihm die Beziehungskämpfe in der Familie zugänglich, er wird zum Opfer des eigenen Mythos.
Der Berater, der seine diagnostischen Eindrücke als Hypothesen auffaßt und im weiteren Verlauf der Arbeit bestätigt, erweitert, modifiziert oder verwirft, verliert zwar die Fassade des Allwissenden, er wirkt aber als ernsthafter Familienforscher überzeugender und kann die Familienmitglieder ermutigen, ihre eigenen Eindrücke über das Geschehen offen darzulegen, auch wenn sie nicht unumstößlich sind. Der Berater bezieht als engagierter Forscher in der Familie eine Position, die ihm erlaubt, in Zusammenarbeit mit der Familie zu sondieren, Hypothesen aufzustellen und zu verwerfen, ohne dadurch an Autorität zu verlieren.
Die folgende Fabel von Minuchin und Fishman (1983, S. 77) mag auf humorvolle Weise dazu anregen, die Relativität des eigenen diagnostischen Standpunktes zu karikieren:

"Vom Flugzeug aus könnte man beim Anblick einer Schar von Pinguinen den Eindruck haben, hier handelt es sich um eine Versammlung von Butlern — eine so peinliche Ordnung in schwarz-weiß und eine solche Majestät der Bewegungen ist wohl keiner anderen Gruppe eigen. Bei genauerem Hinsehen allerdings müßte man diese Vorstellung wieder aufgeben. Diener haben Arme und nicht Flossen; sie sind Menschen, und diese Geschöpfe sind es eindeutig nicht. Was aber sind sie? Wenn man dann sehen würde, wie ein solches Wesen dann plötzlich ins Wasser taucht und mühelos davonschwimmt, dann würde man vielleicht meinen, Pinguine seien Fische. Nur die noch nähere Bekanntschaft mit ihnen würde uns dazu veranlassen, auch diese zweite Hypothese fallenzulassen und uns der richtigen Antwort zuzuwenden".

In dieser Parabel wird ein weiterer Gesichtspunkt deutlich, die Abhängigkeit des Diagnostizierenden von der Nähe zum beobachteten Gegenstand. Der Berater muß in der Lage sein, die Familie aus unterschiedlicher Nähe zu beobachten: Befaßt er sich mit einem familiären Subsystem, nimmt er dieses vielleicht sehr scharf wahr, verliert den Gesamtzusammenhang jedoch aus dem Auge. Er analysiert etwa minuziös die Kommunikation zwischen den Ehepartnern, vernachlässigt dagegen, wie stark ein Partner noch an seine Herkunftsfamilie gebunden ist. Stehen schulische Probleme eines Kindes im Mittelpunkt, gerät ein schulisch angepaßtes Kind schnell in den Hintergrund. Eine Familienberatung, die Konfliktsituationen auf unterschiedlichen Ebenen in der Familie bearbeiten will, kann sich nicht auf eine bestimmte Familiendiagnose zurückziehen, sondern muß je nach Bedarf den Fokus der Wahrnehmung verlagern, um den relevanten Problembereich möglichst scharf ins Blickfeld zu bekommen.
Ist sich der Familienberater bewußt, daß seine Eindrücke und Urteile über die Familie immer aus einem bestimmten Blickwinkel herrühren und verändert werden müssen, wenn der Standpunkt geändert wird, dann kann er auch keine allgemein gültigen diagnostischen Klassifikationssysteme in Anspruch nehmen. Dennoch können diagnostische Raster für spezifische Konfliktsituationen hilfreich sein, die Aufmerksamkeit auf bestimmte Schlüsselreize zu lenken. Man sollte sich dabei allerdings bewußt machen, daß durch derartige Hilfsmittel der Blick für bestimmte Dinge in der Familie geschärft wird, gleichzeitig aber auch von anderen Dingen abgelenkt wird, die im Einzelfall besonders bedeutsam sein können.
Psychoanalytisch orientierte Diagnoseraster (z.B. Bauriedl, Richter, Stierlin) richten ihre Aufmerksamkeit in erster Linie auf die Verbindung innerpsychischer Konflikte mit innerfamiliären Beziehungen. Die kommunikative Sicht (Satir, Kirschenbaum) eignet sich dazu, die Beziehungen auf der Verhaltensebene zu analysieren. Die strukturelle Sicht (Minuchin) entwickelt eine „kognitive Landkarte" der gesamten Familienstruktur, die vor

allem die Aufgabenteilung und die Differenzierung der Subsysteme hervorhebt. Die Einbettung der Familie in den gesellschaftlichen Kontext wird in der Familienarbeit meist noch vernachlässigt.
Die bisher beschriebene Art des Diagnostizierens setzt eine Beobachtung der Familie auf einer relativ bewußten, von objektiven Kriterien geleiteten Ebene voraus. Das ist nur möglich, wenn sich der Berater in eine beobachtende Distanz begibt, die von Vorurteilen und starken Affekten frei ist. Es sind häufig bereits wichtige — wenn auch nicht immer bewußte — Vorentscheidungen getroffen über die Problemauswahl und die damit zusammenhängenden Bedingungen. Neben dieser stärker analytischen Art des Beobachtens und Diagnostizierens ist in der Arbeit mit Familien eine stärker ganzheitliche, gefühlsgesteuerte Wahrnehmung bedeutsam.
Bereits für Freud war die freischwebende Aufmerksamkeit eine wichtige Grundhaltung des Psychoanalytikers, d.h. der Therapeut soll sich im ersten Schritt ohne Vorbehalte auf die Mitteilungen des Patienten einlassen, ohne sie zu zensieren. In diesem Stadium der passiven Empfänglichkeit sollte der theoretische Verständnishorizont noch ausgeklammert werden. Erst wenn der Patient umfangreiches Assoziationsmaterial produziert, setzt die strukturierende Deutung des Analytikers ein.
Diese Haltung der freischwebenden Aufmerksamkeit gewinnt in der Arbeit mit Familien ein noch größeres Gewicht, da die komplexen und vielgestaltigen Signale, die von der Familie ausgehen, unsere analytische Wahrnehmung überfordern. Der Berater muß sich als Person auf die Familie einlassen und sich dabei mit seinen theoretischen Modellen in Frage stellen lassen (Bauriedl 1983). Die ganzheitliche Wahrnehmung ist intuitiv, diffus, äußert sich eher in gefühlsmäßigen- oder Körperreaktionen als in bewußten, klaren Wahrnehmungsgestalten. Sie entspricht etwa der coinästhetischen Wahrnehmung, die Spitz (1954) in der frühen, symbiotischen Mutter-Kind-Beziehung beschrieb. Besonders in emotionsgeladenen, von großer Nähe gekennzeichneten familiären Situationen spielt diese Wahrnehmung eine wichtige Rolle. Der Berater „erspürt" am eigenen Körper, welche emotionale Atmosphäre vorherrscht: Er spürt Druck in der Stirngegend, ein Kribbeln in Händen und Füßen, eine Anspannung im Bauch, sein Atem ist flach usw. Bedeutsam ist die eigene Körperwahrnehmung vor allem, wenn sie im Widerspruch zum bewußt registrierten Eindruck steht, etwa wenn man sich angespannt fühlt, obwohl das Gespräch sachlich und ruhig verläuft, oder wenn sich eine innere Verkrampfung löst, obwohl die Familienmitglieder heftig miteinander zu streiten anfangen.
Eine wichtige Voraussetzung der ganzheitlichen Wahrnehmung ist eine hohe emotionale und auch räumliche Nähe. Aus diesem Grund verändern Familientherapeuten oft ihre räumliche Position während der Familien-

gespräche, um sich besser in die Gefühlslage von Familienmitgliedern versetzen zu können. Auch bei Familiengesprächen in der Wohnung der Familie ergeben sich häufig Situationen, in denen die intuitive Wahrnehmung eine zentrale Rolle einnimmt. Da die emotionale Nähe/Distanz bei Problemfamilien häufig eine extreme Zuspitzung erfährt, scheint es unverzichtbar, die eigenen Gefühle und Körperreaktionen als diagnostische Hinweise für bedeutsame Interaktionsprozesse zu nutzen, die noch nicht in Worte gefaßt werden können. Auch das Verhalten kleiner Kinder oder sogar von Haustieren sind zuweilen wichtige Seismographen, die Hinweise auf unterschwellige Stimmungen liefern.

Diffuse affektive Reaktionen geben nur eine grobe diagnostische Orientierung an und bedürfen einer weitergehenden Abklärung, die jedoch sehr behutsam eingeleitet werden muß. Hält man es für angebracht, das Gespräch darauf zu bringen, sollte man seine Wahrnehmung klar umschreiben, ohne zu bewerten und zu interpretieren. Die Deutung schließt die Gefahr ein, daß die subjektive Sicht des Beraters den Blick in eine falsche Richtung lenkt. Dagegen mag das Ansprechen der eigenen Gefühle oft reichen, um die Familie auf einen wichtigen Punkt zu lenken, über den sie bisher nicht sprechen konnte oder wollte.

Berater: Im Moment habe ich den Eindruck, daß ein schwerer Kloß in meinem Hals sitzt, der weder vor- noch rückwärts will. Ich weiß nicht, ob dieses Gefühl jemand in der Familie kennt.

Tochter: Mir ist es manchmal zum Kotzen hier, ich möchte was loswerden, aber dann fällt mir meine Mutter ein, wie sie alles in sich reinfrißt, dann bleibt es mir im Hals stecken.

Durch die klare Artikulation kann in der Familie eine Auseinandersetzung ins Rollen gebracht werden, die bisher vermieden wurde.
Ganzheitlich/affektive Wahrnehmung und analytisch/diskursive Diagnose schließen sich nicht gegenseitig aus, sondern sind aufeinander bezogen. Jede Seite für sich ist einseitig und bedarf der Ergänzung durch die andere. Das emotionale Körperempfinden stellt den spontanen und intuitiven Zugang zum familiären Geschehen dar, bei dem jedoch Eigenanteile des Beraters nicht genügend getrennt sind von den Reaktionen der Familie. Es bedarf daher eines nachfolgenden rationalen Klärungsprozesses, mit Hilfe dessen sich aus der diffusen und unspezifischen Empfindung eine differenzierte Beziehungsgestalt herauskristallisiert.
Rein analytisch ausgerichtetes Beobachten läuft Gefahr, sich in Details zu verlieren und das emotional Bedeutsame zu vernachlässigen. Man bemüht sich zwar um wissenschaftliche Objektivität, aber der spontane affektive Impuls, der den rationalen Prozeß des Diagnostizierens anregt und immer

wieder korrigiert, wird ausgeklammert. Die spitzfindige diagnostische Abklärung wird zum Selbstzweck, während der therapeutische Prozeß entgleitet. Der Hinweis auf die Einseitigkeit rein kognitiven Diagnostizierens bedeutet indes nicht, daß in der Ausbildung von Familientherapeuten oder zu wissenschaftlichen Zwecken auf rein rationale Analysen verzichtet werden sollte, sondern daß im Behandlungsprozeß die Verknüpfung beider Elemente, des unmittelbaren Erlebens und der reflektierten und kontrollierten Wahrnehmung unverzichtbar ist.

Diese Richtschnur gilt in verstärktem Maße bei Familien mit extremen Verhaltensweisen, die dem Berater nicht vertraut sind. Der Helfer muß sich hier von den spontanen Hilferufen ansprechen lassen. Nicht immer ist jedoch die erste Reaktion die angemessene. Ähnlich wie man bei einem schreienden Säugling zuweilen erst in einem mühsamen Suchprozeß herausfindet, wo die Ursache seines Leidens liegt und was zur Linderung der Schmerzen getan werden kann, ist es auch hier erforderlich, sorgfältig zu beobachten, die Reaktion der Familie auf „Probeinterventionen" zu prüfen, die eigene Gegenübertragung zu kontrollieren, d.h. einen diskursiven Abklärungsprozeß in die Wege zu leiten, um die zugrunde liegende Notsituation klar zu erkennen und nicht in eine falsche Richtung zu helfen, die langfristig eher schadet. Diese schwierige Aufgabe scheint nur lösbar, wenn der Helfer gelernt hat, Spontaneität und exakte Analyse miteinander zu verbinden.

V. Spezielle Ansätze

1. Die Bearbeitung äußerer Probleme

Problemlösemethoden werden mit Vorliebe von verhaltensorientierten Therapieverfahren entwickelt, da sie sich auf klar abgrenzbare Problembereiche beziehen lassen, Routineverfahren im Lösungsprozeß ermöglichen und relativ einfache Erfolgskontrollen gestatten. Es gibt jedoch erhebliche Unterschiede, was die theoretischen Grundlagen und das praktische Vorgehen betrifft. Gordon (1972) entwickelte eine „niederlagelose" Methode der Konfliktbewältigung, die versucht, den Einfluß der Machtausübung in zwischenmenschlichen Konflikten durch Training des Verbalisierens eigener Wünsche, durch Zuhören und Aushandeln einzudämmen, wobei an den Trainings in der Regel nur die mächtigere Konfliktpartei beteiligt ist. Watzlawick u. a. (1974) schärften das Bewußtsein dafür, daß bei der Problembearbeitung die bereits praktizierten Lösungsansätze berücksichtigt werden müssen. Daraus ergibt sich die Konsequenz, über Problemdefinitionen und -lösungen des Klientsystems zu metakommunizieren, woraus sich Lösungen zweiter Ordnungen entwickeln lassen. Aus diesem Ansatz wurde eine spezielle Form der Kurzzeittherapie entwickelt (Fisch u. a. 1987), die stark von paradoxen Strategien geprägt ist. Haley (1977) legte einen familientherapeutischen Problemlöseansatz vor, der sich besonders auf Ablösungsprobleme Jugendlicher konzentriert und sich im Gegensatz zu Gordon mit dem Gebrauch von Macht befaßt. Haleys Ansatz ist eine Reaktion auf Familienkonflikte, die auftreten, wenn durch pädagogische Ideologien verunsicherte Eltern die Kontrolle über ihre Kinder aufgeben und diese das Familienleben tyrannisieren. Bartling u. a. (1980) entwickeln ein formales Schema zur Problemanalyse im therapeutischen Prozeß, das in erster Linie an der Verhaltenstherapie orientiert ist, aber durch die Einbeziehung der Beziehungsebene (Systemregeln) auch familientherapeutische Aspekte berücksichtigt.

Elemente aus diesen Ansätzen fließen in die folgenden Überlegungen ein, sie bedürfen jedoch einer Präzisierung, um sie auf das vorliegende Verständnis der Problembearbeitung auszurichten: Problemfamilien weisen eine Summierung von Problemen auf unterschiedlichen Ebenen auf, denen jedoch unzureichende oder ungeeignete Lösungsmöglichkeiten gegenüberstehen. Die Wahrnehmung von Problemfamilien (und häufig auch von Hilfseinrichtungen) ist meist auf materielle und medizinische Probleme sowie Symptome des Agierens eingeschränkt, während interpersonale Pro-

bleme eher geleugnet werden. Für die Lösung wurde bereits ein zweigleisiges Verfahren vorgeschlagen, das neben der unmittelbaren Lösung auch dem Zweck dient, die Sensibilisierung für tieferliegende Beziehungsprobleme zu erhöhen. Dieses Verständnis des Problembearbeitungsprozesses stellt das grobe Raster dar, das nun durch methodische Teilschritte auszufüllen ist.
Dabei sollen jedoch weniger die methodischen Aspekte einer rational orientierten Konfliktlösung zur Sprache kommen, die etwa durch folgende Teilschritte beschrieben werden:
— Problemanalyse,
— Zielanalyse,
— Suche nach Lösungsmöglichkeiten,
— Entscheidung für eine Lösung,
— konkrete Planung und Aufgabenverteilung,
— Durchführungsphase,
— Auswertung der Ergebnisse.
Problembearbeitungen bei Problemfamilien laufen oft nicht so geradlinig, daß dieses Ablaufschema eingehalten werden kann. Es läßt sich etwa beobachten, daß nach diesem Schema mühsam erarbeitete Lösungsansätze zu keinem befriedigenden Ergebnis führen, und umgekehrt zuweilen anscheinend erfolglose Diskussionen dazu beitragen, daß plötzlich unerwartete Lösungen möglich sind. Wichtiger als das methodisch saubere Erarbeiten von Lösungen scheint mir zu sein, den Prozeß des zähen Ringens durchzustehen und sich durch das Gefühl von Resignation oder Euphorie nicht blenden zu lassen, sondern je nach Situation eher Skepsis oder Hoffnung zu verbreiten und die Familie zu ermutigen, nicht zu schnell aufzugeben. Dazu möchte ich einige technische Anregungen geben. Aufmerksamkeit verdient bereits die familiale Problemdefinition, die eine kognitive Leistung darstellt und formal folgende Schritte beinhaltet (Buchholz u.a. 1984, S. 117 ff):
— Selektives Filtern (Verleugnen) von Problemen,
— Setzen von Prioritäten, Akzentuieren,
— Kausalattribuierung.
Diese Gestaltungskräfte der familiären Problemsicht dürfen jedoch nicht isoliert gesehen werden, sondern sind Bestandteil der familiären Beziehungsdynamik. Der Berater kann aus dem Inhalt der vorgetragenen Probleme, der Art wie sie Familienmitglieder schildern und aus den Reaktionen der übrigen bereits Schlüsse über die Familienstruktur ziehen, die noch erweitert wird, wenn der Helfer durch Nachfragen erforscht, wie differenziert die Problemsicht der Familie ist:

Frau M., Sie sagen, es wurde in Ihrer Familie besonders schlimm, als Ihr Mann arbeitslos wurde. War der Streß zu Beginn der Arbeitslosigkeit am größten oder hat er im Laufe der Zeit erst zugenommen?
Was war das schlimmste, als Ihr Mann nicht mehr zur Arbeit ging?
Herr M., was war das schlimmste für Sie in dieser Zeit?

Ähnliche Fragen können auch an die Kinder gerichtet werden.
Der Berater kann auch eine zweifelhafte Problemdefinition als Vehikel benutzen, um weitere Informationen über die Familie zu sammeln. Fragen können auch eine Problemsicht vorsichtig in Zweifel stellen.

Frau H., Sie nehmen an, Andreas habe alle schlechten Eigenschaften von Ihrem geschiedenen Mann geerbt. Welche Eigenschaften hat er von Ihnen geerbt? Was haben die übrigen Kinder von Ihrem Mann geerbt?

Einen wichtigen Bestandteil der Problemexploration stellt die Frage nach den innerfamiliären Reaktionen auf die problematische Situation dar.

Herr M., Ihre Frau sagt, daß Sie in letzter Zeit an allem was auszusetzen haben. Wie reagiert Ihre Frau denn, wenn Sie sie kritisieren?
Frau H., Sie klagen darüber, daß Ihnen der Kopf beinahe zerspringt, wenn die Kinder so viel Krach machen. Merken die Kinder, daß Sie so starke Kopfschmerzen haben? Was tun sie, wenn sie es merken?
Michael, wie haben Deine Eltern reagiert, als sie hörten, daß Du die letzten drei Wochen nur dreimal in der Schule warst? Was hat Mutter dazu gesagt, was Dein Vater?

Unterschiedliche Reaktionen der Familienmitglieder geben häufig Hinweise, wieweit die einzelnen Familienmitglieder an einer Änderung der Situation interessiert sind oder ob sie den gegenwärtigen Zustand aufrechterhalten wollen. Daraus ergeben sich zuweilen erste Hinweise, welche Lösungswege bisher eingeschlagen wurden und wie effektiv diese waren.

Herr H.: Der Arzt hat meiner Frau eine Kur empfohlen, aber sie hat es ausgeschlagen, weil ihre Mutter nicht mehr auf die Kinder aufpassen kann. Meine Frau hat Angst, daß wir uns gegenseitig die Köpfe einschlagen, bis sie zurückkommt.
Frau H.: Da hätte ich keine ruhige Minute, die Kur wäre keine Erholung für mich!

Durch die Einbeziehung des interaktiven Kontextes ergibt sich bereits eine zweigleisige Problemsicht: das unmittelbare Problem (z. B. Arbeitslosigkeit) und die Vernetzung der ganzen Familie mit diesem Problem. Die zweite Ebene liefert häufig Hinweise, weshalb Lösungen auf der ersten Ebene nicht funktionieren. Gleichzeitig erschließt die Berücksichtigung der ganzen Familie und eventuell auch außerfamiliärer Bezugspersonen häufig von der Familie bisher noch nicht beachtete Ressourcen, die für die

Lösung von Bedeutung sind. Die Blickrichtung auf bisher nicht erkannte bzw. unterbewertete Möglichkeiten ist häufig eine gute Chance, Resignation zu überwinden. Der Berater ist hierzu besser in der Lage als die Familie, da er nicht unmittelbar vom Problem betroffen ist, und daher nicht so stark auf eine eingeschränkte Problemsicht fixiert ist. Er kann sich stärker distanzieren und entdeckt meist intuitiv Spuren, die in die Richtung neuer Lösungen weisen. Das ist mir am folgenden Beispiel besonders deutlich geworden:

Ich hatte zusammen mit der sozialpädagogischen Familienhelferin ein Gespräch mit der Familie Schneider vereinbart. Das Gespräch (Hausbesuch) drehte sich um das Problem, was die Eltern tun können, wenn sie die vom Jugendamt festgelegten Besuchskontakte zu ihrer vierjährigen Tochter Judith wahrnehmen, die immer in der Kindertagesstätte stattfinden. Die Eltern sind darüber verzweifelt, daß sich Judith gegen sie sperrt und lieber bei den Pflegeeltern bleiben möchte. Sie wünschen, daß Judith bald zu ihnen zurückkommt, was aber durch die erschütternden Szenen bei den wöchentlichen Besuchen verhindert wird. Im Gespräch greift rasch eine lähmende Resignation um sich, die auch die beiden Berater erfaßt. In dieser Situation steht Herr S. auf und füttert den Hund. Der gepflegte und gut ernährte Hund paßt für mich nicht in das allgemeine Bild der Verzweiflung, und daraufhin frage ich nach, wie Judith zu dem Hund steht, und ob sie den Hund nicht beim nächsten Mal mitnehmen wollen. Diese Idee läßt etwas Hoffnung aufkommen, über die noch kurz gesprochen wird. Im Anschluß an den nächsten Besuchskontakt berichtet die sozialpädagogische Familienhelferin, daß der Hund zwar nicht dabei war, aber im Gegensatz zu früher habe Judith nicht geschrien, sondern sie habe sich auf die Eltern gefreut, sei auf sie zugelaufen, die Zeit verlief für die Eltern wie für Judith sehr schön und harmonisch.

Bei einer rein rationalen Problembearbeitung wäre die Szene der Hundefütterung vermutlich nicht beachtet worden. Das Zulassen der emotionalen Ebene trug jedoch dazu bei, daß die noch vorhandene Hoffnung in Szene gesetzt und dadurch bewußt aufgegriffen werden konnte. Das führte vermutlich auch zu dem Ergebnis, daß die Eltern ihrer Tochter anders als sonst begegneten, wodurch sich das Problem von alleine löste, obwohl das geplante Mittel nicht eingesetzt wurde. Reaktionen auf die Krise schließen auch ein, daß die damit verbundenen Gefühle zugelassen werden. Ein übertriebener Eifer, zu einer raschen Lösung zu finden, kann das Aussprechen von Trauer, Wut, Hoffnungslosigkeit, Ärger oder Resignation verhindern. Mitarbeit an der Lösung einer Krise ist jedoch meist erst möglich, wenn auch die Gefühle akzeptiert werden. Das Aussprechen der emotionalen Betroffenheit fördert auch das Verständnis der Familienmitglieder untereinander und schafft somit ein vertrauensvolleres Klima, das für die weitere Arbeit wichtig ist.

Berater: Man kann sich kaum vorstellen, was jemand durchmacht, der mehrere Jahre ohne Arbeit ist und mit 50 Jahren heute auch kaum mehr Aussicht auf eine neue Stelle hat. Ich glaube, Sie zeigen das Ihrer Frau kaum, aber wenn Sie an Ihrer Frau herumnörgeln, heißt das nicht auch, daß Sie sich selbst zuwider sind?

In diesem Zusammenhang bedeutet es für die Familie oft eine Entlastung, wenn der Berater vordergründige Anklagen und Beschuldigungen durchschaut und die zugrunde liegenden Gefühle anspricht.

Herr S.: Stephan, Du lügst wie gedruckt! Du sagst: Im Hort ist alles in Butter. Und kurz darauf ruft die Leiterin an, daß Du wieder einem Kind Geld weggenommen hast und andere getreten hast. Ich glaub Dir kein Wort mehr!
Berater: Herr S., was ging in Ihnen vor, als die Hortleiterin anrief?
Herr S.: Mir wäre beinahe der Hörer aus der Hand gefallen, ich war fix und fertig. Erst lief alles so gut, aber jetzt kommt es Schlag auf Schlag. Ich bin total enttäuscht von Dir, Stephan, restlos!

Nachdem sich der Berater ein Bild über die Problemdefinition der Familie, über den Stellenwert des Problems für das familiäre System sowie über die bisherigen Lösungsansätze gemacht hat, ist zu entscheiden, was als Problem des *Behandlungssystems* anzusehen ist. Lösungen können dadurch blockiert werden, daß Probleme zu umfassend definiert werden oder nur solche Lösungswege akzeptiert werden, die die Familie überfordern. In die Auswahl relevanter Probleme fließen sicher Wertvorstellungen der Familie und des Beraters ein, die zu hinterfragen sind, wenn sie in erheblichem Ausmaß voneinander abweichen. Die Aufgabe des Beraters wird jedoch häufig darin gesehen, einen pragmatischen Standpunkt zu vertreten und für die Familie erfolgversprechende Strategien entwickeln zu helfen, die besonders in Krisen zu raschen Lösungen beitragen.

Die Auseinandersetzungen über die Neudefinition des Problems, die Suche nach Lösungen, das Abwägen der Alternativen, die Aufgabenverteilung und konkrete Planung des Vorgehens stellen ein wichtiges Experimentierfeld für innerfamiliäre Interaktionen dar, das durch die Regie des Beraters behutsam gesteuert wird. Aus diesem Prozeß sollen nun einige Elemente herausgegriffen werden.

Neben der Entwicklung einer gemeinsamen Problemsicht ist vor allem sorgfältig abzuklären, wieweit die ins Auge gefaßte Lösung für alle akzeptabel ist oder ob sich nicht unbeabsichtigte Nebenwirkungen ergeben, die negativ erlebt werden und neue Probleme schaffen. Will die Familie z.B. in eine größere Wohnung umziehen, ergeben sich eine Reihe von Belastungen, die die Familie im Moment überfordern können, so daß der Umzug vielleicht die Situation noch verschärft anstatt sie zu verbessern. Um derartige Fehlschläge nach Möglichkeit zu vermeiden, kann der Berater die Familie anregen, einmal in der Phantasie durchzuspielen, was auf sie zukommt, wenn die gewünschte Lösung eintritt:

Th.: Also gesetzt den Fall, Udo bekommt die Arbeitsstelle, um die er sich beworben hat. Udo, weißt Du schon, wann Du anfangen müßtest zu arbeiten, und wie Du hinkommst?
Udo: Die Arbeit beginnt um sechs Uhr und mit dem Bus bin ich eine Stunde unterwegs. Ich müßte um vier Uhr aufstehen.
Vater: Das schaffst Du nie und nimmer, Du bist ein Morgenmuffel. Da würde ich lieber vorher absagen.
Mutter: Wenn sich Udo was in den Kopf setzt, dann kriegt er es auch durch. Außerdem werde ich schon dafür sorgen, daß er morgens aus dem Bett kommt.
Th.: Frau W., können Sie sich vorstellen, daß Sie Udo jeden Morgen wachkriegen?
Vater: Das hält die ewig nicht durch, die kommt selbst nicht raus. Ich glaube, wir kaufen Udo zwei laute Wecker.
Th.: Und wer kontrolliert, daß die jeden Morgen aufgezogen sind?

Der Therapeut fordert in diesen Beispielen durch seine skeptischen Rückfragen die Familie auf, das Problem ernsthaft anzugehen und sich nicht mit einer oberflächlichen Lösung zufriedenzugeben. Die Haltung einer wohlwollenden Skepsis trägt dazu bei, daß Familienmitglieder ihre Schwächen eingestehen, ohne deswegen mit Vorwürfen bedacht zu werden: Udo darf ein Morgenmuffel sein, die Mutter darf ihn in Schutz nehmen und die Besserwisserei des Vaters kann von den anderen akzeptiert werden. Die Schwächen jedes Familienmitgliedes werden durch die Stärken der anderen ausgeglichen, anstatt daß jeder aufgrund seiner Defizite für das Scheitern der Lösung verantwortlich gemacht wird. Gemeinsame Problembewältigungen bei Familien mit einem beschränkten Verhaltensrepertoire gelingen meist nur, wenn die Defizite registriert und akzeptiert werden. Erst dann ist es möglich, Kompensationsmöglichkeiten in der Familie oder auch in der Umwelt der Familie ausfindig zu machen.
Eine Belastung für die Beziehung zwischen Familie und Helfer stellt die Weigerung dar, die Erwartungen, die die Familie an ihn stellt, zu erfüllen. Die Familie kann Verführungskünste anwenden, mit Abbruch drohen oder nebenbei einfließen lassen, was ein anderer Helfer für die Familie getan hat. Diese Manöver können Ängste und Schuldgefühle wecken, sollten den Helfer jedoch nicht daran hindern, der Familie klar mitzuteilen, wieviel an Unterstützung sie von ihm zu erwarten hat. Handelt der Helfer aufgrund der Überzeugung, daß die Familie das Problem selbst in die Hand nehmen kann, ist sie vermutlich in der Lage, die Konfrontation auszuhalten und die implizite Ermutigung zur Eigeninitiative aufzugreifen. Gerade

an diesem Punkt ist jedoch auch wichtig, daß der Helfer seine eigene Gegenübertragung reflektiert.

Besonders wenn der erhoffte Erfolg nicht eintritt, sind sorgfältige Auswertungsgespräche angebracht. Ein detaillierter Bericht macht oft deutlich, daß der Mißerfolg geringer war als in der ersten Enttäuschung angenommen. Aber auch ein echter Mißerfolg kann für die weitere Behandlung positiv eingesetzt werden, wenn sich herausstellt, daß der Konflikt tiefer sitzt als ursprünglich erwartet.

Scheitern von Problemlösungen kann von der Familie auch benutzt werden, um dem Berater zu beweisen, daß er zu optimistisch war und den Sündenbock in der Familie zu positiv einschätzte. Anstatt sich in dieser Lage zu verteidigen, kann es günstiger sein, einen Fehler einzugestehen, aber gleichzeitig darauf hinzuweisen, daß der Sündenbock mit seiner Aufgabe genauso überfordert war wie die übrige Familie jetzt vielleicht überfordert ist, wenn sie daran glauben soll, daß er sich noch ändern wird. Während die Familie geneigt ist, Scheitern als *Versagen* zu interpretieren und daraus Schuldzuweisungen für einzelne Familienmitglieder, für den Berater oder für Drittpersonen ableitet, ist hier häufig eine Umdefinition durch den Berater angebracht, indem er etwa von einer *Überforderung* durch die Aufgabe spricht. Das hat den Vorteil, daß die Enttäuschung zugelassen wird und keine falschen Hoffnungen geweckt werden. Diese kognitive Sichtveränderung erlaubt zu fragen, worin die Überforderung bestand, und ob es möglich ist, weitere Energien zu mobilisieren, die aufgetretene Situation zu meistern oder ob es ratsamer ist, den eingeschlagenen Weg aufzugeben und zunächst zu versuchen, eine bestimmte, umgrenzte Beziehungsstörung zu bearbeiten, ehe der nächste Schritt in Angriff genommen wird. Auswertungen, besonders nach erfolglosen Problemlösungsversuchen, sind eine günstige Gelegenheit, der Familie eine erweiterte Problemsicht zu vermitteln und den Arbeitskontrakt zu verändern.

2. Probleme der Verhaltenskontrolle

Probleme der Kontrolle abweichenden Verhaltens stellen sich bei Problemfamilien häufig und sind in nicht allzu seltenen Fällen Anlaß für staatlichen Eingriff in das familiäre Geschehen: Verwahrlosungssymptome, Kriminalität, Gewaltanwendung gegenüber Kindern, Ehepartnern oder älteren Familienmitgliedern, Vernachlässigung oder sexuelle Verführung von Kindern, aber auch weniger dramatische Formen wie Schuleschwänzen oder Arbeitsverweigerung sind Anzeichen unzureichender Impulskontrolle.

Minuchin und Fishman (1983, S. 87 ff) beschreiben verschiedene Beispiele, bei denen ein Familienmitglied oder die ganze Familie stärkere Tendenzen zum aggressiven Ausagieren zeigen, die auch in Problemfamilien zu beobachten sind. Bei Familien mit kleinen Kindern sind es vor allem Kinder, die sich an keine Regeln halten und die ganze Familie wie kleine „Monster" terrorisieren. Die Autoren gehen davon aus, daß dieses Kind heimlich von einem Erwachsenen unterstützt wird (auf den Schultern eines Erwachsenen sitzt). Der kleine Tyrann erhält dadurch eine Machtposition, da sich die Eltern gegenseitig abwerten.

Kontrollprobleme mit heranwachsenden Kindern hängen häufig damit zusammen, daß sich Jugendliche schon erwachsen fühlen, während sie von ihren Eltern noch wie unselbständige Kinder behandelt werden. Hier scheint es sich eher um ein Übergangsphänomen zu handeln, da neu geklärt werden muß, wieviel Eigenverantwortung der Jugendliche übernehmen kann, und wieweit Eltern noch Forderungen an das heranwachsende Kind stellen dürfen.

Dissoziale Tendenzen bei Kindern bringen Minuchin und Fishman damit in Verbindung, daß die Eltern den Kindern kein allgemein verbindliches Normensystem vermitteln, indem sie z.B. an das Kind Forderungen stellen, aber nicht darauf dringen, daß diese erfüllt werden.

Kindesmißhandlung ist vor allem zu beobachten, wenn die Familie wenig Unterstützung von außen erfährt und die Familienmitglieder sehr eng miteinander verstrickt sind, so daß die Grenze zwischen den Generationen verwischt wird. Eine Variante der Mißhandlung besteht darin, daß ein Elternteil, meist die Mutter, mit dem Kind in eine enge Dyade verstrickt ist, während der andere abseits steht und „die beiden als eine ihm feindlich gesinnte Allianz unterschiedslos attackiert" (Minuchin und Fishman 1983, S. 89).

Ein anderes Muster findet sich bei Familien mit einem Kleinkind, „das sich nicht entwickelt". Hierunter könnte man vor allem Kinder fassen, die vom Aussehen und Verhalten her wesentlich jünger scheinen als sie wirklich sind. Hier handelt es sich um Familien mit einer „losgelösten Familienorganisation", d.h. um Familien mit einer starken Distanz zwischen Eltern, besonders der Mutter und den Kindern. Die Mutter ist zu sehr mit sich selbst beschäftigt und ist daher nicht in der Lage, auf die Bedürfnisse des Kindes einzugehen. Unter dieses Muster fallen vor allem Familien mit Kindesvernachlässigung.

Die Weigerung der Kinder, regelmäßig zur Schule zu gehen, kann ähnliche Wurzeln haben wie dissoziale Tendenzen. Daneben besteht hier jedoch auch die Möglichkeit, daß das Kind aufgrund der engen Bindung an einen Elternteil sich aus Loyalitätsgründen verpflichtet fühlt, diesen nicht allein zu Hause zu lassen.

Dieser knappe Überblick verdeutlicht die Vielfalt unterschiedlicher Beziehungskonstellationen bei Familien mit Kontrollproblemen. Dabei wird sichtbar, daß in den meisten Fällen die Familie nicht in der Lage ist, ein ausgewogenes Verhältnis von Nähe und Distanz herzustellen. Gerät die emotionale Ebene der Beziehungen aus den Fugen, ist es auch kaum mehr möglich, Verhalten erfolgreich zu kontrollieren. Übertriebene Nähe wie auch Distanz begünstigen extreme Kontrollformen, die jedoch ihr Ziel nicht erreichen und lediglich dazu beitragen, das existierende Beziehungsschema zu verfestigen.

Ringt man sich zu der Auffassung durch, daß Kontrolle nicht losgelöst von grundlegenden Beziehungsproblemen gesehen werden darf, ergeben sich verschiedene praktische Konsequenzen. Zum einen wird klar, weshalb restriktive Maßnahmen in Form von Bestrafung oder Einschränkung der elterlichen Rechte unzureichend sind. Sie stellen lediglich einen Schritt dar und dies auch nur in Extremfällen, denen jedoch weitere, das familiäre System unterstützende Schritte folgen müssen. Problematisch erscheint auch eine Familienberatung, die den Kontrollaspekt ausblendet und sich schwerpunktmäßig auf die Beziehungsarbeit konzentriert. Verfechter dieser Auffassung berufen sich auf den Freiwilligkeitsgrundsatz der Beratung, der Kontrolle ausschließe. Das ist jedoch häufig nur realisierbar, wenn die Kontrollfunktion von einer anderen Einrichtung übernommen wird, die stärker mit Beaufsichtigung und Zwang arbeitet, z.B. Jugendamt oder Justiz. In diesen Fällen geht die Bearbeitung häufig nicht über die Außenkontrolle hinaus. Die Familie lernt nicht, das impulsive Agieren selbst zu kontrollieren, da die Kontrolle von der Beziehungsproblematik abgespalten wird. Während in der Einzelberatung die Ausklammerung der Kontrolle noch vertretbar erscheint, ist dies in der Arbeit mit der ganzen Familie kaum möglich. Die Kontrolle des Verhaltens der Familienmitglieder ist so zentral — und zwar nicht nur bei der Erziehung der Kinder —, daß man sich ihr als Berater kaum zu entziehen vermag. Die Art, wie sich die Familienmitglieder gegenseitig kontrollieren oder provozieren, ist wesentlicher Bestandteil der Arbeit. Das gilt in verstärktem Maß für Problemfamilien, deren Möglichkeiten zur Impulskontrolle unterentwickelt sind.

Die praktische Bearbeitung von Kontrollproblemen gestaltet sich verständlicherweise sehr schwierig und fordert vom Berater, eine Belastung der Beziehung einzugehen, die u.U. nur dadurch ausgehalten wird, daß ein „aus dem Felde gehen" erschwert wird. Dazu tragen etwa bei: äußerer Druck (z.B. Androhung des Widerrufs einer Bewährung), der einen Abbruch verhindert, oder neutrale Drittpersonen (etwa Großeltern, Nachbarn oder Bekannte), die sich vermittelnd einschalten, wenn ein Abbruch droht. Ein Ausweichen der Familie muß dabei ebenso ertragen werden wie die eigene

Enttäuschung, wenn nach hoffnungsvollen Anfängen Rückschläge auftreten.
Das Abbruchproblem stellt sich verstärkt, wenn die Arbeit in einem Rahmen durchgeführt wird, der auf dem Prinzip der Freiwilligkeit aufbaut. Der Grund dafür liegt jedoch nicht ausschließlich in den objektiven Bedingungen, sondern eher in der Asymmetrie der Beziehung, denn die Freiwilligkeit ist in diesem Fall einseitig und gilt streng genommen nur für den Berater, während der Klient keine Wahl hat, außer zu fliehen. Es ist für ihn schwer, diese Ungleichheit auszuhalten. Der Klient scheint an den Berater gefesselt, aber die Umkehrung trifft nicht zu: Der Berater kann sich frei bewegen. Im Fall der einseitigen Abhängigkeit muß der Klient letztlich alle Enttäuschungen und feindseligen Gefühle auf sich selbst lenken, was schwer zu ertragen ist, während bei einem zweiseitigen Zwang die negativen Gefühle stärker auf die Umwelt verlagert werden können. Es entsteht eher eine gewisse Solidarisierung, wie sie zuweilen in Strafanstalten zwischen Inhaftierten und Aufsichtspersonal zu beobachten ist.
Mißtrauen, Fluchttendenzen und die Demonstration einer aufgesetzten Anpassung erzeugen eine distanzierte Beziehung, die auf seiten des Helfers nur mit einem hohen Grad an Selbstsicherheit und innerer Autonomie zu ertragen ist. Denn die Versuchung ist groß, vom Kontrollproblem abzulenken und durch die Offenlegung „echter" Probleme eine oberflächliche Therapiesituation zu schaffen, die einen höheren Intimitätsgrad aufweist. Diese Pseudonähe bricht jedoch zusammen, wenn erneute Triebdurchbrüche auftreten. Auch bei einer Verbesserung der Beziehung darf sich der Berater nicht blenden lassen und seine Skepsis nicht vorschnell aufgeben. Im Grunde darf er — ähnlich wie bei den Anonymen Alkoholikern — die Kontrollthematik nie völlig aus dem Auge verlieren.
Diese allgemeinen Bemerkungen über die Beziehung weisen bereits auf die Notwendigkeit hin, daß der Berater seine Gegenübertragungsanteile bezüglich Autoritätsausübung und Kontrolle reflektiert und sich bewußt macht, wieweit er sich selbst vom Erfolg seiner Arbeit und der Bestätigung durch den Klienten abhängig gemacht hat. Unbewältigte Probleme auf diesen Gebieten werden vom Klienten intuitiv erspürt und ausgenutzt.
Eingebettet in diesen Beziehungshorizont lassen sich nun verschiedene technische Detailfragen ansprechen. Dabei stehen vor allem solche Kontrollprobleme im Vordergrund, bei denen Familienmitglieder nicht nur Täter, sondern auch Opfer von Impulsdurchbrüchen sind, vor allem Gewaltanwendung und Vernachlässigung. In diesen Fällen stellt die enge Beziehung zwischen Tätern und Opfern eine besondere Belastung dar, die jedoch auch als Chance in der Familienarbeit genutzt werden kann. Leichtere Kontrollprobleme, die in Familien häufig Thema sind, sind etwa massive

Schulschwierigkeiten, besonders Schuleschwänzen, grobe und länger andauernde Vernachlässigung von innerfamiliären Aufgaben oder die Weigerung, trotz Gesundheit und vorhandener Möglichkeiten eine Arbeit aufzunehmen. Auch Suchtprobleme fallen unter diese Rubrik, erfordern jedoch besonders in schwerwiegenden Fällen eine spezielle Behandlung. Die Kontrolle eines impulsiven, zuweilen chaotisch anmutenden Kommunikationsstiles, bei dem alle Familienmitglieder lautstark gegeneinander anschreien, wurde wegen seiner grundlegenden Bedeutung eigens herausgearbeitet (S. 52 ff.).
Wichtig für die Beziehung zur Familie ist, zu unterscheiden, ob das auffällige Verhalten den eigentlichen Anlaß für die Kontaktaufnahme — eventuell sogar durch eine offizielle Anzeige ins Rollen gebracht — darstellt oder ob es erst im Laufe der Beratung offenkundig wird. Im letzten Fall ist das Agieren im Zusammenhang mit dem bisherigen Beratungsprozeß und was dadurch in der Familie aufgewühlt wurde zu sehen. Plötzlich offengelegte Konflikte, die bisher verschleiert wurden, können so hohe Spannungen erzeugen, daß einem Familienmitglied „der Kragen platzt". Bei vorübergehenden Entgleisungen mag eine sorgfältige Analyse der Situation, der Aufschaukelung der Gefühle und der veränderten Beziehung ausreichen, die Situation zu verarbeiten. Entlasten kann vor allem eine Umdeutung, die darauf hinweist, daß die Spannungen damit zusammenhängen, daß der Konflikt durch den Behandlungsfortschritt erst offenkundig wurde, und dadurch Wut und Aggressivität zum Ausbruch kamen. Im Prozeß der Beratung erstmals auftretende aggressive Durchbrüche erfordern in erster Linie Verständnis für beide Seiten — für Täter und Opfer. Fühlen sich beide akzeptiert, kann der hinter dem Agieren verborgene Appell eher ins Bewußtsein gehoben und angenommen werden, ohne sofort abwertende Gegenreaktionen zu provozieren.
Abzuklären ist häufig, ob das anklagende Familienmitglied die Tat nicht dramatisiert, um jemand anzuschwärzen und sich dadurch eine günstigere Position in der Beratung zu verschaffen. Die klare Ermittlung des Sachverhalts wird jedoch beinahe unmöglich, wenn beide Parteien den Vorgang extrem aufbauschen oder verharmlosen und sich dabei in eine Auseinandersetzung verwickeln.
Die Situation wird häufig noch dadurch erschwert, daß unterschiedliche Wertvorstellungen zwischen Familie und Berater zutage treten und der Berater aufgrund seiner eigenen Werte unbewußt Partei für das Opfer ergreift, während sich der Täter unverstanden fühlt. Da es meist unmöglich ist, die eigenen Normen aus dem Spiel zu lassen, sollte der Berater über ein breites Spektrum verfügen, wie er die Familie mit seinen eigenen Normen konfrontieren kann, um sie zur Auseinandersetzung anzuregen. Ich möchte nur einige Beispiele nennen, um die Bandbreite anzusprechen:

— Ich glaube, Sie reagieren hier etwas empfindlich. Bei jedem Gewitter gibt es Blitz und Donner.
— Wenn mein Mann so mit mir umgehen würde, wäre ich längst ausgezogen, zumindest für ein paar Tage, damit er merkt, wie er mich verletzt hat.
— Bei einer Gehirnerschütterung und Platzwunden, die genäht werden müssen, kann man nicht mehr von normalen Schlägen sprechen. Ihre Schwiegermutter hat völlig recht, wenn Sie Ihnen droht, Sie beim nächsten Mal anzuzeigen.

Aufgrund abgestufter Konfrontation wird deutlich, ob das problematische Verhalten lediglich einen Angriff auf ein mimosenhaftes Familienmitglied, eine Verletzung wichtiger persönlicher Werte oder eine Mißachtung grundlegender Menschenrechte bedeutet.
Konfrontation setzt eine stabile Beziehung zwischen Familie und Berater voraus und kann daher in dieser Form erst in einem fortgeschrittenen Stadium der Arbeit eingesetzt werden. Durch die Konfrontation übernimmt der Berater eine Spiegelfunktion (Friedrich u. a. 1979, S. 213). Die ungenügende Selbstbeobachtung und Kontrolle des eigenen Verhaltens werden durch äußere Kontrolle ersetzt. Aufgrund der positiven Beziehung kann der bedrohliche Charakter abgemildert werden. Indem sich der Berater bemüht, den Täter zu verstehen und zu akzeptieren, und seine positiven Anstrengungen erwähnt, macht er deutlich, daß die jetzige Konfrontation anders abläuft als die abwertenden Reaktionen seines Gegenübers, wodurch eine Verhaltenskorrektur eher möglich wird. Auch das Opfer lernt aus der beherzten, aber sachlichen Konfrontation des Beraters, wie bei einem Streit Sache und Person getrennt werden können.
Eine wichtige Bearbeitungsmöglichkeit ergibt sich, wenn impulsives Verhalten in der Beratungssituation auftritt. In diesem Fall ist es sinnvoll, den Vorfall unmittelbar aufzugreifen und daran zu arbeiten, z.B.:

Sie fallen Ihren Kindern laufend ins Wort. Ich möchte mit Ihnen für die nächsten 30 Minuten vereinbaren, daß Sie immer den Finger heben, wenn Sie reden wollen. Ich (Ihre Frau, Ihr Sohn) werden Ihnen dann das Wort erteilen.

Derartige Aufgaben sind für die Familie überschaubar, bei Versagen kann Hilfestellung gegeben werden und Erfolge können unmittelbar zurückgemeldet werden. Bei Kontrollaufgaben während der Beratung läßt sich beobachten, welche Funktionen einzelne Familienmitglieder übernehmen. Der Berater kann Familienmitglieder bitten, eine aktive Rolle zu ergreifen oder sich zurückzuhalten (ich glaube, ihre Frau schafft es auch alleine, ihre Kinder zu beruhigen, aber wenn sie ihr die Arbeit abnehmen, kann sie nie die Erfahrung machen, daß es klappt). Kontrollübungen in der Beratungssituation lassen sich als Hausaufgabe fortsetzen und im Laufe der Zeit erwei-

tern, bis das Problem beseitigt ist. Ferner lassen sich durch das Handeln klarere Grenzen zwischen familiären Subsystemen ziehen.
In schwierigeren Fällen ist das impulsive Agieren so bedrohlich oder chronifiziert und zu einem festen Bestandteil der familiären Homöostase geworden, daß sich nicht nur der Täter einer Veränderung widersetzt, sondern auch die übrige Familie aufgrund ihrer Angst und Verunsicherung ihn zuweilen noch reizt, so daß er die Fassung verliert. Hier hilft eine Strategie weiter, die Haley (1981) vorschlägt und die paradoxe Züge enthält. Das Vorgehen zielt in erster Linie darauf ab, die Macht der unterlegenen Partei zu erhöhen. Der Berater kann der Familie seinen Eindruck mitteilen, daß in absehbarer Zukunft nicht damit zu rechnen ist, daß das Agieren eingestellt wird. In dieser Situation ist es sinnvoller, zu planen, wie man sich gegen die Gewaltausbrüche schützen kann. Man ermutigt die Familie, nach Möglichkeiten zu suchen, sich gegen das aggressive Verhalten zur Wehr zu setzen. Wenn sich die Familie dagegen sträubt, kann man etwa entgegnen:

Es wäre schön, wenn es nicht mehr passiert, aber ich bin mir da nicht so im klaren. Außerdem fühlen sie sich sicherer, wenn sie wissen, was sie unternehmen können, falls es doch wieder einmal passiert.

Durch die Suche nach bisher nicht benutzten Kontrollformen wird der Familie deutlich, wo ihre Stärken liegen bzw. wie sie ihre Schwächen ausgleichen kann, z.B. indem Nachbarn, Freunde oder Verwandte oder im Extremfall sogar die Polizei eingeschaltet wird. Die Erarbeitung von Möglichkeiten der Außenkontrolle im Beisein des Täters ist eine massive Herausforderung des gesamten familiären Systems, die bei sorgfältiger Anwendung meist ihre Wirkung nicht verfehlt und dazu beiträgt, daß sie in der Realität nicht eingesetzt werden müssen.
Wesentlich schwieriger gestaltet sich die Handhabung des Kontrollproblems, wenn das Agieren der eigentliche Anlaß der Arbeit ist. Dies gilt vor allem bei Kindesmißhandlung. Ich möchte daher einige Anregungen für den Erstkontakt geben, die darauf abzielen, den Täter zur aktiven Mitarbeit zu bewegen. Vorrangige Ziele sind hier, Wege zu finden, daß die Impulskontrolle gelingt oder daß die auslösende Situation abgeändert werden kann, wobei beides meist Hand in Hand geht. Fast immer ist in diesen Fällen erforderlich, daß der Berater anstelle der Familie vorübergehend einschneidende Kontrollfunktionen ausübt, was voraussetzt, daß er sich der Familie gegenüber in einer Machtposition befindet und bereit ist, soweit erforderlich, diese auch zu nutzen.
Für Berater, die Beratung als gleichberechtigte partnerschaftliche Beziehung ansehen, und die jegliche Form von Autoritätsausübung als inhuman

und im Widerspruch zur menschlichen Freiheit ansehen, ergeben sich hier unüberbrückbare Schwierigkeiten, weil sie aufgrund ihrer eingeengten Sicht keine Alternativen zu willkürlichen und autoritativen Kontrollformen entwickeln können, wenn der Appell an die eigene Einsicht den Klienten überfordert.

Noch schärfer als bei der Beratungsarbeit allgemein spielt hier die Art der Kontaktaufnahme eine entscheidende Rolle, die ein hohes Risiko in sich birgt und die Weichen für die weitere Arbeit entscheidend stellt. Unverzichtbar erscheint, sich vor dem Erstkontakt ein möglichst klares Bild über die Sachlage zu verschaffen und Hypothesen über die familiäre Situation und die Art, wie der Berater in der Zwangssituation von der Familie aufgenommen wird, zu machen. Daraus sind minimale Ziele für das Erstgespräch zu entwickeln, die auf jeden Fall erreicht werden sollen bzw. welche Schritte folgen, wenn die Familie die Zusammenarbeit verweigert.

Diese innere Vorbereitung vermittelt eine gewisse innere Sicherheit, die erforderlich ist, um die Situation auszuhalten. Klarheit und Selbstsicherheit schützen den Berater am besten vor übereilten emotionalen Reaktionen, das sichere Auftreten (das nicht äußerlich aufgesetzt sein darf) wirkt sich meist beruhigend auf die Familie aus und vermittelt ihr unbewußt das Gefühl, daß hier jemand ist, der ihr helfen kann, ihre Impulse zu kontrollieren. Dieser Beziehungskontext erlaubt auch, sich von anfänglichen Reaktionen der Familie wie verharmlosen, leugnen, verbale Angriffe auf die Umwelt, Suche nach Sündenböcken nicht täuschen zu lassen. Es wird möglich, zu einem klaren Kontrakt zu kommen, in welcher Form an den Problemen gearbeitet werden soll.

Die innere Sicherheit gestattet dem Berater, sich zu Beginn eindeutig vorzustellen, den Anlaß seines Besuches und seinen Auftrag klar, aber ohne wertenden Unterton anzusprechen. Er kann die Reaktion der Familie vorwegnehmen, indem er versichert, daß er verstehen könne, wenn sie ihn am liebsten vor die Tür setzen würde, „aber nachdem, was uns an Fakten gemeldet wurde, besteht eine ernsthafte Gefährdung (z.B. für ein Kind), und wenn Sie nicht bereit sind, mit mir zusammenzuarbeiten, müssen wir die Sache dem Jugendamt usw. weitermelden".

Damit hat die Familie eine klare Alternative, sich zu entscheiden. Auch wenn sich die Familie dagegen wehrt, das als eine wirkliche Entscheidung anzusehen, ist es für den Berater wichtig, sich bewußt zu machen, daß der Einlaß durch die Familie bereits eine Leistung bedeutet und eine minimale Bereitschaft zur Zusammenarbeit ausdrückt, die für den Anfang ausreichen muß. Berater erwarten in dieser schwierigen Lage häufig von der Familie zu viel und überfordern sie damit. Zu Beginn erscheint es wichtig, die Situation zu verstehen und sich ein Bild von den Stärken und positiven

Seiten der Familie zu machen, die dann im Sinn der „Ja-Aber"-Technik zur Konfrontation genutzt werden können:

Sie haben mir erzählt, wie Sie für Ihre Kinder sorgen usw. Aber ich kann dabei nicht verstehen, wie es passieren kann, daß Sie so stark schlagen. Was muß da vorfallen, daß Ihnen die Sicherung durchbrennt?

Die Umdefinition als Kurzschlußreaktion hilft, auf die innere Not des Täters zu lenken, die jedoch im Erstgespräch nur umrißhaft sichtbar wird.

Am Ende des Erstgespräches sollte ein klarer Kontrakt erarbeitet werden, indem die Möglichkeiten des Beraters deutlich genannt sind und die Familienmitglieder sich eindeutig entscheiden. Ein Minimalkontrakt könnte etwa sein:

Sie glauben, daß Sie das Problem allein in den Griff bekommen. Ich bin da nicht ganz sicher. Da es sich um etwas Schwerwiegendes handelt, werde ich daher in nächster Zeit öfter unangemeldet vorbeikommen, um nachzusehen. Ich würde mich freuen, wenn Sie recht behalten, wenn nicht, können wir dann darüber reden.

Hier lehnt die Familie die Zusammenarbeit ab, während der Berater darauf vorbereitet, daß er noch eine Kontrollfunktion auszuüben hat, aber kein Interesse daran hat, jemand zu überführen, sondern die Wirklichkeit zu ermitteln.

Paradoxerweise ist es Familien zuweilen eher möglich, sich auf eine Beratung einzulassen, wenn die Beziehung als Kontrollbeziehung definiert wird: In der Kontrollsituation entwickeln sich zunächst beiläufig Gespräche, in denen sich Familienmitglieder Luft machen oder auch wichtige Themen ansprechen, die über längere Zeit zu einer Änderung des Kontraktes führen. Voraussetzung dafür ist jedoch meist, daß sich der Berater nicht aufdrängt, sondern warten kann und zeitliche Intervalle und Gesprächsdauer auf die Bedürfnisse der Familie abstimmt. Verfrühtes Drängen auf eine intensive Problembearbeitung ruft Widerstand hervor, nicht nur weil die Familie dies als Aufdringlichkeit und Einmischung in ihr Privatleben empfindet, sondern auch, weil sie keine Erfahrung damit hat, ein derartig intensives Beziehungsangebot zu verarbeiten.

Besonders im Rahmen der sozialpädagogischen Familienhilfe wird dieser Umstand oft zu wenig berücksichtigt und der Familie in Konfliktsituationen zuweilen ein Beziehungsangebot von 10 bis 20 Stunden pro Woche über längere Zeiträume verordnet, das zwar der Schwere der Probleme angemessen scheint, aber die Familie innerlich überfordert. Dagegen zieht sie während einer Übergangszeit aus sporadischen Kontakten häufig mehr Nutzen.

Während die Kontrolle von Gewalt in der Familie meist keinen Aufschub duldet und zuweilen massive Konfrontation erforderlich macht, ist die Bearbeitung der zugrunde liegenden Beziehungskonflikte häufig ein langwieriger Prozeß, an dessen Ende nicht nur eine „integrative Versöhnung" (Stierlin u. a. 1977) zwischen den unmittelbar betroffenen Parteien steht, sondern auch eine Auseinandersetzung mit Mißhandlungen und Entbehrungen, die der Mißhandler in seiner Kindheit in der Herkunftsfamilie erfuhr. Diese tiefergehende Bearbeitung erscheint mir so bedeutsam, daß ich einige Schwerpunkte kurz skizzieren möchte. Wie Minuchin und Fishman (1983) betonen, tritt Kindesmißhandlung besonders in einer familiären Konstellation auf, bei der ein Elternteil eine enge Beziehung zum Kind aufrechthält, während der Ausgeschlossene die Allianz unkontrolliert angreift. Der Angriff stellt einen Appell um stärkere Beachtung dar, die jedoch gerade durch die Art der Mißhandlung noch mehr verweigert wird. Dieses Muster muß durchbrochen werden, indem die Mißhandlung mit vorausgehenden Ereignissen in der Familie verknüpft wird. Die sachlich genaue Rekonstruktion des Geschehensablaufs kann genutzt werden, um auf innere Zusammenhänge aufmerksam zu machen und vorsichtig die Erwartungen und Enttäuschungen in Worte zu fassen, die bisher in Form der provozierenden Mißhandlung in Szene gesetzt wurden. Dabei ist es jedoch unverzichtbar, auch das Verhalten des Elternteils einzubeziehen, der das Kind gegen die Angriffe in Schutz nimmt. Ein Vorgehen, das versucht, das konkrete Verhalten in Beziehung zu setzen mit Gefühlen und Wünschen, hilft, extreme Gefühle wie Verbitterung, Resignation, Ängste und Schuldgefühle in Grenzen zu halten, die für den Betroffenen erträglich sind. Das dient der emotionalen Entlastung und erlaubt, unausgesprochene Wünsche und Sehnsüchte anzusprechen, was meist bereits ein Zeichen darstellt, daß sich die Beziehungen grundlegend wandeln. Dieser Umschwung wird noch vertieft, wenn Erfahrungen der Herkunftsfamilie angesprochen werden. Meist bestätigt sich die These, daß mißhandelnde Eltern als Kinder selbst mißhandelt wurden. Aus der Art, wie jemand über seine eigene Mißhandlung spricht, wird deutlich, wieweit er diese Situation innerlich verarbeitet hat, oder ob in diesem Punkt unbeglichene Schuldkomplexe aus der Herkunftsfamilie vorliegen, die ein Motiv für die Gewaltanwendung gegen die eigenen Kinder darstellen.

3. Umdeutung der familiären Wirklichkeit

Die Bedeutung kognitiver Faktoren für die Entstehung und Aufrechterhaltung psychischer Störungen wurde insbesondere durch die kognitive Verhaltenstherapie herausgearbeitet. Der Familientherapie kommen diese

Erkenntnisse sehr entgegen. Allerdings wird hier der kognitive Ansatz um den kommunikativen erweitert. Dies äußert sich in der Praxis in der Form, daß weniger kognitive Konstrukte an sich als bedeutsam angesehen werden, sondern deren pragmatische Wirkung auf die Beteiligten. Der Familientherapeut lenkt mit Hilfe der Technik des Umdeutens seine Aufmerksamkeit vor allem auf die Annahmen der Familie, die im Zusammenhang mit der familieneigenen Erklärung pathologischer Phänomene geäußert werden und relativiert sie, indem er die Phänomene in einer für die Familie neuartigen Form verbindet.

Eine Veränderung familiärer Beziehungen kann dadurch behindert werden, daß die Familie hartnäckig eine bestimmte, meist linear vereinfachte Sicht der komplexen familiären Wirklichkeit aufrechthält. Die Familie ist etwa der Meinung, das Trinken eines Mitgliedes sei die Ursache des gesamten Elends in der Familie; oder der Heranwachsende nimmt heute Drogen, weil sich die Eltern früher zur antiautoritären Erziehung überreden ließen; oder die Familie sei ganz harmonisch bis auf die Tochter, die immer aus der Reihe tanze und für Aufregung sorge. Ereignissen, Beziehungen, Personen wird eine kausale Bedeutung zugeschrieben, um die sich das gesamte Geschehen in der Familie organisiert.

Die Familie definiert die Beziehungen und schafft dadurch normativ eine bestimmte Struktur, da die Verhaltensspielräume festgelegt werden. So wird etwa der „überforderten" Mutter zugestanden, daß sie gegen familiäre Normen von Ordnung, Versorgung und Erziehung verstößt und daß sie (unkontrolliert) Medikamente einnimmt. Oder ein „schwieriges" oder „behindertes" Kind wird von den Eltern bevorzugt, ohne daß dies von Geschwistern als ungerecht empfunden wird. Derartigen Erklärungen der innerfamiliären Beziehungen, die häufig auch noch durch Diagnosen von Fachleuten untermauert werden, kommt eine stabilisierende Funktion zu, da andere Perspektiven, die der Familie eine andere Sicht ihrer Realität vermitteln könnten, nicht mehr wahrgenommen werden. Alternative Sichtweisen, wie sie etwa einer flexiblen Familie verfügbar sind, würden nämlich andere Handlungsmöglichkeiten zulassen. Wird etwa die „Überforderung" der Mutter umdefiniert als Unfähigkeit, sich gegen an sie gerichtete Forderungen abzugrenzen, eröffnen sich Veränderungsmöglichkeiten, indem die Mutter unterstützt wird, Forderungen zurückzuweisen und andere Familienmitglieder zur Mitarbeit heranzuziehen, was jedoch meist nicht ohne Konflikte abläuft.

Die Umdeutung der familiären Wirklichkeit ist eine wirksame Technik der Familientherapie, die im wesentlichen darin besteht, die einzelnen Elemente des familialen Systems unangetastet zu belassen, sie aber zu einer anderen als der gewohnten Gestalt zu verbinden. Watzlawick u. a. (1974) liefern folgende Definition: „Eine Umdeutung besteht darin, den begrifflichen und gefühlsmäßigen (Bezugs-)rahmen, in dem eine Sachlage erlebt und beurteilt wird, durch einen anderen zu ersetzen, der den „Tatsachen" der Situation ebensogut oder sogar besser gerecht wird, und dadurch ihre Gesamtbedeutung verändert" (S. 118). Dieser Vorgang ist in etwa dem Kippen von Figur-Grund-Verhältnissen in der Gestaltpsychologie vergleichbar: Durch Umstrukturieren von Wahrnehmungselementen entstehen neue Figuren, obwohl die objektiven Reizgegebenheiten sich nicht ändern. Therapeutisch bedeutsam ist diese Umdeutung insofern, als die neue Sicht auch ein geändertes Verhalten herausfordert und Raum für andere zwischenmenschliche Gefühle schafft.

Die Technik des Umdeutens ist in der Familientherapie in Mißkredit geraten, da sie bei einer rein technizistischen Handhabung dazu benutzt — oder besser gesagt — mißbraucht werden kann, alle Probleme in positivem Sinn umzudeuten und dadurch zu bagatellisieren. Umdeutungen dienen nicht in erster Linie der Verharmlosung und Beruhigung eines Systems, sondern erfüllen die Aufgabe, aus der Sackgasse herauszuführen, die mit der Fixierung an eine bestimmte Sicht verknüpft ist. Das setzt jedoch voraus, daß die Umdeutung auf den systemischen Kontext der Familie bezogen wird. Die familiäre Wirklichkeit darf nicht willkürlich umgedeutet werden, sondern nur an den Punkten, wo Veränderungen des Systems in Gang gesetzt werden sollen. Umdeutungen, auch wenn sie in einem positiven Sinn vorgenommen werden, stellen eine Herausforderung an das System dar, der sich die Familie bisher nicht gestellt hat. Sie haben daher immer auch konfrontativen Charakter, insofern bisher in der Familie abgewehrte Anteile bewußt gemacht werden. Zuzulassen, daß z.B. ein depressives Familienmitglied ein Anrecht darauf hat, Freiraum für die Trauerarbeit zu fordern, bedeutet, daß die übrige Familie vorübergehend Aufgaben übernimmt, die der Trauernde vernachlässigt. Trauer bedeutet Einlassen auf den Prozeß des Abschiednehmens mit den damit verbundenen Gefühlen, die schwer auszuhalten sind. Am Ende der Trauer steht ein in sich gefestigtes Familienmitglied, das andere Ansprüche an die übrige Familie stellt als ein depressives. Dieses Beispiel verdeutlicht, daß ein vordergründiges positives Umdeuten letztlich das Ziel verfehlt, wenn es nicht in eine systemische Diagnose eingebettet ist und die Herausforderung an das gesamte Familiensystem nicht aufgefangen wird.

Das Kernproblem der Umdeutung ist somit die Einbeziehung des familialen Kontextes. Die Umdeutung setzt in der Familie einen Veränderungsprozeß in Gang, der jedoch meist nicht automatisch abläuft, sondern vom Helfer begleitet werden muß, da die bisher nicht zugelassenen Erfahrungen meist angstbesetzt sind und die Familie allein überfordern.

Bei Problemfamilien sind Umdeutungen besonders dann angebracht, wenn sie dazu beitragen, die Aufmerksamkeit zu verlagern, von der bisherigen Sicht des Versagens abzulenken und die in der Familie vorhandenen Stärken ins Blickfeld zu rücken. Das Wissen, in mannigfachen Konfliktsituationen versagt zu haben, was der Familie auch von der Umwelt immer wieder suggeriert wird, drückt das Selbstwertgefühl, lähmt die Aktivität der Familienmitglieder und läßt auch Initiativen anderer nicht mehr zu. Diese negative Sicht verstärkt eine resignative Grundhaltung, die die Eigenkräfte der Familie blockiert. Eine kognitive Umstrukturierung bringt die Familie wieder in Kontakt mit vorhandenen, aber nicht mehr wahrgenommenen Stärken und stellt Probleme in einen Kontext, in dem sie einer Bearbeitung durch die Familie zugänglich werden. Technisch gibt es sehr unterschiedliche Möglichkeiten, eine neue Sicht der familiären Realität aufzuzeigen.

Positive Symptombewertung: Die Spannung in der Familie kann entschärft werden, wenn Symptome von der positiven Seite gesehen werden, die bisher nur negativ bewertet wurden, etwa wenn Trotz als Fähigkeit, sich Autoritäten zu widersetzen, umschrieben wird, oder wenn bei einem Kind mit Konzentrationsschwierigkeiten in der Schule die lebhafte Phantasie hervorgehoben wird. Rückzug könnte als Fähigkeit, die Einsamkeit auszuhalten, definiert werden usw. Das Betonen positiver Aspekte in den Bemühungen der Familie, die bisher keine Beachtung fanden, ist eine der wirksamsten Formen der Umdeutungen, da dadurch häufig das Selbstwertgefühl der als Sündenbock etikettierten Familienmitglieder gestärkt wird, Vorwürfe und Entschuldigungen abgebaut werden. Dadurch wird Raum geschaffen für eine sachlichere Form der Auseinandersetzung.

Infragestellung von Ursachenzuschreibungen: Schuldzuschreibungen an einzelne Familienmitglieder werden in Frage gestellt, wenn „Ursachen" als Folgen vorhergehender Ereignisse hingestellt werden und somit auch die Verantwortung für die „Ursache" eingeschränkt wird.

Berater: (zum ältesten Sohn) Deine Mutter sagt, Du bringst sie noch zur Verzweiflung, wenn Du immer Deine jüngere Schwester ärgerst; was in der Familie ermuntert Dich, Deine Schwester nicht in Ruhe zu lassen?

In diesem Beispiel liefert der Berater selbst keine Umdeutung, sondern er fordert ein Familienmitglied heraus, selbst einen neuen Bezugsrahmen für sein Verhalten zu finden. Dadurch wird die Familie ermutigt, von sich aus einen Perspektivenwechsel zu suchen. Bei dem angeführten Beispiel stellt die Frage eine Herausforderung dar, da sie aus dem Angeklagten einen Ankläger macht. Das könnte umgangen werden, wenn die Frage an die Mutter oder an die Schwester gerichtet wäre. Richtet der Berater die Frage etwa an die Schwester, dann kann er heimlich den Streit zwischen den Geschwistern vom Zaun brechen, den die Mutter bisher durch ihre Parteinahme für die Tochter unterbunden hat.

Veränderung der Interpunktion: Eine weitere Form der Umdefinition liegt vor, wenn ein Verhalten, das von der Familie als Ende einer kommunikativen Sequenz angesehen wird, als Anfang weiterer Akte erscheint:

Berater: (zur Mutter) Als Ihr Sohn in der Schule sitzenblieb, waren Sie völlig aufgelöst. Und wie reagierte Ihr Mann, als Sie es ihm sagten?

Bei den bisher genannten Beispielen handelt es sich um Möglichkeiten, neue Verbindungen zwischen einzelnen Elementen der familiären Interaktion herzustellen. Derartige Verschiebungen der kognitiven Perspektiven sind Veränderungen, die zunächst in Detailansätzen und möglicherweise an der Oberfläche bleiben, in anderen Fällen aber Kettenreaktionen im System auslösen, die nicht immer vorher abzusehen sind. Im Rahmen der Familienarbeit ist bei Umdeutungen immer der familiäre Zusammenhang zu berücksichtigen, sonst wird z.B. Verhalten eines Familienmitglieds in einer Machtposition positiv umgedeutet und dadurch dessen Führung noch verstärkt, anstatt die Position eines schwachen Familienmitglieds zu unterstützen.

Wesentlich anspruchsvoller sind Umdeutungen, die von vornherein versuchen, ein Beziehungsmuster, das die ganze Familie einbezieht, in einem neuen Licht erscheinen zu lassen. Auch dabei kann von einem Einzelsymptom ausgegangen werden, aber es wird zu möglichst vielen familiären Subsystemen in Verbindung gebracht.

Berater: (zum Kind) Als Du mit dem schlechten Zeugnis nach Hause kamst, war Deine Mutter verzweifelt, Vater machte Dir heftige Vorwürfe und Deine Schwester suchte Dich zu trösten. Alle in der Familie nahmen lebhaften Anteil, jeder auf eine andere Art.

Bei dieser Form von Umdeutung werden neue Qualitäten der Beziehungen in der gesamten Familie zugänglich. Es wird möglich, Verbindungen aufzuzeigen und das gegenseitige Interesse bewußt zu machen, das die Familie häufig selbst nicht mehr wahrnimmt, obwohl es für einen Außenstehenden offensichtlich ist.

Werden Umdeutungen einfühlsam und im rechten Augenblick vorgebracht, schöpft die ganze Familie oder ein Teil neue Hoffnung, weil sie nicht nur ihre Defizite, ihr Versagen erkennt, sondern daneben auch die positiven Seiten und die ernsthaften Bemühungen wahrnimmt. Das bedeutet jedoch nicht, daß alles Verhalten in der Familie mit Hilfe der Rosa-Brille interpretiert werden sollte. Ermunternd vorgebrachte konfrontative Umdeutungen können zu konstruktiven Auseinandersetzungen über Themen anregen, die die Familie bisher vermieden hatte. Ähnlich wie in der Gestaltwahrnehmung häufig minimale Umstrukturierung der Reize ganz neue Gestalten mit völlig veränderten Qualitäten ergibt, etwa in der Musik die Veränderungen der Terz bei der Umwandlung einer Dur- in eine Molltonart, können auch in der Familie behutsame Umdeutungen eine neue Familiengestalt ergeben, die die Wachstumsmöglichkeiten weniger blockiert als die bisherige Sicht.

4. Die Zusammenarbeit des Familienberaters mit anderen Helfern

Bei Problemfamilien sind gleichzeitige parallele Betreuungen durch mehrere Einrichtungen fast die Regel. Dies ist großenteils durch unser spezialisiertes Dienstleistungssystem bedingt, das nach Problemlagen getrennte Einrichtungen erforderlich macht. Die Anhäufung von unterschiedlichen Problemen erfordert hier Kontakt zu unterschiedlichen Institutionen und Abteilungen innerhalb einer Institution. Die Arbeit der einzelnen Einrichtungen konzentriert sich auf die jeweilige Zielsetzung, während Zusammenarbeit und Abstimmung meist zu kurz kommen. Soweit Absprachen getroffen werden, beschränken sie sich auf formelle Rahmenbedingungen, während die menschliche Seite der Betreuung meist ausgeklammert bleibt.
Diese Sicht zerstückelt die Familie in einzelne Problembereiche und erschwert eine ganzheitliche Vorgehensweise, die die Familie als einheitliches System behandeln will. Dennoch darf eine holistische Familienberatung unser spezialisiertes Hilfssystem nicht außer acht lassen und sich als neue Spezialeinrichtung neben den bereits vorhandenen etablieren. Zum einen stehen dem praktische Gründe entgegen. Denn wie die Erfahrung zeigt, wirkt sich eine schlechte Abstimmung der Familienberatung mit anderen Hilfen nachteilig auf die Arbeit aus. Zum anderen bietet der systemische Bezugsrahmen wertvolle Anknüpfungspunkte, theoretisch wie praktisch die partikularistischen Hilfen stärker miteinander zu verbinden. Systemische Arbeit betrachtet das Problem der Zusammenarbeit in erster Linie unter dem Gesichtspunkt, daß die Hilfen so aufeinander abgestimmt werden, daß Veränderungen im familialen System möglich werden. Hilfen, die nur vorübergehend entlasten, ohne die Eigenkräfte der Familie zu entwickeln, sind längerfristig fragwürdig. Das bedeutet, daß zu hinterfragen ist, welcher Beziehungskontext durch Mehrfachbetreuung für die Familie geschaffen wird. Multiple Beziehungen schaffen zahlreiche Ausweichmöglichkeiten, die die Auseinandersetzung mit leidvollen interpersonalen Konflikten verhindern.

Da das komplexe Beziehungsnetz einer Mehrfachbetreuung, das bei Problemfamilien meist zu beobachten ist, hier nicht analysiert werden kann, soll die Problematik auf eine triadische Ebene reduziert werden: auf den Fall, daß in der Familie neben dem Familienberater noch eine bedeutsame Bezugsperson als Helfer fungiert, wobei es sich als unverzichtbar herauskristallisiert, die Arbeit beider aufeinander abzustimmen. Der „Helfer" ist dabei jemand, der in der Rolle eines professionellen oder ehrenamtlichen Problemlösers mit institutionellem Auftrag mit einem Familienmitglied, einem Subsystem (z.B. Eltern) oder auch der ganze Familie arbeitet; häufig sind es jedoch auch Personen, die aus sozialem Engagement sich als Freunde, Nachbarn oder Kollegen für die Familie oder ein Familienmitglied einsetzen. Die Reduzierung der Thematik auf die Dreierbeziehung Familie-Helfer-Familienberater vereinfacht zwar die Realität, macht dadurch jedoch einen Teilbereich durchschaubarer und erlaubt eher, Lösungsansätze auf einer begrenzten Ebene zu entwickeln.

Dabei darf indes nicht aus dem Blickfeld geraten, daß dieser Ansatz nicht die gesamte Problematik der Mehrfachbetreuung bewältigen kann. Das wird bereits deutlich, wenn wir uns stichwortartig einige zentrale Reibungsflächen vor Augen führen, die in den Beziehungen von Helfern untereinander häufig zu beobachten sind.

Zahlreiche organisatorische Gründe beeinträchtigen die Kooperation zwischen den Personen, die mit der Familie oder einzelnen Familienmitgliedern arbeiten, z.B. Überlastung durch zu hohe Fallzahlen, unklare oder unrealistische Ziele von Hilfsinstitutionen, Kompetenzstreitigkeiten und Profilierungstendenzen von Institutionen usw. Dazu kommen zwischenmenschliche Konflikte zwischen Helfern, die auf dem Rücken der Familie ausgetragen werden, etwa gegenseitiges Mißtrauen, Machtkämpfe, nicht eingestandene Minderwertigkeitsgefühle.

Probleme der Kooperation aus der Sicht der Helfer, der Beziehung zwischen den Helfern und der Beziehung zwischen den Einrichtungen sind häufig thematisiert und den Helfern zumindest bewußt, wenngleich sie vor der Bearbeitung meist kapitulieren. Das ist verständlich, da punktuelle Lösungsansätze vor Ort, die am Einzelfall ansetzen, nicht ausreichen, Konflikte interinstitutioneller Art zu beseitigen. Die Lösung dieser Probleme muß auf einer höheren Systemebene ansetzen und kann durch die Offenlegung von Konflikten in der gegenseitigen Abstimmung verschiedener Helfer im Höchstfall angeregt werden.

Der für uns wesentliche Aspekt der Kooperation unter dem Aspekt der Einbindung des Helfers in das System der Familie ist jedoch weder theoretisch noch praktisch ausreichend bearbeitet. Selvini-Palazzoli u.a. (1983) untersuchten die Bedeutung des Zuweisenden bei Familien mit einem psychotischen Mitglied. Sie gingen dabei von der These aus, daß der Zuweisende zu einem wichtigen Mitglied im Familiensystem geworden ist, der von der Familie gegenüber dem Familientherapeuten benutzt wird, um die Familienhomöostase aufrechtzuerhalten. Wird diese Funktion des Zuweisenden nicht erkannt, ergeben sich in der Regel erhebliche Probleme, Widerstände in der Familie zu überwinden. Die Autoren beschreiben aufschlußreiche interaktionelle Muster, die in ähnlicher Form auch bei Problemfamilien zu beobachten sind, aber einer weiterführenden Interpretation bedürfen, um auch andere als die von Selvini-Palazzoli u.a. vorgeschlagenen Lösungen zu ermöglichen.

In unserem Zusammenhang geht es vor allem um den Nachweis, daß die Unkenntnis der Verstrickung des Helfers in die Familienhomöostase einer Tendenz Vorschub leistet, verschiedene Helfer und verschiedene Institutionen gegeneinander auszumanövrieren, indem eine Konkurrenzsituation heraufbeschworen wird. Familienarbeit verfehlt ihr Ziel, wenn sie sich auf ein Nebeneinander oder gar Gegeneinander zu anderen Helfern einläßt. Dies ist vermeidbar, wenn es gelingt, die bereits vorhandene Hilfe in Zusammenhang mit dem familiären System zu sehen und mit der Familie und dem Helfer oder den Helfern zusammen zu erarbeiten, wieweit eine ergänzende Hilfe nötig ist. Der Familienberater nimmt somit eine Metaposition gegenüber den vorhandenen Hilfsangeboten ein und erhält die Aufgabe, zu klären, ob die bisherigen Angebote — eventuell mit Unterstützung des Familienberaters — ausreichen oder ob Familienberatung ergänzend anzubieten ist und ob dabei die bisherige Hilfe fortgeführt oder (vorübergehend) eingestellt werden soll.

Hier ist es wichtig, sich zunächst die Beziehung des Helfers zur Familie oder zu einem familialen Subsystem zu verdeutlichen, wie sie sich aus einer systemischen Sicht präsentiert. Mitglieder von Problemfamilien verfügen häufig über besondere Fähigkeiten, aufgrund ihres mitleiderregenden Zustandes andere zum Helfen zu motivieren. Eine Lehrerin kann es z.B. nicht mitansehen, wenn ein Kind in ihrer Klasse, bei dem sie wertvolle Fähigkeiten entdeckt, aufgrund schwieriger familiärer Verhältnisse in der Schule immer mehr versagt. Sie engagiert sich für das Kind und bemüht sich etwa um eine Hausaufgabenbetreuung und andere Hilfen. Oder in einem anderen Fall erlebt der Vorgesetzte des Familienvaters, wie dieser zunehmend dem Alkohol verfällt. Er sucht auf seine Art alles Erdenkliche zu unternehmen, um ihn vom Trinken abzubringen und seine Kündigung zu verhindern.

Diese Hilfen laufen häufig nach einem bestimmten Muster ab: Der Helfer setzt sich persönlich in einer beinahe übermenschlichen Weise für seinen Klienten ein, was bei diesem positive Gefühle auslöst und zunächst zu einer

Besserung in dem vom Helfer gewünschten Sinn führt. Von einem bestimmten Punkt an nimmt auf seiten des Helfers die Begeisterung ab vor allem, weil er den von ihm geforderten hohen Einsatz nicht mehr durchhält und sich gegen die Anklammerungstendenz zur Wehr setzt. Gleichzeitig kommt es beim Klienten zum Stillstand oder zu Verhaltensweisen, die beim Helfer Unbehagen hervorrufen. Es treten Verstimmungen auf, das Verhältnis wird angespannt und distanziert.

Diese Entwicklung wird verständlich, wenn die Beziehung des Helfers zur Familie berücksichtigt wird. Der Helfer ist dem Bestreben ausgesetzt, ihn ins familiäre System zu integrieren, ohne dieses zu verändern. Selvini-Palazzoli u. a. (1983) beschreiben den Prozeß der Absorption des Helfers in die Familie in drei Phasen: Zunächst zeigt sich die Familie dankbar und heißt ihn willkommen. Dessenungeachtet wird sein Drängen auf Veränderung in der Familie nicht beachtet und seine Anstrengungen werden auf subtile Art entwertet. Beim Helfer entwickelt sich ein Gefühl von Unbehagen und Unsicherheit, irgendwie in eine Falle geraten zu sein. Aufgrund seiner Enttäuschung schickt er nun die Familie in eine Familientherapie, falls diese Möglichkeit existiert. In den meisten Fällen dürfte jedoch eine Überweisung an jemand vorgenommen werden, der qualifizierte Hilfe anbieten kann.

Die Überweisung entspringt dem Bedürfnis des Helfers, eigene Versagens- und Schuldgefühle auszugleichen. Er hat zwar noch nicht vollständig resigniert, sieht jedoch persönlich keine Handlungsmöglichkeiten mehr. Als ohnmächtiger Helfer erfüllt er für die Familie eine wichtige zustandserhaltende Funktion, und diese hat ein starkes Interesse daran, die Beziehung aufrechtzuerhalten. Ähnlich wie sie jedoch alle seine Anstrengungen um Veränderung neutralisiert, willigt sie auch in die Familientherapie ein in dem sicheren Gefühl, eine „Pflichtübung" ohne echtes Engagement zu absolvieren, um das Wohlwollen des Helfers nicht zu verlieren. Innerlich ist die Familie allerdings nicht bereit, sich auf eine Veränderung durch die Familientherapie einzulassen. Das würde letztlich auch die Beziehung zum liebenswürdigen, aber zur Ohnmacht verurteilten Helfer gefährden, da die Familie nach einer erfolgreichen Therapie die intensive Betreuung in dem bisherigen Umfang nicht mehr benötigen würde. „Nachdem Sie zur Familientherapie gekommen sind, können Sie wieder mit ruhigem Gewissen zum Zuweisenden zurückkehren, mit einem entschuldigenden Lächeln auf den Lippen und die Idylle, die sie verlassen hatten, weiterführen" (Selvini-Palazzoli u. a., S. 12).

Ähnliche Techniken lassen sich auch bei Problemfamilien beobachten, wenngleich hier weniger formelle Überweisungen eine Rolle spielen als nebeneinander herlaufende synchrone Betreuungen, die an der Oberfläche

bleiben. Versucht ein Helfer, grundlegende Störungen anzusprechen, setzt die Familie Ablenkungsmanöver ein oder spielt verschiedene Helfer gegeneinander aus. Der Helfer ist solange in der Familie erwünscht, wie er die von ihr diktierten Spielregeln einhält.
Da es sich bei Helfern von Problemfamilien meist um Sozialarbeiter, Erzieher, Lehrer, Familienpfleger oder ehrenamtliche Helfer handelt, die über keine familientherapeutische Spezialausbildung verfügen, ist es für diese möglich, das Muster der Familie mit zu agieren und die Rolle eines „adoptierten" Familienmitglieds zu übernehmen, da sie ja nicht qualifiziert genug sind, „echte" Familientherapie durchzuführen. Ihre Arbeit darf an der Oberfläche bleiben, und dennoch erscheint es besser, diese Betreuung aufrechtzuerhalten als die Familie ihrem Schicksal zu überlassen. Denn der Helfer nimmt der Familie zumindest wichtige Aufgaben ab und hilft ihr, Probleme zu lösen, die sie von sich aus nicht bewältigt. Die Familie erfährt eine starke Entlastung und bleibt von Krisen weitgehend verschont bzw. wenn sie selbst kritische Situationen herbeiführt, werden sie durch den Helfer rasch entschärft. Die Familie wirkt äußerlich relativ angepaßt. Die Fixierung an die Helfer ist in diesen Fällen noch wesentlich ausgeprägter als in den von Selvini-Palazzoli beschriebenen Familien mit einem psychotischen Mitglied.
Während die Familie mit ihrem Helfer zufrieden ist, da er ihr eine Menge Schwierigkeiten abnimmt, ohne sie ernsthaft in Frage zu stellen, ist die Einstellung des Helfers selbst ambivalent, da ihm seine Grenzen deutlich werden, ohne daß er über Möglichkeiten verfügt, diese zu verändern. Verschärfend wirkt sich hier ein Vorgang aus, wonach Hilfe von Problemfamilien häufig nach dem Alles-Oder-Nichts-Prinzip bewertet wird: Sie ist entweder uneingeschränkt positiv oder völlig unwirksam und nicht akzeptabel. Von der Familie vorgenommene Idealisierungen bzw. Entwertungen der Hilfe und des Helfers sorgen dafür, daß bedrohliche Interventionen nicht zugelassen werden. Die Familie definiert auf diese Weise, was ihr hilft und was nicht. Diese Bestimmungsleistung erschwert es dem Helfer erheblich, die tatsächliche Entwicklung und die tatsächlichen Fortschritte wahrzunehmen, da ihm die Familie ihre Sicht aufdrängt und zeigt, was auf fruchtbaren Boden fällt und was an ihren Grenzen abprallt. Jeder Helfer, der länger mit Problemfamilien arbeitete, kann genügend Beispiele anführen, wo er in der Familie gern gesehen war, solange er sich so verhielt, wie es die Familie wünschte. Verweigerte er hingegen die Erfüllung von Wünschen, weil er der Auffassung war, daß die Familie dazu selbst in der Lage sei, kühlte sich das Verhältnis merklich ab.
Aufgrund dieser Vorüberlegungen wird deutlich, daß der Familienberater seine Aufmerksamkeit nicht ausschließlich auf die Familie konzentrieren

darf. Ebenso wichtig ist es, die Beziehung der Familie zu bisherigen Helfern zu untersuchen. Dazu bieten sich drei Wege an: das Gespräch mit dem bisherigen Helfer, das Gespräch mit der Familie (oder Familienmitgliedern), das gemeinsame Gespräch mit Familien und bisherigem Helfer. Wird die Familie überwiesen, dann ergeben sich in der Regel Vorgespräche zwischen dem Familienberater und dem bisherigen Helfer, bei dem man nicht nur auf die offiziellen Erwartungen achten sollte, sondern auch auf die Untertöne, weshalb der Helfer einen Fachmann für Familienfragen zu Rate ziehen möchte. Schildert der Helfer die Familiensituation und die Schwerpunkte der bisherigen Arbeit, lassen sich zuweilen rasch Hypothesen über die blinden Flecke in der bisherigen Arbeit bilden. Ich halte es — auch aufgrund negativer Erfahrungen bei flüchtigen Übergabegesprächen — für wichtig, dem Helfer die eigene Sicht mitzuteilen und zu klären, ob der Helfer mit diesen Überlegungen allein weiterarbeiten kann. Das könnte etwa in folgender Form geschehen:

Sie haben bisher mit Familie X sehr viel Zeit und Energie investiert und sind sehr geduldig vorgegangen. Soweit ich sehe, hat sich die Familie dabei sehr wohl gefühlt, aber jetzt sind Sie ratlos, weil sich die Lage kaum gebessert hat (ein Rückfall eingetreten ist). Das ist natürlich unbefriedigend, und ich verstehe, weshalb Sie jemand anderen zu Rate ziehen wollen. Aber können Sie sich nicht vorstellen, daß Sie zunächst noch etwas ausprobieren, ehe ich in die Arbeit einsteige. Wenn ich an Ihrer Stelle wäre, würde ich z.B. folgendes machen ... Was halten Sie davon?

Dabei kommt es meist nicht auf den konkreten Inhalt des Vorschlags an, sondern daß sich der Helfer aufgrund der Zusicherung des Familienberaters von der Familie unabhängiger fühlt und spontaner agieren kann, da er nicht mehr die volle Verantwortung trägt. Dadurch verändert sich die Beziehung zuweilen in einem wesentlichen Punkt; der bisher verstrickte Helfer kann wieder eine Metaposition der Familie gegenüber einnehmen und sich souveräner entscheiden, ob er allein weiterarbeiten kann oder den Fall an den Familienberater abgibt. Ich habe verschiedentlich erlebt, daß Helfer, die zunächst befürchteten, allein nicht mehr weiterzukommen, nach einem klärenden Gespräch mit einem Familienberater wieder neue Perspektiven entdeckten und sich zur Fortsetzung ihrer Arbeit ermutigt fühlten. Die Überweisung einer Familie in einem Kontext, in dem sich der Überweisende ohnmächtig und inkompetent fühlt, dem Familienberater dagegen ein Übermaß an Kompetenz zugeschrieben wird, ist ein ungünstiger Start. Der Familienberater muß den Überweisenden zunächst unterstützen, eine Position einzunehmen, in der er wieder Zugang zu seinen Stärken findet. Erst auf dieser Basis ist eine tragfähige Übergabeentscheidung möglich. Allerdings sieht diese Neuentscheidung häufig anders aus als die ursprüngliche.

Der Helfer ringt sich z. B. dazu durch, mit dem Familienberater im Rücken noch einen Versuch zu wagen, mit der Familie weiterzuarbeiten, oder es kommt zu präzisen Regelungen bezüglich der Übergabe, oder der Helfer macht klare Aussagen über das familiäre System und die bisherige Arbeit, die dem Familienberater wertvoll sind, um da anzusetzen, wo die Familie steht. In anderen Fällen erfährt der Familienberater erst durch die Familie selbst, daß sie noch zu anderen Helfern Kontakt hat. Bringt die Familie das Gespräch auf einen anderen Helfer, dann geht es häufig nicht darum, daß die Familie wünscht, daß der Familienberater klare Absprachen mit diesem trifft, sondern sie artikuliert auf eine indirekte Art, was sie mit dem Familienberater eigentlich erreichen möchte. Man kann von der Hypothese ausgehen, daß die Information über andere wichtige Beziehungen nicht nur eine Sachaussage darstellt, sondern auch einen Versuch der Familie, die Beziehung zum Familienberater zu steuern, allerdings in einer verschlüsselten Form. Indem die Familie bestimmte Worte oder Taten herausgreift, vermittelt sie Botschaften wie: „Wir wünschen, daß Sie sich genauso für uns engagieren wie Herr X, der das und das für uns getan hat (implizit heißt das: das war genau das, was wir von ihm wollten. Wir fürchten nämlich, daß Sie unsere Fassade durchbrechen und bei uns etwas anrühren, was uns sehr unangenehm ist). Herr X ist der beste Sozialarbeiter, den wir kennen, im Gegensatz zu Frau Y, die sich nie für uns eingesetzt hat." Dem Familienberater wird suggeriert, sich so zu verhalten wie Herr X (und nicht wie Frau Y), wobei die Familie bestimmt, welches Bild von Herrn X und Frau Y sie dem Berater vermittelt. Dieser Druck ist besonders stark, wenn die Familie noch Kontakt zu Herrn X hat. In diesem Fall hat sie jederzeit die Möglichkeit, dem Familienberater mitzuteilen, daß Herr X der bessere Helfer ist und eventuell Zweifel am Vorgehen des Familienberaters geäußert hat; oder umgekehrt, wenn sich der Familienberater an die Spielregeln der Familie hält, kann die Rückmeldung erfolgen, daß die Familie mit ihm noch zufriedener ist als mit Herrn X.

Durch derartige Manöver schafft die Familie für den Berater eine Doppelbindungssituation, in der das Scheitern vorprogrammiert ist, gleichgültig, ob der Berater sich auf den offenkundigen Wunsch einläßt oder dagegen ankämpft. Lösbar wird das Problem erst, wenn es gelingt, eine Metaposition einzunehmen und den Beziehungskontext anzusprechen. Dabei ist es sinnvoll, zunächst weitergehende Sondierungen anzustellen. Der Berater kann etwa fragen:

Was von dem, was Herr X für Sie getan hat, hat Ihnen am meisten geholfen?
Haben Sie selbst dazu beigetragen, daß sich Herr X so für Sie engagiert hat?
Was wäre wohl passiert, wenn Sie Herrn X nie kennengelernt hätten?

Derartige sondierende Fragen akzeptieren den Standpunkt der Familie, tragen jedoch zu einer Erweiterung des Bewußtseins bei, indem die Familie angeregt wird, zu differenzieren und damit über die Beziehung zu diesem Helfer nachzudenken. Je stärker die Familie in ihren Aussagen Nuancierungen zuläßt, um so geringer ist auch die Gefahr, daß die Beziehung idealisiert oder entwertet wird. Ein Mindestmaß an Realismus in der Bewertung unterschiedlicher helfender Beziehungen ist erforderlich, um zu klaren Absprachen mit der Familie zu kommen:

Herr X hat uns bei Problem A bis D sehr viel Unterstützung gegeben, darüber sind wir sehr glücklich. Aber bei Problem E wurde er unsicher, und wir hoffen, daß Sie uns bei dem Problem weiterhelfen können.

Zeitlich aufwendiger als die bisher besprochenen Beispiele sind Gespräche, bei denen der bisherige Helfer und der Familienberater gemeinsam ein oder mehrere Gespräche mit der Familie führen, um eine Rollenabklärung oder eine Übergabe in die Wege zu leiten. In der Praxis werden gemeinsame Familiengespräche in unterschiedlichen Einrichtungen und mit divergierenden Zielen und Vorgehensweisen eingesetzt.
Utz (1987) beschreibt gemeinsame „kooperative" Familiengespräche zwischen einem Mitarbeiter der Erziehungsberatungsstelle und Sozialarbeitern des Jugendamtes bei Unterschichtfamilien, um die Zugangsbarriere dieser Familien zu überwinden sowie das Wissen und die Beziehung der Sozialarbeit zu nutzen, um die Hemmschwellen der Familie gegenüber der Erziehungsberatung zu überwinden. Ich (1983b) habe über gemeinsame Familiengespräche zwischen Bewährungshelfer und Familientherapeut berichtet, bei denen der Bewährungshelfer die Funktion übernahm, die Bewährungsaufgaben gegenüber seinem Probanden in die Familie einzubringen und aufgrund seines Vertrauensvorschusses die Bedenken der Familie gegen die Familientherapie abzubauen, während der Familientherapeut sich schwerpunktmäßig auf das Beziehungssystem konzentrierte. Selvini-Palozzoli u.a. (1983) beschrieben ein Verfahren, bei dem das familientherapeutische Team in solchen Fällen, in denen der Zuweisende eine sehr enge Beziehung zur Familie einnahm, zu einigen Familiensitzungen eingeladen wurde. Dabei konzentrierte sich das Team auf die Beobachtung der Rolle des Zuweisenden im familiären System im Sinne der Mailänder Vorgehensweise. Seine Anstrengungen wurden positiv umgedeutet, seine Ausdauer (trotz des ausbleibenden Fortschrittes) hervorgehoben und Familie und Zuweisender zur weiteren Zusammenarbeit in Form einer paradoxen Verschreibung „ermutigt". Erst nach einer längeren Pause begann dann die eigentliche Familientherapie. Dieses Verfahren zielt am konsequentesten darauf ab, die Stellung des Zuweisenden innerhalb des familialen Systems

so zu verändern, daß die Familie von innen her ihre Erstarrung aufgeben kann. Eine noch zuwenig benutzte Technik sind punktuell eingeschobene Konsultationssitzungen, zu denen ein Familientherapeut zugezogen wird, um Stagnation im Hilfsprozeß zu erkennen und abzubauen (Minuchin und Fishman 1983).

Gemeinsame Familiensitzungen stellen eine starke Herausforderung für Familie und Berater dar, da das bisherige Hilfssystem noch vorhanden, aber sehr destabilisiert ist, während das neue noch nicht greifbar ist. Beide Helfer können sich gegenseitig beobachten und kontrollieren, wie sie mit der Familie umgehen. Jeder erkennt die Stärken und Schwächen des andern, und wieweit sie sich gegenseitig ergänzen. Dieses Vorgehen setzt jedoch Offenheit und gegenseitiges Akzeptieren voraus. Die Familienmitglieder haben die Wahl, sich mehr der einen oder anderen Seite anzuschließen. In diesem instabilen System können die Muster des alten Systems fortgesetzt werden, erscheinen dann aber in einem neuen Licht und werden eher bewußt. Gleichzeitig wird mit neuen Möglichkeiten experimentiert, die jedoch wieder aufgegeben werden, wenn sie zu bedrohlich wirken.

Allgemein läßt sich sagen, daß gemeinsame Familiengespräche imstande sind, unterschiedliche Funktionen zu übernehmen. Der Schwerpunkt kann mehr darauf liegen, das bisherige Hilfssystem zu thematisieren und eventuell zu revidieren, ohne daß darauf hingearbeitet wird, daß eine intensive Beziehung zum Familienberater aufgebaut wird. Das erscheint vor allem dann angebracht, wenn die existierende Beziehung sehr eng ist, aber noch genügend Entwicklungsmöglichkeiten für eine weitergehende Konfliktbearbeitung enthält. Der Familienberater wird vielleicht nur vorübergehend einbezogen, um eine punktuelle Veränderung im Hilfssystem in die Wege zu leiten. Das gemeinsame Gespräch kann auch darauf abzielen, die Familienberatung als neues Hilfssystem zu etablieren und die Beziehung der Familie zum bisherigen Helfer abzubauen. Darüber hinaus ist es zuweilen erforderlich, gemeinsame Gespräche über einen längeren Zeitraum aufrechtzuerhalten, da die Problematik so gravierend erscheint, daß ein Helfer allein überfordert ist. Dieser Fall soll hier jedoch außer acht gelassen werden, da es sich dabei um eine Art Kotherapie handelt, die in der familientherapeutischen Literatur hinlänglich beschrieben ist (Luthman und Kirschenbaum 1977, Napier und Whitaker 1982, Haley 1977).

Im ersten Fall, bei dem es vorrangig um eine Revision des bisherigen Hilfssystems geht, nimmt die Diagnose eine wichtige Rolle ein. Bei Problemfamilien tauchen dabei häufig einige typische Beziehungskonstellationen zwischen Familie und bisherigem Helfer auf:

Der Helfer erweist sich als kompetent und zuverlässig, um Probleme sozioökonomischer Art zu lösen oder Schwierigkeiten mit Behörden bewältigen

zu helfen. Die Familie wendet sich mit derartigen Anliegen an ihn und erweist sich dankbar für seine Unterstützung, wehrt jedoch Anregungen des Helfers ab, Eigeninitiative zu entwickeln. Der Helfer ist darüber verärgert; sieht jedoch keine Möglichkeit, anders zu handeln.
Eine andere Konstellation besteht darin, daß der Helfer eine intensive, schon länger andauernde Beziehung zu einem Familienmitglied unterhält, das ihm ein bestimmtes Familienbild vermittelt. Meist ist es die hilfesuchende Mutter, die sich für das Familienleben verantwortlich fühlt und zu verstehen gibt, daß sich ihr Mann nicht um die Kinder kümmert und seine Freizeit in der Kneipe oder vor dem Fernseher verbringt; daß die heranwachsende Tochter nicht mehr auf die Mutter hört und sich ständig mit Freunden herumtreibt, anstatt bei der Hausarbeit zu helfen usw. Im gemeinsamen Gespräch, das vielleicht nach einem intensiven Drängen und trotz der Skepsis der Mutter zustande kommt, entdeckt der Helfer plötzlich, daß die Familie ganz anders ist, als ihm bisher geschildert wurde: Der Vater macht sich Gedanken um die Zukunft der Kinder, die Tochter wirkt verantwortungsbewußt, wird aber von der Mutter ständig kritisiert usw. Diese Erfahrung vermittelt eine neue Sicht der Familie, die die bisher aufgebaute Beziehung belastet, aber auch neue Handlungsmöglichkeiten schafft.
Eine weitere Variante ist darin zu erblicken, daß sich die bisherige Arbeit schwerpunktmäßig auf Kontrollfunktionen konzentrierte, z.B. wurde der Helfer eingeschaltet, wenn Kinder unregelmäßig zur Schule gingen oder der Verdacht auf Vernachlässigung der Kinder bestand. Der Helfer bildete gleichsam das Über-Ich der Familie. Er versuchte, die Familien in mühsamen kleinen Schritten zu bewegen, die monierten Mißstände abzubauen. Er fand nur mühsam Kontakt, verspürte die Vorbehalte, die nur vorübergehend verschwanden, wenn er der Familie materielle Vorteile verschaffte. Aufgrund seiner Enttäuschung kann er es nur schwer ertragen, daß ein Familienberater, der unbelastet von Aufsichtsfunktionen mit der Familie in Kontakt tritt, schneller Zugang bekommt und ein positiveres Bild der Familie erhält. Das Zulassen der positiven Seiten ist hier ein Grundproblem, von dessen Bewältigung die Qualität der weiteren Arbeit abhängt.
Der umgekehrte Fall liegt vor, wenn in der bisherigen Hilfe die emotionale Ebene im Mittelpunkt stand, dagegen die Verhaltenskontrolle vernachlässigt wurde. Die Gespräche drehten sich etwa um die Verarbeitung traumatischer Erlebnisse in der Vergangenheit, die Suche nach befriedigenden Problemlösungen usw. Die Atmosphäre war stark affektgeladen, aber dennoch nicht unangenehm. Das Familienmitglied oder die ganze Familie konnte eine Menge Ballast abladen und beim Helfer auftanken; es kam zu einer spürbaren Entlastung, wobei konkrete unangenehme Alltagserfah-

rungen sorgfältig ausgeblendet wurden. Stellt der Familienberater im gemeinsamen Gespräch einfache unverfängliche Informationsfragen, hat das häufig die Wirkung, als wenn er in ein Wespennest stoßen würde. Gemeinsame Gespräche verfolgen hier das Ziel, das bisherige Zusammenspiel zwischen Familie und Helfer zu beleuchten und derartige Konstellationen aufzuzeigen. Dabei geht es nicht nur darum, die Beschränktheiten des Systems aufzuzeigen, sondern in erster Linie zu verdeutlichen, was dieses System leistete und weiter zu leisten imstande ist. Indem die bisherige Beziehung deutlich wird, ergeben sich häufig auch Möglichkeiten zur Systemänderung, indem z.B. ein bisher in die Familie verstrickter Helfer eine distanziertere Position einnimmt oder in einer stärker kontrollierenden und von Mißtrauen geprägten Beziehung mehr Nähe zugelassen wird. In diesen Fällen wird nicht versucht, ein neues Behandlungssystem zu etablieren, sondern dem bisherigen neue Möglichkeiten an die Hand zu geben, damit es besser arbeiten kann. Da sich der Familienberater nicht darum bemühen muß, eine intensive Beziehung zur Familie aufzubauen, kann er sich sofort darauf konzentrieren, das bereits bestehende Hilfssystem zu untersuchen und zu modifizieren. Dabei erscheint es wichtig, einen konkreten Anhaltspunkt zu finden, um den herum die Beziehungen neu strukturiert werden.

Im folgenden Beispiel ging es darum, die Erzieherinnen der Kindertagesstätte zu unterstützen, das aggressive Verhalten von Andreas (neun Jahre) zu kontrollieren. Andreas war anderen Kindern im Hort gegenüber aggressiv, nahm ihnen Geld weg und entwickelte phantasievolle Ausreden, wenn er von den Erzieherinnen daraufhin angesprochen wurde. Die Gruppenleiterin hatte sich sehr stark für Andreas engagiert und angeregt, daß die Familie zur Erziehungsberatung geht, um das Verhalten von Andreas zu ändern, da es den anderen Kindern gegenüber kaum mehr zu verantworten war, Andreas im Hort zu behalten. Die Erziehungsberatung vermittelte die Familie an mich weiter, um eine Familientherapie durchzuführen.
Eines der vordergründigen Ziele dabei war, eine Heimeinweisung von Andreas zu verhindern. Nach einigen Familiengesprächen vereinbarte ich ein Gespräch mit den Mitarbeiterinnen des Horts. Die Erzieherinnen schilderten zunächst die Auffälligkeiten von Andreas. Auf meine Frage, ob er überhaupt noch tragbar sei, antwortete die Leiterin, daß sie ihn eigentlich entlasten müßten, aber weil sie eine Heimeinweisung befürchtete, schrecken sie davor zurück. Die Mitarbeiterinnen schätzten die Familiensituation so ein, daß die Familie mit Andreas' Problemen überfordert sei. Diese Sicht wurde damit begründet, daß die Mutter in der Familie passiv sei. Versuche, sie zu aktivieren, haben bisher fehlgeschlagen.
Im Gespräch wurde deutlich, daß die Mitarbeiterinnen viel Verständnis für Andreas aufbringen, aber aus Angst, ihm neue Enttäuschungen zuzufügen (er wirkte sehr

eingeschüchtert und verstört und wagte kaum, etwas zu sagen), hatten sie Probleme, ihn mit seinem aggressiven Verhalten zu konfrontieren, wenn er es abstritt. Ich äußerte meine Skepsis, daß dieses Verhalten über Verstehen allein abzubauen sei, und wir überlegten, wie eine gezielte Bestrafung aussehen könnte. Es wurde eine gezielte, präzise Strafandrohung ins Auge gefaßt, nämlich Andreas zunächst zwei Wochen aus dem Hort auszuschließen, wenn sein aggressives Verhalten wieder zu beobachten sei. Das ist für Andreas eine wirksame Strafe, da er gerne in den Hort geht und eine gute Beziehung zur Gruppenleiterin hat. Dabei wurde auch überlegt, wie in dieser Zeit mit der Familie und der Schule zusammengearbeitet werden kann, um das Problem der Schularbeiten zu lösen, die Andreas bisher immer im Hort erledigte. Hier wurde bewußt, daß der Hort den Eltern zu viel Verantwortung abgenommen hatte. Wenn Andreas zwei Wochen zu Hause bleiben müßte, müßte ein Teil dieser Delegation zurückgenommen werden, was durch die Familientherapie zu bearbeiten ist. Im nächsten Schritt ging es jedoch darum, der Familie die Ausschlußdrohung mitzuteilen.

Dies geschah in einem gemeinsamen Gespräch zwischen Eltern und Andreas, den Mitarbeiterinnen des Horts und mir als Familientherapeuten. In diesem Gespräch wurde zunächst das alte Beziehungsmuster deutlich: Die Erzieherinnen waren vorsichtig und wagten nicht von sich aus, das problematische Verhalten von Andreas anzusprechen. Andreas erzählte spontan, was ihm im Hort Spaß macht. Von seiten der Erzieherinnen kam darauf die Frage, was ihm nicht gefällt. Alle verfolgten gespannt, wie Andreas auf diese Frage reagierte. Er antwortete zunächst ausweichend, wandte dann das Blatt um und brachte einige Beispiele, bei denen er sich im Sinn der Erzieherinnen verhalten hatte. Diese Beispiele wurden von den Erzieherinnen auch anerkennend registriert. Daraufhin bat ich die Erzieherinnen, von sich aus die Dinge anzusprechen, die sie störten. Sie sprachen das „Lügen" an, wandten sich dabei sofort an Andreas mit der Bitte, zu erklären, warum er lüge. Andreas zuckte jedoch mit den Schultern. Darauf suchten die Erzieherinnen und Eltern zusammen nach Erklärungen, die aber nicht überzeugten. Als Hauptprobleme wurden dann die Diebstähle und Aggressionen gegenüber anderen Kindern genannt. Andreas suchte zu entschuldigen, indem er beteuerte, daß er von anderen Kindern provoziert werde. Die Erzieherinnen redeten Andreas zu, sich zu ändern. Ich bat um eine eigene Stellungnahme der Erzieherinnen. Die Leiterin sagte klar, daß die Grenze des Erträglichen erreicht sei. Den Vater traf diese Mitteilung wie ein Schock, während die Mutter gelassener reagierte. Ich sprach den Plan an, Andreas vorübergehend nicht mehr in den Hort zu lassen, wenn solche Dinge wieder passierten. Ich betonte jedoch, daß dies eine vorletzte Möglichkeit darstelle und erst dann, wenn diese Maßnahme keinen Erfolg zeigt, der eigentliche Ausschluß folgt. Die Erzieherinnen verdeutlichten Andreas die Situation klar, aber ohne Vorwürfe. Sie erklärten auch ihre Bereitschaft, in dieser Zeit die Eltern zu unterstützen.

Wenige Tage später rief die Gruppenleiterin des Horts bei mir an und bat mich, eine Spieltherapie für Andreas in die Wege zu leiten; sie ließ dabei durchblicken, daß sie nicht mehr weiter weiß und auch skeptisch gegenüber der Familientherapie ist. Da sich jedoch kurzfristig nichts finden ließ, wurde Andreas vom Hort für zwei Wochen nach Hause geschickt. Dabei erfüllten sich die Befürchtungen der Erzieherinnen nicht, in der Familie traten keine nennenswerten Spannungen auf, Andreas machte seine Hausaufgaben regelmäßig und sagte am Ende, daß er sich zu Hause besser konzentrieren könne als im Hort. In dieser Zeit übernahm die Mutter eine aktivere Rolle und sagte klar, wo sie Andreas bei den Hausaufgaben helfen könne und was ihr Mann besser könne. Nach dieser Zeit ging Andreas wieder in den Hort, und es gab keine gravierenden Probleme mehr.

Die gemeinsamen Gespräche erfüllten in diesem Fall die Aufgabe, die Erzieherinnen aus ihrer verstrickten, engen Beziehung zu Andreas zu lösen und sie zu ermutigen, die Kontrollfunktion zu übernehmen, um den Abbruch der Beziehung zu verhindern (den endgültigen Ausschluß aus dem Hort). Aufgrund eines eingeengten „pädagogischen" Verständnisses der Arbeit bedurfte es einiger Überzeugungsarbeit, die Widerstände gegen die Umsetzung einer harten „Bestrafung" zu überwinden. Im nachhinein erwies sich die Veränderung der Beziehung zwischen Familie und Hort als wichtig, um auch innerfamiliäre Veränderungen in Gang zu setzen und vor allem die Rolle der Mutter in der Familie zu festigen.

Eine andere Aufgabe gemeinsamer Gespräche besteht darin, Familie und den neuen Berater einander näher zu bringen. Dies scheint besonders notwendig, wenn die bisherige Hilfe nicht mehr ausreicht, und eine starke Kluft zwischen Familie und dem neuen Berater besteht. Der bisherige Helfer dient hier als Mittler, um die Barriere abzubauen. Eine Problemfamilie an einen neuen Berater zu überweisen, erweist sich meist schwieriger als man annimmt, und scheitert häufig daran, daß die Schwierigkeiten der Übergabe unterschätzt werden. Hauptproblem dabei ist allerdings nicht, eine Beziehung zu einem neuen Berater aufzubauen, sondern die Beziehung zum bisherigen Helfer aufzugeben, die ja, wie Selvini-Palazzoli u.a. (1983) klar herausgearbeitet haben, eine Garantie darstellt, daß die rigide familiale Homöostase nicht aufgegeben werden muß. Aus diesem Grund scheint es mir vorrangig, bei gemeinsamen Familiengesprächen mit dem Ziel der Übergabe der Familie das Augenmerk stärker auf die bisherige Beratung zu lenken und eindeutige Absprachen zu treffen, ob und in welchen Situationen der frühere Berater für die Familie noch zur Verfügung steht. Prognostisch am günstigsten ist es, wenn hier eine völlige Trennung erfolgt. Das erfordert jedoch, bewußt voneinander Abschied zu nehmen und eine sichere Beziehung aufzugeben. Dieser Abschied ist häufig schwer, weil die Einsicht, daß diese Beziehung unvollkommen war, ambivalente Gefühle hervorruft. Werden in der neuen Beziehung Fortschritte erzielt, die den

Gleichgewichtszustand gefährden, gerät die Familie in Versuchung, den Kontakt zum früheren Berater wiederherzustellen, um der Herausforderung zu entgehen.

Die Ablösung vom bisherigen Berater wird erleichtert, wenn die Erfahrungen, die die Familie mit dem bisherigen Helfer gemacht hat, in einer Rückschau ausgewertet werden, und dabei die positiven Lernerfahrungen und die Enttäuschungen gleichermaßen artikuliert werden. Es wird deutlich, wieweit die Familie Wachstum zuließ und das Angebot des Helfers nutzte. Die Auswertung liefert eine klare Begründung, weshalb die Beratung der ganzen Familie gerade jetzt angebracht ist, was die Familie an Potential, aber auch an unerfüllten Hoffnungen einbringt. Die Rückschau hilft auch, die an den bisherigen Helfer gebundenen Gefühle bewußt zu machen und zu verarbeiten, wodurch der Abschied erleichtert wird.

Das Zusammenspiel des bisherigen und des neuen Beraters in der Führung des Gespräches veranschaulicht der Familie die Verbindung zwischen beiden: Es treten sowohl Berührungspunkte wie auch Unterschiede zum Vorschein. Die Gemeinsamkeiten erleichtern, Gefühle, die dem alten Berater galten, auf den neuen zu übertragen. Die Verschiedenheit zwischen beiden erzeugt nicht nur Ängste, sondern unterstützt auch Erwartungen, daß in der neuen Beziehung bisher ungelöste Konflikte in Angriff genommen werden. Werden diese Aspekte im Übergabegespräch berücksichtigt, ist die Familie eher in der Lage, sich auf die neue Beziehung einzulassen, ohne ständig auf den früheren Helfer zurückzublicken. Die neue Arbeitsphase kann zielstrebig angegangen werden.

VI. Die Bearbeitung von Beziehungen

Die Bearbeitung von Beziehungen nimmt einen zentralen Stellenwert in der Beratung von Problemfamilien ein. In der Art, wie familiäre Transaktionsmuster erkannt und thematisiert werden, zeigt sich, ob und wieweit es gelingt, eine Arbeitsform darzustellen, die Problemfamilien darin unterstützt, eine über die aktuellen Alltagsnöte hinausgehende Hilfe anzubieten, die erstarrte Beziehungsklischees wieder verflüssigt und für Veränderungen öffnet. Die Schwierigkeiten, die sich diesem Ziel entgegenstellen, wurden in den bisherigen Ausführungen hinlänglich deutlich: Verständigungsbarrieren zwischen Problemfamilien und Helfern, die in verschiedenartigen sozialen Kontexten verankert sind, eine Tendenz zum Aktionismus, der anscheinend keinen Raum läßt für eine eher reflektierende therapeutische Arbeit, die kurzsichtige Absicht zu helfen bei verschiedenen Personen und Einrichtungen, die von Problemfamilien um Unterstützung angegangen werden.
Es ist verständlich, daß gegenüber der Agiertendenz von Problemfamilien nur ein Beratungsansatz sinnvoll ist, bei dem der Berater die Verantwortung dafür übernimmt, die Initiative zu ergreifen und aktiv handelnd die Führung zu übernehmen. Daher nimmt die Beschreibung von Techniken einen breiten Raum ein. Scheut ein Berater nicht davor zurück, seine Vorgehensweisen offen auf den Tisch zu legen, wird er meist mit dem Vorwurf konfrontiert, er handle manipulativ, setze seine eigenen Bedürfnisse an die erste Stelle und lasse sich zuwenig durch die Familie in Frage stellen (Bauriedl 1983). Dieser Vorwurf darf nicht leichtfertig abgetan werden, sondern sollte Anlaß sein, über Kontrollmöglichkeiten des Helfers nachzudenken. Dennoch darf nicht in Vergessenheit geraten, daß die strukturierende Arbeit eine sorgfältige Beobachtung der Familie voraussetzt. Das Wissen darüber, wie Beziehungen über subtile nonverbale Botschaften gesteuert werden, erlaubt, diese Prozesse aufzugreifen und zu verändern. Gezielte Veränderung setzt jedoch Erkenntnis voraus.
Für die konkrete Beziehungsarbeit scheint es sinnvoll, einige Schwerpunkte herauszugreifen. In der Realität ist diese Trennung jedoch nicht durchzuhalten, da der Hilfsprozeß immer ein ganzheitliches Geschehen darstellt. Grundlegend ist die Erarbeitung einer minimalen Kommunikationsstruktur, ohne die Verständigung über Beziehungen schwer möglich ist. Unverzichtbar ist die Besinnung auf eine angemessene „Beziehungssprache", die interaktive Muster nicht nur kognitiv abbildet, sondern auch erlebnismäßig nachvollziehbar macht. Für die praktische und technische Umsetzung

werden drei Bereiche herausgegriffen: die Arbeit mit Metaphern, die Thematisierung von Beziehungen in Handlungsvollzügen sowie der Zusammenhang zwischen Krankheiten und Beziehungsmustern in Familien. Diese Bereiche wurden ausgesucht, da sie bei Problemfamilien häufig konfliktbesetzt sind, so daß hier am ehesten mit einem Leidensdruck zu rechnen ist.

1. Die Erarbeitung einer grundlegenden Kommunikationsstruktur

Die Verständigung in Problemfamilien krankt häufig daran, daß diese nicht gelernt haben, äußere und innere Rahmenbedingungen zu schaffen, die einen Dialog ermöglichen. Besonders in Krisensituationen treten erhebliche Kommunikationsstörungen auf, denen die Familie hilflos gegenübersteht. Die Familie registriert nur die Mißverständnisse, aber da die Hintergründe nicht bewußt sind, können sie auch nicht ausgeräumt werden. Minuchin u. a. (1967) beschrieben eindrucksvoll Kommunikationsstörungen bei großen Slumfamilien. Das Gespräch glich zu Beginn der Behandlung eher einem lauten Geräusch, das weniger der Verständigung diente und eher die Funktion hatte, daß alle Familienmitglieder ihre Meinungen und Gefühle möglichst laut zum Ausdruck brachten, um die anderen zu übertönen, ohne daß sie erwarteten, daß jemand zuhört. Familienmitglieder schnitten sich gegenseitig das Wort ab, redeten gleichzeitig, häufig „antwortete" jemand, indem er ein völlig neues Thema anschnitt. Das Sprechen diente weniger dem Informationsaustausch als vielmehr der Demonstration von Macht mit Hilfe der Lautstärke. Minuchin u. a. betonen, daß diese Kommunikationsstruktur durch konkrete Maßnahmen verändert werden müsse, die der Therapeut aktiv einbringt und kontrolliert, indem er klare Gesprächsregeln einführt: Er sorgt dafür, daß immer nur einer spricht, unterbindet Unterbrechungen und führt bei Abschweifungen zum Thema zurück. Bedeutsam erscheint vor allem, daß er jedem Sprecher aufmerksam zuhört und dadurch der Familie ein (nachahmenswertes) Modell vor Augen führt.
Mit diesem Vorgehen entwickelte Minuchin ein wichtiges familientherapeutisches Grundprinzip, das besonders bei der Arbeit mit Problemfamilien bedeutsam ist, nämlich, daß zunächst eine minimale Grundstruktur der Kommunikation aufgebaut werden muß, um Verständigung zu ermöglichen. Erst auf dieser Basis ist eine weiterreichende Problembearbeitung möglich, die einen Dialog zwischen Familienmitgliedern voraussetzt.
Diese minimale Verständigung wird nicht dadurch erreicht, daß die Störungen thematisiert werden, sondern Störquellen ausgeschaltet und dia-

logisches Verhalten trainiert wird. Das kann in spielerischer Form geschehen, indem z. B. ein Gegenstand herumgereicht wird, und nur reden darf, wer diesen in der Hand hält. Oder ein Familienmitglied übernimmt vorübergehend die Rolle des Gesprächsleiters. Wenn die Familie grundlegende Gesprächsregeln beherrscht, kann sie diese auch außerhalb der Beratung anwenden. Werden Gespräche in der Wohnung der Familie durchgeführt, sind vor allem auch äußere Geräuschquellen, die die Aufmerksamkeit ablenken, auszuschalten, wie laute Musik oder Fernsehen.
Fähigkeiten, die in Familien häufig unterentwickelt sind, sind neben der Fähigkeit zuzuhören, auch die Fähigkeit, möglichst klare und eindeutige Botschaften zu senden. Das gilt nicht nur für den Schweiger, der verbale Mitteilungen verweigert, sondern auch für Familienmitglieder, die sich in allgemeine Aussagen oder Andeutungen flüchten und es dem Zuhörer überlassen, den tieferen Sinn zu enträtseln. Eine Reihe einfacher und leicht erlernbarer kommunikativer Techniken können bereits in der Anfangsphase trainiert werden, wodurch sich die Gesprächsatmosphäre oft spürbar entspannt. Darunter fallen z. B.:
— andere ausreden lassen,
— Rückmeldungen erbeten und geben,
— Rückfragen stellen,
— Konkretisieren von Verallgemeinerungen,
— Umschreiben von unverstandenen Aussagen,
— Aussagen in die Ich-Form kleiden.
Es empfiehlt sich, diese Regeln erst dann einzuführen, wenn Störungen auftreten. Ohne vorwurfsvollen Unterton kann man z. B. ein Familienmitglied bitten, eine Aussage zu wiederholen, weil man sie nicht richtig verstanden hat (wenn jemand undeutlich spricht). Man unterbricht, wenn jemand für einen anderen spricht, und sagt, daß jeder für sich sprechen kann. Durch diese Gesprächsstrukturierung entsteht in den ersten Sitzungen eine vorübergehende Lernatmosphäre, bei der die Familienmitglieder ihre gewohnten Rollen teilweise verlassen und die Rolle gelehriger (oder widerspenstiger) Schüler übernehmen. Das lenkt kurzfristig von den akuten Konflikten ab, hilft damit, Distanz herzustellen, und schafft eine Stimmung, die dazu beiträgt, die veränderten Gesprächsmuster in den Alltag zu übertragen.
In leichten Fällen, bei denen die Störung an der Oberfläche liegt, können durch konsequente Anwendung von Kommunikationsregeln überraschende Wirkungen erzielt werden. Schwieriger wird es jedoch, wenn eine Kommunikationsstörung Ausdruck eines tieferliegenden, aus dem bewußten Erleben abgespaltenen Konfliktes ist. In solchen Fällen ruft die Artikulation klarer und eindeutiger Botschaften Ängste, Schuldgefühle oder

Abwehr hervor. Widerstand gegen die Einführung von Gesprächsregeln ist ein Zeichen für eine tieferliegende Störung. Es ist wenig hilfreich, auf den Abbau alter Kommunikationsmuster zu insistieren, wenn die beteiligten Personen noch nicht in der Lage sind, die ihnen unerträglich erscheinenden Inhalte zu verarbeiten. Eine tiefer ansetzende kommunikative Arbeit setzt daher ein hohes Maß an Einfühlung und Flexibilität voraus, um die Betroffenen nicht zu überfordern. Dies gilt besonders dann, wenn erhebliche Diskrepanzen zwischen verbalen und nonverbalen Mitteilungen angesprochen werden sollen. Ähnlich wie bei der Interpretation in der Psychoanalyse besteht hier die Kunst darin, den richtigen Zeitpunkt und die richtige Form zu finden, Kommunikationsbarrieren abzubauen.

Es erscheint daher sinnvoll, die Veränderung der familiären Kommunikation in zwei Phasen vorzunehmen. In der ersten Phase, die an den Beginn der Behandlung zu stellen ist, geht es darum, einfache und für die Verständigung grundlegende kommunikative Fertigkeiten zu entwickeln, falls sie in der Familie noch nicht vorhanden sind. Dieses Training schafft die Grundlage für eine erfolgreichere Verständigung als bisher und erweist sich insbesondere als bedeutsam, um akute psychosoziale Krisen zu bewältigen. Bei der weiteren Arbeit tauchen häufig subtilere und emotional stärker besetzte Kommunikationsstörungen auf, die nicht mehr durch ein einfaches Training, sondern durch eine sorgfältige Analyse zu bearbeiten sind. Diese tiefergehende und stärker in den Gefühlsbereich vordringende kommunikative Arbeit könnte man als zweite Phase bezeichnen. Sie ist von der ersten deutlich abzugrenzen, weil sie einen anderen Problembereich anspricht und sich anderer Methoden bedient.

Als unzureichend erweist sich hier ein rein verhaltenstheoretisches Verständnis der Kommunikation, das vor allem von Watzlawick u. a. (1969) propagiert wurde. Angemessener ist eine Sicht, die den Abwehrcharakter von Mitteilungen einbezieht. In der Kommunikation werden Mitteilungen sowohl mitgeteilt wie auch verhüllt oder entkräftet. Das gilt insbesondere für den Beziehungsaspekt, der meist in analoger Form über nonverbale Kanäle übermittelt wird, und zwar häufig in einer Art, daß klare Aussagen vermieden werden. Versuche, diffuse nonverbale Mitteilungen in eindeutige digitale Informationen zu übersetzen, werden abgeblockt oder enden in unechten Rationalisierungen, wenn die Klärung der zugrunde liegenden Probleme noch zu angstbesetzt ist.

2. Beziehungsarbeit und Beziehungssprache

Jede intensive Beschäftigung mit einem bestimmten Gegenstandsbereich erfordert eine Fachsprache, die die Art des Zugangs präzise erfaßt und die Kommunikation über die fachlichen Objekte erleichtert. Bearbeiten von Beziehungen in der Familienbehandlung bedarf insofern einer besonderen Fachsprache. Anders als übliche Fachsprachen, die der Verständigung unter Eingeweihten dienen und Außenstehende von der Kommunikation ausschließen, handelt es sich bei der familientherapeutischen Sprache gleichzeitig um eine Laiensprache, die hohen Anforderungen genügen muß. Die Sprache muß einerseits die präzisen Vorstellungen des Therapeuten über Beziehungsstrukturen, feine Abstufungen und Veränderungen von Beziehungen abbilden, andererseits muß sie für die Familienmitglieder, die über keine besondere Vorbildung auf diesem Gebiet verfügen, verständlich sein, und was noch schwerer wiegt, sie muß über den Verstand hinaus auch tiefere Persönlichkeitsbereiche ansprechen, um emotionale Veränderungen in Gang zu setzen. Die Aufgabe, über die Beziehungssprache Zugang zur Erlebniswelt des Klienten zu finden, stellt sich in verschärftem Maße für eine Arbeit mit Problemfamilien, die ja aus einer anderen Erfahrungswelt als der Helfer kommen, woraus sich die bereits angesprochene Verständigungsbarrieren ergeben.

Dieses Dilemma ist nur lösbar, wenn sich der Helfer für die bereits vorhandene Beziehungssprache seiner Klienten interessiert, sich diese zu eigen macht und seine therapeutischen Absichten in die Sprache der Klienten übersetzt, damit sie verstanden und innerlich nachvollzogen werden. Aushandeln von Beziehungen im zwischenmenschlichen Bereich ist nämlich nicht eine Erfindung von Therapeuten, sondern ein ubiquitäres Phänomen, das in der Regel nebenbei abläuft, wenn wir über Inhalte miteinander kommunizieren. In Gestik, Mimik, Körperhaltung, in der Art, wie wir jemand ansprechen und ihn zu beeinflussen versuchen, drücken wir laufend unsere Sicht der Beziehung aus.

Komplexere und länger andauernde Beziehungen wie in der Familie, die zudem im Laufe der Zeit ihre Qualität vielfach verändern, bedürfen jedoch spezieller Aufmerksamkeit. Gerade im familiären Bereich wird viel Zeit und Energie darauf verwandt, den anderen die Gefühle und Wünsche mitzuteilen oder zu verheimlichen und von den anderen zu erfahren, wie sie die Beziehung sehen. Unklare oder falsche Vorstellungen über die Beziehungen können schwerwiegende Folgen haben, z.B. wenn Eltern die Eigenständigkeit eines Kindes falsch einschätzen oder wenn ein Ehepartner vom anderen betrogen wird, ohne daß er es merkt.

Um Störungen im Fluß familiärer Beziehungsklärungen beheben zu können, ist es nützlich, sich einige wesentliche Merkmale von Beziehungen zu verdeutlichen, die aus dem allgemeinen Bewußtsein verschwunden sind. Persönliche Beziehungen sind ambivalent (Bauriedl 1983): Ich liebe und hasse jemand, wünsche Nähe und möchte allein sein, ich möchte unabhängig sein und möchte gleichzeitig, daß mir der andere unangenehme Tätigkeiten abnimmt.

Wünsche und Befürchtungen, die Beziehungen betreffen, treten häufig in einer extremen und archaischen Form auf. Aus psychoanalytischer Sicht handelt es sich dabei um eine Regression oder Fixierung an eine frühkindliche Beziehungserfahrung.

Das Bewußtwerden und die Mitteilung infantiler Beziehungsphantasien kann Lähmung und Entsetzen zur Folge haben, z. B. bei Mordimpulsen, Wut oder extremer Gleichgültigkeit, aber auch eine erdrückende Liebe, die jegliche Eigenständigkeit abwürgt, oder sexuelle Wünsche von Eltern ihren Kindern gegenüber. Diese Extrembeispiele mögen zunächst überzogen erscheinen, sind jedoch für denjenigen, der familiäre Beziehungen in Krisensituationen näher studiert, beinahe eine Alltagserscheinung, die insbesondere in Streßsituationen auftreten. Gefühle von Angst, Scham, Mitleid, Rücksichtnahme, die wir in unserer Erziehung zu „sozialen" Individuen erlernt haben, behindern das Offenlegen dieser Phantasien, wodurch sie jedoch noch weniger verarbeitet werden können. Bei der Verheimlichung von infantilen Beziehungsphantasien spielt auch das nachvollziehbare Empfinden eine wichtige Rolle, daß ein Aufdecken mit Unannehmlichkeiten und Konflikten verbunden ist, die die Beziehung schwer belasten.

Für das Beziehungsgespräch ist ferner wichtig, sich vor Augen zu führen, worüber gesprochen wird. Es geht nicht ausschließlich um die realen Beziehungen, sondern primär um die inneren Abbilder der Beziehungen, die jeder in sich trägt. Jemand spricht nicht in erster Linie von sich, wie er tatsächlich ist, sondern wie er sich selbst sieht, wie er sich einschätzt, wie er sein möchte, wie er nicht sein möchte, wie er wünscht, daß andere ihn sehen oder nicht sehen. Diese inneren Bilder sind stark von Gefühlen und Wünschen überlagert, die die Realitätswahrnehmung entstellen. Dasselbe, was über das Selbstbild gesagt wurde, gilt auch für die Wahrnehmung anderer Personen sowie für die Wahrnehmung der Beziehung zwischen Personen. Auf die Tendenz zur Verzerrung der sozialen Wahrnehmung durch Abwehrmechanismen wie Projektion, Identifikation, Spaltung sei hier nur am Rande verwiesen.

Beziehungsarbeit hat somit nicht vorrangig die äußere Beziehungsrealität zum Gegenstand, sondern die subjektive Beziehungswahrnehmung und Beziehungswünsche. Wird dieser zentrale Aspekt vernachlässigt, ist es unvermeidlich, daß über Beziehungsrealitäten gestritten wird, wo es in Wirklichkeit um subjektiv gefärbte Wahrnehmungen geht. Der Familienberater legt eine gewisse Skepsis an den Tag, wenn sich die Familie bemüht, „die Dinge so zu sehen, wie sie wirklich sind". Wichtiger ist es für ihn, die Beziehungsphantasien möglichst lebendig und anschaulich zu ermitteln. Für die zweigleisige Arbeit mit Problemfamilien heißt das jedoch, daß es erforderlich ist, beide Schienen klar zu trennen und dadurch die Vermischung von äußeren Problemen mit Beziehungskonflikten, die von der Familie betrieben wird, wieder rückgängig zu machen. Diese Forderung ist allerdings erst in einem fortgeschrittenen Stadium der Behandlung umsetzbar, während es zu Beginn immer wieder zu einer Überlappung beider Bereiche kommt. Sind die akuten äußeren Probleme der Familie bewältigt oder ist die Familie in der Lage, den Druck durch die äußeren Konflikte vorübergehend zu ertragen, wird Raum geschaffen für die Bearbeitung der Beziehungsebene.

Als wesentliches Ziel der Beziehungsarbeit gilt daher, daß Vorstellungen über Personen und Beziehungen, die jeder in sich trägt, nach außen sichtbar gemacht werden, damit sie auch den Beziehungspartnern innerlich nachvollziehbar werden, mit den Vorstellungen der Partner und der Realität verglichen und gegebenenfalls modifiziert werden.

Die Aufmerksamkeit des Beraters ist in diesem Prozeß nicht nur darauf gerichtet, objektiv zu analysieren, sondern er spielt eine Art Übersetzer, der sich um ein gegenseitiges Verständnis der Personen bemüht. Eine abstrakte, intellektualisierende Fachsprache erweist sich hier als denkbar ungeeignet. Sie erlaubt zwar eine exakte Definition von Beziehungsmustern, hat aber verschiedene Nachteile. Zum einen spricht sie in erster Linie das Denkvermögen an, während die emotionale Seite zu wenig aktualisiert wird. Abstrakte Beziehungsgespräche sind in besonderem Maße für Personen schwer nachvollziehbar, deren Denken stärker konkret, anschaulich und an der Alltagsrealität orientiert ist. Der gravierendste Nachteil ist jedoch darin zu sehen, daß die rationale Fachsprache zuwenig quantitative Abstufungen der Beziehung zuläßt und nur die Art einer Beziehung definiert: Eine Beziehung wird als Liebe, Abhängigkeit, Dominanz, Ausbeutung usw. beschrieben. Dabei wird nicht erfaßt, ob die Liebe leidenschaftlich oder unauffällig und beständig, ob sie mit anderen Gefühlen vermischt ist usw. Die digitale Fachsprache vernachlässigt den Nuancenreichtum der Gefühle, der durch Tonfall, sprechbegleitende Gesten oder durch eine formal anders strukturierte Sprache besser ausgedrückt werden kann.

Eine abstrakte, rationale Fachsprache ist also zu schwerfällig, um Beziehungsphantasien angemessen auszudrücken. Der Zugang zur Vorstellungswelt macht eine andere Terminologie erforderlich. Auf einer allgemeinen, wissenschaftlichen Ebene läßt sie sich am ehesten damit umschreiben, was Freud (1911) als primärprozeßhaftes Denken (als Funktionsprinzip des

Unbewußten), Watzlawick u.a. (1969) als analoge Kommunikation oder Watzlawick u.a. (1977) als rechtshermisphärisches Denken bezeichnen. Von der Sprachgattung her liegt eher Verwandtschaft vor zur bildhaften, dichterischen Sprache, dagegen weniger zur abstrakten wissenschaftlichen Fachsprache. Für unsere Zwecke ist es jedoch nicht erforderlich, die theoretischen Bezüge herauszuarbeiten, sondern die wesentlichen formalen Merkmale einer analogen Beziehungssprache zu benennen: Für die praktische Beziehungsarbeit mögen einige grobe Merkmale als Anhaltspunkte ausreichen. Innere Vorstellungsbilder sind konkret, sinnlich, anschaulich, be-greifbar, zeitlos, widersprüchliche Merkmale können zusammen vorkommen (z.B. jemand kann tot und lebendig sein). Verschiedene Objekte können zu einer Einheit verschmelzen oder eine Person kann in verschiedene Teilpersonen aufgespalten sein (meine Mutter ist ein Lamm und ein Wolf). Zusammenhänge werden durch Aneinanderreihung hergestellt. Als hervorstechendes Charakteristikum kann das konkrete, sinnlich anschauliche oder faßbare, seltener ein auditives Vorstellungsbild gelten, das eine hohe gleichnishafte Aussagekraft besitzt und dem Gegenüber viel stärker als abstrakte Erklärungen einen Einblick in die affektive Qualität einer Beziehung liefert.

Zugang zu den inneren Beziehungsphantasien eines Menschen findet man jedoch am ehesten, wenn man sein Verhalten in Beziehungen studiert, sowohl auf verbaler wie auf nonverbaler Ebene. Auf eine provozierende Bemerkung reagiert jemand etwa mit einer ironischen Antwort, mit Erröten und Atemnot oder indem er aufspringt und den Raum verläßt. Im ersten Fall mobilisiert die Mitteilung den verbalen Sektor, im zweiten werden körperliche und „psychosomatische" Reaktionen ausgelöst, im dritten wird sie auf der Handlungsebene beantwortet. Wenn Reaktionen auf der gleichen Ebene gehäuft auftreten, ist anzunehmen, daß diese Ebene eine wichtige Rolle einnimmt, wenn Beziehungsphantasien aktualisiert werden sollen. Im ersten Beispiel kann der verbale Kanal eingesetzt werden, im zweiten Fall drückt eher der Körper durch nonverbale Signale oder eine Krankheit aus, wie jemand eine Beziehung definiert, im dritten Fall dagegen steht das Handeln im Mittelpunkt, der Betreffende setzt seine Beziehungsdefinition in eine Szene um, er verspürt den Impuls, etwas zu tun, und indem er handelt, wird seine Sicht der Beziehung lebendig.

Beziehungsphantasien werden auf unterschiedlichen Ebenen aktualisiert. Der Berater hat sich bewußt zu machen, auf welche Ebene ein Klient anspricht und welche ihn nicht berührt. Gelingt es nicht, Zugang zu seinen verfügbaren Ebenen zu finden, bleibt die Arbeit erfolglos, und es treten Verständigungsprobleme auf.

Worauf es dabei vor allem ankommt und was erhebliche Schwierigkeiten bereitet, ist der Umstand, einen Zugang zu den inneren Repräsentationssystemen, zur Vorstellungswelt der Familienmitglieder zu finden. Bandler und Grinder (1980) unterscheiden in allgemeiner Form drei Repräsentationssysteme: ein visuelles, ein auditives und ein kinästhetisches, die früher bereits erwähnt wurden (S. 29 ff.). Die Autoren nehmen an, daß bei jedem Menschen eines dieser Repräsentationssysteme dominiert. Zugang zu seiner Erlebniswelt wird dadurch möglich, daß man aus seinen Äußerungen und seinem Verhalten das jeweilige Repräsentationssystem ermittelt und die eigenen Botschaften so abfaßt, daß sie auf die Vorstellungswelt des Empfängers abgestimmt sind. Dem visuellen Typen muß alles auf die räumliche Ebene projiziert werden, damit er es „sehen" kann, man muß ihm eine bestimmte „Sicht" der Dinge vermitteln usw. Vermutlich sind die individuellen Repräsentationssysteme noch wesentlich unterschiedlicher ausgeprägt und stark durch bedeutsame Erfahrungen, vor allem im Umgang mit Familienmitgliedern, Gleichaltrigen, Schule, Beruf, Massenmedien usw. geformt.

Die Bedeutung des Modells unterschiedlicher Repräsentationssysteme für die Arbeit mit Problemfamilien sehe ich darin, daß es eine wichtige Zugangsperspektive zu Beziehungsphantasien eröffnet. Dieses Modell läßt sich auch zu anderen praktischen Vorgehensweisen als dem neurolinguistischen Programmieren, das von Bandler und Grinder (1981) entwickelt wurde, heranziehen. Das Grundlegende sehe ich in der Tatsache, daß Beziehungsvorstellungen sich auf unterschiedlichen Ebenen ausdrücken. Beziehungsarbeit, die versucht, diese ins Bewußtsein zu heben, schafft sich Zugang zu diesen Ebenen und führt die Bearbeitung auf den Ebenen durch, die in der jeweiligen Familie bedeutsam sind. Der Familienberater sollte daher über Möglichkeiten verfügen, Beziehungsprobleme auf unterschiedlichen Ebenen zu bearbeiten.

Hierzu sollen im folgenden einige Anregungen gegeben werden, die die Arbeit auf drei Ebenen veranschaulichen, die sich bei Problemfamilien als zentral herauskristallisieren. Da dem Agieren und dem Be-handeln von manifesten Problemen ein hoher Stellenwert eingeräumt wird, nimmt die Arbeit auf der Handlungsebene einen hohen Stellenwert ein. Nicht fehlen darf der Ansatz an nonverbalen Ausdrucksmöglichkeiten. Ich habe mich auf diesem Sektor jedoch beschränkt auf die extremsten Beispiele, nämlich körperliche und psychosomatische Krankheitssymptome. Beziehungsarbeit schließt immer Gespräche mit ein. Dennoch scheint es sinnvoll, die verbale Ebene gesondert in Angriff zu nehmen und hier vor allem Möglichkeiten anzusprechen, die sich durch die Verwendung einer analogen und metaphorischen Sprache ergeben.

3. Der Einsatz von Metaphern in der Familienberatung

Bilder, Analogien, Vergleiche werden von Familienmitgliedern ständig benutzt, um die Familiensituation zu charakterisieren. Sie werden meist spontan eingebracht, wirken selbstverständlich und werden daher nicht näher beachtet. Es bedarf einer besonderen Aufmerksamkeit, um die Bedeutung derartiger bildlicher Umschreibungen der familiären Beziehungen zu erkennen. Einige Beispiele aus Familiengesprächen seien zur Veranschaulichung angeführt.

Ein zwölfjähriger Junge bezeichnet die Familiensituation, nachdem die Eltern sagten, ihre Familie sei sehr harmonisch — kurz und bündig: „Wir sind Afghanistan" (die Sitzung fand kurz nach dem Einmarsch russischer Truppen in Afghanistan statt).

Ein 13jähriger Sohn aus einer Familie, in der sich die Eltern wegen der Schulschwierigkeiten der Kinder häufig streiten, antwortet auf die Frage, ob sich die Eltern auch über andere Dinge streiten: „Wir (Geschwister) sind das Basislager, alles geht von uns aus. Der Streit geht immer von uns aus."

Ein neunjähriger Junge, dem der Vater vorhält, wo er überall versagt hat, antwortet auf die Frage, was er macht, wenn ihm der Vater seine Untaten aufzählt: „Ich igle mich ein."

Vor allem Kinder benutzen häufig anschauliche Metaphern, um Beziehungen plastisch vor Augen zu führen. Bei folgendem Gesprächsausschnitt werden mehrere Bilder aus verschiedenen Sinnesmodalitäten angesprochen, um die Partnerbeziehung zu verdeutlichen.

Herr S.: (nachdem er von seiner Frau eine positive Rückmeldung erhielt) Mann, so was habe ich von Dir noch nie gehört, das geht runter wie Öl.
Berater: Das tut Ihnen gut, da werden Sie gleich einen Meter größer.
Herr S.: Ja genau, auf so was habe ich schon lange gewartet.
Berater: Frau S., jetzt haben Sie Ihren Mann aufgebaut. Wie werden Sie damit fertig — oder müssen Sie etwas tun, damit er wieder auf den Boden der Tatsachen zurückkommt?
Frau S.: Davor habe ich keine Angst. Nächste Woche haben wir ein Gespräch mit der Lehrerin von Stefan, da wird er schon wieder nüchtern.

In dieser kurzen Passage wird ein bestimmter Gefühlszustand durch mehrere Bilder ausgedrückt, die unterschiedlichen Sinnesbereichen entstammen: dem Geschmackssinn (psychoanalytisch der oralen Sphäre) entstammt die Metapher „geht runter wie Öl", „einen Meter größer" ist eine visuelle Umschreibung, „aufbauen, auf den Boden der Tatsachen zurückkommen" entspricht dem kinästhetischen Repräsentationssystem, „nüchtern" ist dem Stoffwechsel entnommen. Somit wird die Beziehungskonstellation, die nach der positiven Rückmeldung der Frau eintrat, auf unterschiedlichen Ebenen erfahrbar, wird in unterschiedlichen Wahrnehmungsbereichen verankert: Das Erlebnis wird „gesehen", „geschmeckt", „begriffen" und „verdaut".

Die Metapher stellt eine Abbildung der Realität dar, die aus unterschiedlichen Blickwinkeln verschieden interpretiert werden kann, obwohl es zunächst den Anschein hat, als ob nur eine Deutung möglich wäre. Andolfi u. a. (1986) weisen darauf hin, daß Metaphern eine Doppelfunktion erfüllen: Sie enthüllen und verschleiern gleichzeitig. Sie sind damit vergleichbar neurotischen Symptomen oder Träumen, die ebenfalls auf etwas aufmerksam machen und es gleichzeitig wieder zudecken. In dem Bild von den Kindern als Basislager der Eltern kommt man durch eine Veränderung der Perspektive darauf, daß das Lager von der Expedition errichtet wurde, daß es unbeweglich ist, während sich die Expedition weiter bewegt. Durch diese Umdeutung wird die ursprüngliche Aussage: „Wir Kinder sind der Mittelpunkt der Familie" aufgegeben, indem etwa die Starrheit dieser Position und damit deren mangelnde Lebendigkeit herausgestellt wird.

Obwohl Metaphern in ihrem ursprünglichen Kontext bereits ungemein plastische Umschreibungen von Gemütszuständen oder Beziehungen darstellen, enthüllen sie durch Veränderung der Sichtweise Aspekte, die der Familie bisher nicht zugänglich waren. Metaphern kommt somit eine dynamische Funktion zu, indem sie auf eine verschlüsselte Form die ungelebte Seite der Familie ausdrücken. Um diese zugänglich zu machen, ist jedoch eine Verschiebung der Aufmerksamkeit erforderlich, die Metapher muß in einen neuen Kontext gestellt werden. Das kann auf verschiedenen Wegen vor sich gehen.

Eine Möglichkeit besteht etwa in der freien Assoziation. Um die Elemente, die in dem ursprünglichen Bild noch verborgen sind, offenzulegen, können Familienmitglieder und Berater spontane Einfälle sammeln und anschließend überprüfen, wieweit damit weitere Elemente der Beziehung verdeutlicht werden. In dem Beispiel mit dem Einigeln wird etwa angesprochen, daß Stacheln das einzige sind, womit sich der Igel wehren kann, daß der Igel, solange er eingerollt ist, nichts mehr von der Umwelt mitbekommt, oder daß er sich wieder ausrollt, wenn die Gefahr vorüber ist.

Bei der freien Assoziation ist es nicht erforderlich, daß die Einfälle an der Ausgangsmetapher bleiben. Anders als bei der Traumdeutung geht es nicht um die „richtige" Interpretation, sondern daß Beziehungsstrukturen zutage gefördert werden, die bisher nicht ausgesprochen wurden. Dabei können Metaphern erweitert oder verengt werden oder durch neue Phantasiebilder ergänzt werden. In der oben zitierten Gesprächssequenz werden etwa die einzelnen Bilder nicht näher untersucht, sondern es erfolgt eine Kettenreaktion von Metaphern, die jeweils unterschiedliche Seiten der Beziehung verdeutlichen.

Bei Bildern, die im Erleben der Familie eine Schlüsselfunktion einnehmen, ist es zuweilen sinnvoll, sie mit Hilfe extraverbaler Mittel zu vertiefen. So kann etwa ein Bild gemalt oder Figuren aus Ton geformt werden, die zu einer Szene komponiert werden. Dabei werden im Prozeß des Gestaltens bedeutsame Affekte freigesetzt und gleichzeitig wird ein symbolisches Produkt hergestellt, das an ein bestimmtes Stadium der familialen Entwicklung erinnert.

Eine kinästhetische Umsetzung stellt die Familienskulptur (Schweitzer und Weber, 1982) dar, d. h. die Beziehungen der Familie werden von ihren Mitgliedern als Standbild dargestellt. Daraus entwickeln sich häufig Ideen, das Bild zu verändern. Die erste Abwandlung ruft dann Kettenreaktionen hervor, Spannung und Unbehagen der beteiligten Personen kann in Bewegung umgesetzt werden. In einer Art Choreographie bewegen sich die Personen solange, bis ein allseits befriedigender Zustand erreicht ist. Das Stellen und Auswerten von Skulpturen und Choreographien erfordert jedoch ein spezielles Training.

Eine andere Bearbeitung stellt die spielerische Inszenierung dar, indem die Familienmitglieder aus der Metapher eine Art Rollenspiel entwickeln.

Bisher wurden Bearbeitungsmöglichkeiten aufgeführt, die sich auf Metaphern bezogen, die von der Familie spontan ausgedrückt werden. Manche Familientherapeuten bevorzugen es, von sich aus gezielt Metaphern in die Familie einzugeben und dann mit der Familie zusammen zu analysieren. Andolfi u. a. (1986) beschreiben ferner einen Ansatz, Objekte einzusetzen und ihnen einen metaphorischen Sinn zu unterstellen. Sie beschreiben etwa eine Szene, in der eine mit den übrigen Familienmitgliedern verstrickte Mutter zur „Schlüsselfigur" erklärt wird. Die Mutter wird angehalten, ihren Schlüsselbund in die Hand zu nehmen und mit Hilfe der Schlüssel festzulegen, zu welchen Räumen welches Familienmitglied (in ihrer Phantasie) Zugang hat. Der Schlüsselbund wird somit zum Symbol der Abgrenzung der Mutter von den übrigen Familienmitgliedern. Wenn die Sitzungen in der Wohnung der Familie stattfinden, drängen sich manchmal Objekte förmlich auf, als Metapher eingesetzt zu werden, z. B. wenn ein Kind den Stammplatz eines Elternteils einnimmt oder ein Streit über einen Gegenstand ausbricht. Als Beziehungsmetapher läßt sich häufig auch die Aufteilung und Einrichtung der Wohnung benutzen. Gegenstände, die in der Spieltherapie als Projektionsfiguren eingesetzt werden, z. B. Puppen, Marionetten, Tiere, lassen sich auch als metaphorische Objekte verwenden. Vor allem wenn Kinder bei den Sitzungen anwesend sind, können meta-

phorisch benutzte Gegenstände dazu beitragen, die Aufmerksamkeit der Kinder zu fixieren und gleichzeitig die Beziehung zu bearbeiten.
Eine spezielle und zuweilen sogar künstlerische Form der Arbeit mit Metaphern ergibt sich, wenn aus der Literatur, aus Filmen oder Fernsehsendungen bekannte Geschichten oder Märchen benutzt werden, um Beziehungen zu verdeutlichen. Kreative Berater erfinden selbst Geschichten oder wandeln vorhandene Geschichten so ab, daß die Beziehungsstruktur der Familie darin sichtbar wird. Gordon (1986) entwickelte eine Art Transpositionsschema, mit dessen Hilfe die Beziehungsstruktur einer Familie formal isoliert und als Metapher in einen anderen Bezugsrahmen gekleidet wird. Die Geschichte, ihre Akteure und die Handlung sind der Familie äußerlich fremd, in Wirklichkeit wird sie jedoch mit dem vertrauten Beziehungsmuster konfrontiert, das allerdings noch weitgehend unbewußt ist.
Diese Form des Einsatzes von Metaphern, die auf die Situation der Familie zugeschnitten ist, geht von der Annahme aus, daß die Identifikation bzw. emotionale Auseinandersetzung mit den Personen und der Handlung der Metapher bereits zu einer Veränderung beiträgt, ohne daß der Bezug zur eigenen Situation thematisiert werden muß. Dabei handelt es sich vermutlich um ähnliche Prozesse, wie sie beim Erzählen eines Märchens, bei der Lektüre eines Romans oder beim Besuch eines Theaters ablaufen. Bei diesem Vorgehen wird der Widerstand gegen das Bewußtwerden der Beziehungsphantasien unterlaufen, auch wenn hinterher zuweilen Parallelität mit der eigenen Situation deutlich wird. Durch die Verfremdung der Metapher ist die Familie nicht darauf eingestellt, daß es in der Geschichte um ihre eigenen Beziehungen geht. Aufgrund dessen ruht auch die Abwehr, die Erzählung kann in unbewußte Erlebensbereiche vordringen und dort umgesetzt werden.
Metaphern lassen sich jedoch nicht ausschließlich auf der Basis dieser Hypothese, die der Hypnose entstammt, anwenden. Auch ein bewußtseinsnäherer Einsatz ist denkbar und für nicht mit Hypnose vertraute Familienberater eher möglich. Dabei hat die Familie die Chance, sich selbst aktiv in den Bearbeitungsprozeß einzuschalten, aber auch Deutungen abzulehnen, wenn sie unangemessen scheinen oder noch zu bedrohlich wirken.
Die Methoden, wie Beziehungsphantasien in Familien genutzt werden können, um unbewußte Beziehungsanteile zu klären, sind sehr vielfältig. Ich habe einige beispielhaft angerissen, die sich nach meiner Erfahrung gut für die Arbeit mit Problemfamilien eignen. Welche Methode im Einzelfall gewählt wird, hängt letztlich von den Fähigkeiten und den Vorlieben des Beraters sowie den Möglichkeiten und Grenzen der Familie ab. Mit zunehmender Erfahrung wird der Berater unabhängige von fest strukturierten Methoden unterscheiden und kann sich damit spontan auf die Situation

einlassen und ermutigt dadurch auch die Familienmitglieder zu mehr Spontaneität, woraus sich improvisierte Formen der Beziehungsklärung ergeben.
Die Ausführungen über die Verwendung von Metaphern und metaphorische Objekte möchte ich mit einem Hinweis von Andolfi u.a. (1986) abschließen. Die Autoren heben besonders den spielerischen Charakter der metaphorischen Arbeit hervor. Beziehungen werden nicht in ihrem realen Kontext angesprochen, sondern auf einer übertragenen Ebene. Das Spiel hat nicht nur für Kinder, sondern auch für Erwachsene eine wichtige Funktion, reale Lebenssituationen in der Phantasie zu wiederholen oder zu antizipieren. Das Spielerische läßt jedoch der Kreativität, den Gefühlen und Wünschen viel mehr Spielraum als dies in Ernstsituationen möglich ist. Ideen und Vorschläge werden aufgegriffen und durchgespielt oder verworfen, es darf ungestraft experimentiert werden. Das Spiel ist zunächst unverbindlich, es gibt kein richtig oder falsch. Dennoch zeigt sich, daß sich die Realität verändert, wenn wir nach dem Spiel „auf den Boden der Tatsachen" zurückkehren. An der Veränderung in der Realität merken wir jedoch erst, welche Bedeutung das Spiel hatte. Während des metaphorischen Spiels die Wahrheits- und Sinnfrage zu stellen, hieße indes, das Spiel zu zerstören.

4. Handlungsorientierte Beziehungsarbeit

Handlungsorientierte Beziehungsarbeit stellt in gewissem Sinn einen Gegensatz zur metaphorischen Arbeit dar. Während bei der Arbeit mit Metaphern über Beziehungen auf einer illusionären und irrealen Ebene gesprochen wird, greift das handlungsorientierte Vorgehen unmittelbar auf das Alltagshandeln der Familienmitglieder zurück, auf den Bereich also, in dem Beziehungen am unmittelbarsten und unbestreitbarsten erfahrbar werden. Der Gegensatz spiegelt sich auch in den anzuwendenden Methoden wider. Die metaphorische Arbeit weist eindeutig psychoanalytische Züge auf, die der freien Assoziation, der Bearbeitung von Träumen und der Interpretation vergleichbar sind. Der handlungsorientierte Ansatz hingegen weist stärker strukturierende Merkmale auf, die vornehmlich in der Verhaltenstherapie zum Einsatz gelangen.
Aufgrund dieser Gegensätzlichkeit läßt sich die Frage aufwerfen, ob sich beide Vorgehensweisen zu einem Verfahren verbinden lassen oder ob der Berater nicht seinen Prinzipien untreu wird, wenn er von einer Ebene zur anderen wechselt. Versucht man, diese Frage von therapeutischen Prinzipien und Grundhaltungen her anzugehen, ist zu befürchten, daß die Ant-

wort negativ ausfällt und auf eine der beiden Vorgehensweisen verzichtet werden muß. Stellt man sich jedoch auf einen pragmatischen Standpunkt und eignet sich an, was in der Praxis Erfolg bringt, zeigen sich beide Elemente — die metaphorische und die handlungsorientierte Beziehungsarbeit — in der Arbeit mit Problemfamilien als so bedeutsam, daß auf keine von beiden zu verzichten ist. In diesem Fall kann sich der Berater nicht auf eine widerspruchsfreie und methodisch lupenreine Position zurückziehen, sondern er muß die Spannung auf sich nehmen und mit ihr zu leben und zu arbeiten versuchen. Der handlungsorientierte Ansatz ist unverzichtbar, da Problemfamilien als „Agierfamilien" über sozial unerwünschte und destruktive Handlungsmuster verfügen, gleichzeitig aber ein Handlungsdefizit bei der Bewältigung ihrer Probleme aufweisen. Die Beziehungsseite dieser Handlungsmuster bedarf einer gesonderten Bearbeitung. Andererseits droht diese Arbeit zu verflachen und benötigt ein Korrektiv, das sich auf die innere Gefühlswelt der Familie konzentriert. Dieses Korrektiv stellt die metaphorische Beziehungsarbeit dar.

Handlungsorientierte Beziehungsarbeit kann nahtlos an den Ausführungen zur Problembearbeitung anknüpfen (S. 74ff.). Der gesamte Prozeß der Bewältigung materieller Notlagen wird von innerfamiliären Beziehungsmustern überlappt, die vor allem dann ein intensiveres Eingehen erforderlich machen, wenn der Prozeß stagniert.

Der Problembearbeitungsvorgang wird bereits in einer Form strukturiert, daß das Zusammenspiel der Familie bei der Bewältigung der gewählten Aufgabe transparent wird. Dennoch läuft die Sensibilisierung für die Beziehungen gleichsam nebenbei ab und darf nicht vom Hauptanliegen, der eigentlichen Problembearbeitung ablenken. Auch wenn sich dabei automatisch Beziehungen ändern, ist das nicht das eigentliche Ziel. Umgekehrt stagniert während der Phase der handlungsorientierten Beziehungsarbeit der Prozeß der Problembearbeitung, auch wenn eine erfolgreiche Beziehungsarbeit gleichsam als Abfallprodukt zuweilen bessere Zusammenarbeit auf sachlichem Gebiet zur Folge hat. Die klare Trennung der Ebenen ist erforderlich, um der in der Familie üblichen Vermischung der Ebenen entgegenzuwirken. Das schließt jedoch nicht aus, daß innerhalb einer Arbeitsphase sich beide Bereiche abwechseln.

So kann es etwa zu Beginn eines Problembearbeitungsprozesses zu einem Streit kommen, wer festlegt, welches Problem aufgegriffen werden soll. Dieser Streit erfordert eine Klärung auf der Beziehungsebene. Liegt das Problem fest, kann auf der Sachebene die Natur des Problems, Lösungsansätze, Barrieren usw. untersucht werden. Weigert sich ein Familienmitglied, den ihm zugedachten Beitrag zur Lösung zu erbringen, während die übrige Familie darauf beharrt, ist der Lösungsprozeß blockiert, bis dieser

Beziehungskonflikt beseitigt ist usw. Auch wenn es in Wirklichkeit nicht immer möglich ist, beide Ebenen immer sorgfältig zu trennen, ist es dennoch unverzichtbar, sich zu vergegenwärtigen, welche von beiden Seiten jeweils vorrangig ist.

Handlungsorientierte Beziehungsarbeit kann — wie bereits angedeutet — episodenhaft und punktuell in Problembearbeitungsphasen eingeschoben werden, wenn dies erforderlich ist. Sie nimmt einen wichtigen Platz ein bei der Auswertung von Problemlösungen, sie kann dann aber auch — wenn die Familie ausreichend motiviert ist — unabhängig von Problemlösungen vorgenommen werden, um ausgehend von Alltagserfahrungen der Familie übergreifende Beziehungsstrukturen zu thematisieren. Im letzten Fall entfernt man sich jedoch meist etwas von der Realität, die Handlungsebene erhält einen symbolischen Gehalt, so daß diese Form in die Nähe der beschriebenen metaphorischen Beziehungsarbeit gerät.

Der Grundgedanke einer handlungsorientierten Beziehungsarbeit ist, daß Tätigkeiten so apostrophiert werden, daß sie in einem interaktionellen Kontext eingebettet erscheinen. Dazu ist nicht unbedingt erforderlich, daß allgemeine Interaktionsmuster in abstrakter Form verbalisiert werden, sondern man konzentriert sich vielmehr auf das Verknüpfen von Handlungsketten. Anstelle von allgemeinen Rollen werden konkrete Rollenerwartungen artikuliert. Bedeutsam ist also Konkretheit und Anschaulichkeit.

So kann sich etwa ein arbeitsloser Familienvater dagegen wehren, Hausarbeiten zu übernehmen, weil diese „Frauensache" sind und seine „männliche" Rolle durch den Verlust der Arbeit bereits in Frage gestellt wurde. In diesem Fall ließe sich etwa ansprechen, welche Tätigkeiten für ihn besonders männlich, welche eher weiblich, wie er sich als Mann fühlt, wenn er daran gehindert wird, männliche Aktivitäten auszuführen, wer in der Familie ihn am ehesten unterstützen kann, um seine Männlichkeit nicht zu verlieren usw. In diesem Beispiel hilft das Gespräch über die „männlichen" Tätigkeiten, das Rollenklischee bewußt zu machen und zu hinterfragen. Das Thematisieren der Männerrolle auf der Handlungsebene ist leichter nachvollziehbar als eine abstrakte Reflexion über Geschlechtsrollen.

Auf diese Art lassen sich Beziehungen in der Familie ansprechen, wenn die damit verbundenen Handlungen, die in der Familie bewußt sind und vielleicht kritisiert werden, aufgegriffen werden. Die Handlungsebene ist erlebnismäßig präsent und häufig auch hochgradig affektiv besetzt. Allerdings entzieht sich meist dem Bewußtsein, welche Beziehungsmuster auf der Handlungsebene ablaufen.

Durch das Hervorheben von Handlungen, die Verknüpfung von Handlungsketten oder die Unterbrechung von erwarteten und gewohnten Handlungsfolgen werden neuartige Einsichten vermittelt, indem die Familie aus dem gewohnten Gleichgewicht gebracht wird. Automatisierte Handlungsketten werden gestört, und es entsteht eine Irritation, die für die Neustrukturierung der Handlungsmuster genutzt wird. Die Infragestellung von Automatismen, denen sich die Familie bisher hilflos ausgeliefert fühlte, eröffnet die Chance, die Neugestaltung von Abläufen in Eigenverantwortung zu übernehmen. Dabei werden zwangsläufig auch emotionale Anteile und Beziehungswünsche der Familienmitglieder angesprochen und miteinander in Beziehung gesetzt.

„Hol die Kohlen aus dem Keller!" kann eine Bitte um mehr Zuwendung beinhalten, während „ich muß die Kohlen immer selber hochschleppen" als Aussage der Frau vielleicht bedeutet: Mein Mann tut nichts für mich oder sogar, mein Mann liebt mich nicht mehr. Das Benennen einer Handlung kann in diesem Fall als Pars pro toto stehen und somit eine repräsentative Aussage über die Beziehung beinhalten.

Die Aussage „ich muß die Kohlen immer selbst hochschleppen" ist jedoch noch nicht eindeutig genug. Man könnte nun geneigt sein, die Aussage auf die Beziehungsebene zu übersetzen (z.B. sagen Sie damit, daß Sie sich von Ihrem Mann vernachlässigt fühlen?). Häufig führt dieser Weg jedoch in eine Sackgasse, wenn nämlich die abstrakte Beziehungssprache nicht verstanden wird. Gangbarer ist hier ein anderer Weg, der eine Klärung auf der Handlungsebene anstrebt, etwa durch folgende Rückfragen:

— Mußten Sie die Kohlen schon immer allein hochschleppen?
— Haben Sie ihren Mann darum gebeten, es zu tun?
— Seit wann wird ihnen das Kohleschleppen zuviel?

Auch dieser Weg kann zu einer differenzierten Sicht der Beziehung beitragen, indem neue Handlungsmöglichkeiten eröffnet werden. Die Familie wird nicht auf allgemeine Beziehungsmuster und Gefühle aufmerksam gemacht, sondern auf das Tun. Auf der Handlungsebene werden Veränderungen angestrebt. Die Handlungsspielräume werden erweitert, eingeschränkt, neue Aktivitäten werden ausprobiert, andere aufgegeben usw. Indem starre Handlungsschemata unterbrochen und durch neue, flexiblere Muster ersetzt werden, wird den Familienmitgliedern gleichzeitig deutlich, daß sie aus rigiden Beziehungsformen ausbrechen und neue Interaktionsmuster ausprobieren können.

Von den vielen Möglichkeiten einer handlungsorientierten Beziehungsarbeit sollen hier nur einige Beispiele ausgewählt werden. Einen umfassenden Überblick bieten die Arbeiten von Minuchin (1977, 1983). Die von Minuchin entwickelten Techniken zur Neustrukturierung des familiären Systems können hier nicht wiedergegeben werden, zumal seine Bücher zur Standardlektüre jedes Familienberaters der mit sozial benachteiligten Familien arbeitet, zu zählen sind.

Minuchins Vorgehen beruht darauf, daß er sich rasch eine Diagnose der gestörten familiären Beziehungsstrukturen bildet und in der Therapiesitzung Konflikte inszeniert, anstatt darüber zu reden. Dabei erteilt er als eine Art Regisseur des familiären therapeutischen Dramas den Familienmitgliedern Aufgaben, die zu einer Veränderung familialer Transaktionsmuster herausfordern. Einfache Techniken sind etwa die Veränderung der Sitzordnung, die Aufforderung, in der Sitzung über ein bestimmtes Thema zu sprechen, das Erteilen von Aufgaben an die Familie, vor allem auch in Verbindung mit einer bestimmten Rollenaufteilung (z.B. die Mutter soll in der Sitzung ohne Hilfe des Vaters ein lärmendes Kind beruhigen). Der Therapeut leistet bei der Bewältigung dieser Aufgaben aktiv Hilfestellung, er unterbricht ineffektive Vorgehensweisen, erteilt Ratschläge, spricht Anerkennung aus, wenn es gelingt.

Im folgenden möchte ich einige sehr einfach wirkende Beispiele für neustrukturierendes Vorgehen beschreiben, die bei gezielter Anwendung jedoch sehr wirksam sind. Verhaltensweisen, die auf eine Veränderung hindeuten, werden von der Familie häufig abgewehrt. Die Folge davon ist, daß sie wieder aufgegeben werden und die Entwicklung gebremst wird. Eine Technik besteht nun darin, dieses Verhalten besonders hervorzuheben und darauf hinzuarbeiten, daß es von allen Familienmitgliedern akzeptiert wird.

Vater: Unser Herr Sohn ist zu allem zu faul, er tut keinen Handschlag. Wenn er sich nicht anstrengt, ist er in zehn Jahren noch arbeitslos. An seiner Stelle hätte ich in einer Woche eine Arbeit, das garantiere ich Ihnen!
Berater: Es stimmt, Arbeitsplätze fliegen einem heute nicht zu wie die gebratenen Tauben im Schlaraffenland. Aber letzte Woche haben wir einige Dinge geplant, die Bodo bis heute tun könnte. Bodo, was hast Du getan?
Bodo: Auf dem Arbeitsamt war ich nicht, aber die haben sowieso nichts. Ich habe mit einem Kameraden gesprochen, der meinte, in seinem Betrieb suchen sie noch Leute. Dann habe ich den Chef angerufen, der meinte, ich soll nächste Woche vorbeikommen. Das wollte ich erst mal abwarten, in der Zeitung stand nämlich auch nichts Vernünftiges.
Vater: Das ist zu wenig, Du mußt von Firma zu Firma rennen, dann hast Du im Handumdrehen einen Job!
Berater: Das hat Bodo zwar nicht getan, aber einen Schritt hat er zumindest unternommen, und ein kleiner erster Schritt ist besser als gar keiner.
Vater: Das stimmt, aber wenn aus der Sache nichts wird, gibt er bestimmt wieder auf.
Berater: Darüber sollten wir uns nun unterhalten, was als nächstes zu tun ist.

Der Berater insistiert darauf, daß der Vater die Anstrengungen des Sohnes anerkennt und seine Entwertung aufgibt. Das ist jedoch nur möglich, wenn der Berater auch dem Vater entgegenkommt und sein Anliegen ernst nimmt. Das Hervorheben einer Aktivität hat hier die Funktion, eingeschliffene Abwertungen zu durchbrechen.

Das Einführen neuer Tätigkeiten oder das völlige Aufgeben vertrauter Gewohnheiten ist meist ein mühsames Unterfangen. Es ist einfacher, quantitative Veränderungen zuzulassen und wahrzunehmen, als ein Verhalten ganz aufzugeben oder neu einzuführen. Z. B. ist es leichter, den Alkoholkonsum etwas zu reduzieren als ihn ganz aufzugeben, oder der Tochter zu erlauben, etwas länger wegzubleiben, als ihr überhaupt keine Vorschriften mehr zu machen. Die Veränderung der Intensität einer Tätigkeit ist in der strukturellen Familientherapie eine der grundlegenden neustrukturierenden Techniken (Minuchin und Fishman 1983). Besonders wenn überhöhte Erwartungen an ein Familienmitglied gestellt werden, ist es unverzichtbar, diese so weit zu reduzieren, daß sie von dem Betroffenen realisiert werden können.

Das Unterbrechen von Handlungen, in denen ein bestimmtes Beziehungsschema sichtbar wird, sowie die Weiterführung des Handlungsablaufs mit Alternativen ist ein weiterer Weg, Beziehungsmuster ins Bewußtsein zu heben und abzuändern. Die Unterbrechung erzeugt Spannung und lenkt die Aufmerksamkeit auf einen schematisierten Ablauf, der somit kontrollierbar wird. Wird in dieser Situation nach einer neuen Handlungsmöglichkeit gesucht oder eine solche angeboten, dann wird durch die kontrastierende Gegenüberstellung das Kommunikationsmuster noch stärker ins Bewußtsein gehoben. Zur Veranschaulichung dieses Vorgehens diene eine Episode aus einer Fortbildungsveranstaltung für Mitarbeiter der sozialpädagogischen Familienhilfe.

Eine Teilnehmerin brachte einen Fall ein, der in einem Rollenspiel nachgespielt wurde. Gespielt wurde eine Szene, an der neben der Familienhelferin eine alleinerziehende Mutter sowie der älteste Sohn teilnahmen. Der Sohn machte Schularbeiten, während die Mutter mit der Helferin redete. Die Mutter holte ein Schreiben des Sozialamtes sowie den dazugehörigen Antrag, den sie zusammen mit der Helferin ausfüllen wollte. Da die Mutter keinen Stift zur Hand hatte, holte die Helferin einen aus ihrer Tasche und bat die Mutter, damit den Antrag auszufüllen. Hier unterbrach ich und forderte die Helferin auf, den Stift zurückzustecken und die Mutter selbst einen Kuli suchen zu lassen. Auf die Frage der Helferin „haben Sie etwas zum Schreiben?", wandte sich die Mutter an den Sohn, um sich von ihm einen Stift geben zu lassen. Nach einer erneuten Unterbrechung wurde der Helferin deutlich, daß die Mutter Schwierigkeiten habe, in ihrer Unordnung Gegenstände zu finden. In dieser Situation wendet sie sich häufig an den ältesten Sohn, der sehr ordentlich ist. Im nächsten Anlauf bat die Helferin die Mutter, den Stift zurückzugeben und selbst nach einem Kuli zu suchen. Während die Mutter suchte, saß die Helferin wortlos dabei und wartete ab, bis die Mutter einen Stift gefunden hatte.

Die Unterbrechungen verdeutlichen der Mutter, daß ihre Unordnung nicht so schlimm ist, wie sie annimmt. In ihrem bisherigen Muster mußte alles auf Anhieb funktionieren — oder überhaupt nicht. Dazu benötigte sie jedoch Hilfe, die Abhängigkeit schaffte. Nun macht sie eine Neuerfahrung, ihr wird zugemutet, in ihrer Unordnung selbst einen Gegenstand zu suchen. Aber auch die Helferin mußte die anscheinend nutzlose Zeit des Suchens aushalten und Verantwortung an die Mutter zurückgeben. Die Unterbrechung schafft Raum für eine Neuerfahrung, die die Autonomie der Mutter unterstützt und klarere Grenzen in den Beziehungen herausstellt.

5. Der Umgang mit Krankheitssymptomen unter dem Beziehungsaspekt

Krankheitssymptome spielen in den Beziehungen von Problemfamilien häufig eine wichtige Rolle, und zwar unabhängig davon, ob es sich um rein organische oder stärker psychosomatische Erscheinungsformen handelt. Daß insbesondere der Verlauf einer Krankheit sowie die Genesung von sozialen und interaktionellen Faktoren abhängig ist, wird heute kaum mehr bestritten. Langenmayr (1980, S. 22ff.) faßt die theoretischen Modelle zusammen, die zur Erklärung des Einflusses sozialer Phänomene auf Krankheiten herangezogen werden können. Ich möchte aus dieser Untersuchung einige Aspekte erwähnen, da sie wichtige Probleme beleuchten.

Aus lerntheoretischer Sicht ist Krankheit als Verhalten zu interpretieren, für das der Betreffende häufig belohnt, d.h. verstärkt wurde. In psychoanalytischer Terminologie wurde dieses Phänomen als sekundärer Krankheitsgewinn bezeichnet, der darin besteht, daß der Patient mit Hilfe seiner Krankheit von der Umwelt ein höheres Ausmaß an Befriedigung erfährt als im gesunden Zustand. Das Kind, das im Schatten eines Geschwisters steht, etwa wird stark beachtet und verwöhnt, wenn es krank wird. Nicht nur der Patient, auch andere Personen können aus seiner Krankheit profitieren und aufgrund dessen sich bemühen, die Genesung nicht zu unterstützen. Dieses Phänomen wird als tertiärer Krankheitsgewinn bezeichnet. Eine ganze Schulklasse atmet z.B. auf, wenn ein Störenfried erkrankt. Diese allgemeinen Aussagen gelten in verstärktem Maße für die Familie. „Die Krankheit eines Familienmitglieds ist nie dessen alleiniges Problem, sondern es sind alle Familienangehörigen verursachend und reagierend daran beteiligt" (Langenmayr 1980, S. 25). Der Ausbruch einer Krankheit stellt eine Herausforderung zur Veränderung der innerfamiliären Beziehungen dar. Durch die Übernahme der Patientenrolle verändert nicht nur der Kranke seine Position in der Familie, sondern auch die übrigen Familienmitglieder werden herausgefordert, entsprechende Komplementärrollen einzunehmen. Die Neukalibrierung von Beziehungsmustern aufgrund von Krankheit hat zudem den Vorteil, daß sie auf endogene Körpervorgänge zurückgeführt wird, und nicht von Familienmitgliedern selbst zu verantworten ist, auch wenn die Krankheit selbst durch eine bestimmte Lebensführung wie Unvorsichtigkeit, exzessives Rauchen und Trinken oder einseitige Ernährung bedingt ist. Die Krankheit — ist sie einmal ausgebrochen — scheint bestimmte Interaktionsmuster zu erzwingen und den Familienmitgliedern wenig Freiraum zu lassen. Unter dem Deckmantel der Symptomatik können Beziehungswünsche artikuliert werden, die jedoch gleichzeitig geleugnet werden, da sie nicht der Person, sondern in erster Linie der Krankheit gelten. Für die Familie haben diese Muster zunächst eine Art Zwangscharakter, der durch eine höhere Autorität verhängt ist. Die mit der Krankheit verbundenen Beziehungsmuster verselbständigen sich, und die Krankheit wird nicht mehr aufgegeben, um auf die damit verbundenen Vorteile nicht verzichten zu müssen. Krankheiten kommt somit indirekt auch die Aufgabe zu, Beziehungen in der Familie zu strukturieren.

Der Zusammenhang zwischen Krankheitssymptomen und Beziehungsproblemen sei an einigen Beispielen aus dem Alltag noch näher illustriert. Die Vorsorge gegen Erkältungskrankheiten bei Kindern mit Hilfe ausreichend warmer Kleidung in Übergangszeiten ist ein allgemeines Problem in Familien. Es wird jedoch zu einem massiven Problem, wenn Eltern kleinen Kindern, denen die Erkältungsgefahr noch nicht einsichtig ist, völlige Freiheit lassen bei der Wahl der Kleidung, oder wenn sie nicht in der Lage sind, den Kindern zu verdeutlichen, daß sie sich der Witterung gemäß anziehen sollen. Häufige Erkältungskrankheiten haben Sekundärfolgen, die zu Problemen werden können, z. B. längere Schulausfallzeiten und damit häufig auch Schulschwierigkeiten.

Streit kann darüber entstehen, wie ernsthaft Krankheitssymptome einzuschätzen sind und ab wann ein Arzt zu konsultieren ist. Wenn ein Familienmitglied eine Extremposition bezieht, z. B. gegen ärztliche Behandlung eingestellt ist, tendieren andere Familienmitglieder zuweilen ins andere Extrem, Krankheitszeichen zu dramatisieren, wodurch eine Verständigung über die Ernsthaftigkeit der Krankheitssymptome sehr erschwert wird, da beide Seiten die Argumente der anderen nicht akzeptieren. Dieser Streit setzt sich fort, wenn es um die Frage der Medikamenteneinnahme oder anderer verordneter Behandlungsmethoden geht. Besonders unangenehme oder lästige Behandlungen bei Kindern werden oft nicht konseqent durchgeführt, vor allem wenn verstrickte Eltern es nicht übers Herz bringen, darauf zu insistieren, daß das Kind die „bittere Medizin" schluckt. Die Lösung derartiger gesundheitlicher Probleme überfordert die Familie bei vorhandenen massiven Beziehungskonflikten, woraus sich die Notwendigkeit ableiten läßt, die unterschiedlichen Einstellungen zu Krankheit und Behandlung zu klären sowie mit Krankheit verbundene Beziehungsängste zu artikulieren (z. B. ich muß durchhalten. Wenn ich krank werde, erleben mich die Kinder schwach und veranstalten einen Affenzirkus. Meine Frau kann sich nämlich nicht durchsetzen).

Konflikte ergeben sich vor allem daraus, daß Krankheit als Rückzugsmöglichkeit aus Alltagsverpflichtungen sehr ambivalent besetzt ist: Sie erzeugt einerseits Angst, mit der Einbuße der Gesundheit auch das Selbstwertgefühl zu verlieren, andererseits übt die Aussicht auf Entbindung von unangenehmen Aufgaben eine gewisse Faszination aus. Hier hat der Berater die Aufgabe, eine verstehende Atmosphäre zu schaffen, in der es möglich ist, offen über die mit Krankheit verknüpften Erfahrungen und Gefühle zu sprechen. Erst an zweiter Stelle lassen sich Möglichkeiten entwickeln, wie mit der Krankheit im familialen Alltag bewußt umgegangen werden kann. Ein schwerwiegenderes Problem stellen psychosomatische Symptome dar. Der Zusammenhang zwischen familialen Faktoren und Psychosomatik ist wissenschaftlich zwar noch wenig untersucht, dafür ist bei Familien selbst häufig ein ausgeprägtes Bewußtsein vorhanden. Dazu trägt vor allem die Umgangssprache bei, die intensive Gefühle in Form von Körperreaktionen ausdrückt, z. B.:

Ich kriege keine Luft mehr, ich hab Herzklopfen, Erröten, Angstschweiß, Druck auf die Brust, Kribbeln in den Händen und Füßen, die Galle steigt hoch, etwas ist zum Erbrechen.

Zuweilen werden psychosomatische Symptome von Familienmitgliedern als Reaktion auf bestimmte Verhaltensweisen in der Familie wahrgenommen, etwa in folgenden Äußerungen:

— Wenn Du so mit mir redest, bleibt mir die Luft weg.
— Wenn die Kinder den ganzen Nachmittag in der Wohnung toben, habe ich das Gefühl, daß mein Kopf gleich platzt.
— Solange ich mit den Kindern allein bin, geht es mir gut, aber sobald der Mann nach Hause kommt, fühle ich mich wie versteinert.

Psychosomatische Symptome werden teilweise in der Familie als Druckmittel eingesetzt, wenn das Verhalten von Familienmitgliedern als Ursache der Symptome bezeichnet wird, wodurch Schuldgefühle ausgelöst werden sollen. Die Drohung: „Wenn Ihr so rumschreit, kriege ich Kopfschmerzen!" ist gleichzeitig ein (meist ergebnisloser) Versuch einer Disziplinierung der Kinder, wenn dies auf andere Weise nicht möglich ist.

Spielen organische und psychosomatische Krankheiten in der Familienberatung eine wichtige Rolle, ist es zunächst wichtig, sich Klarheit über die Zielsetzung der Behandlung und damit verbunden die Übernahme von Verantwortung zu verschaffen. Beziehungsorientierte Familienarbeit stellt keine medizinische Behandlung dar. Die medizinische Seite ist durch Fachleute abzuklären und zu behandeln. Unterbleibt eine dringend erforderliche medizinische Behandlung aufgrund massiver Ängste oder Beziehungsstörungen, so kann sich der Familienberater gezwungen sehen, die Rolle eines „Hilfs-Ich" der Familie zu übernehmen und direktiv zu intervenieren, um die medizinische Behandlung sicherzustellen, ehe es zu spät ist. Dabei helfen sachliche Informationen über die Arztwahl, Unterstützung bei der Kontaktaufnahme und der Zusammenarbeit mit Ärzten.

Hauptziel der Familienberatung ist jedoch, die Beziehungsmuster, die das Krankheitsgeschehen überlappen und zur Chronifizierung beitragen, abzubauen. Die durch die Krankheit festgeschriebene Familienstruktur wird hinterfragt, und indem nach Alternativen gesucht wird, mit der Krankheit anders umzugehen, werden gezielt oder zuweilen auch unbeabsichtigt die Beziehungen verändert.

Als Leitbild der Arbeit gilt nicht das medizinische Therapiemodell, sondern die Idee des humanen Umgangs mit dem Kranken, die von Werten wie Mitgefühl, Bemühen um Schmerzlinderung und Respekt vor der Würde der Person geprägt ist. Dabei bleibt es jedoch wichtig, die Abgrenzung zwischen kranken und gesunden Familienmitgliedern nicht aus dem Auge zu verlieren und der Gefahr einer symbiotischen und ausbeuterischen Beziehung entgegenzuwirken.

Die Veränderung der krankheitsbedingten Beziehungsmuster dient nicht der Symptomheilung, sie trägt indes indirekt auch zur Linderung der Schmerzen oder zur Beschleunigung des Heilungsprozesses bei. Das Augenmerk ist in erster Linie darauf gerichtet, daß Gesunde und Kranke offen über ihre Situation, ihre Gefühle, Erwartungen und Befürchtungen kommunizieren. Indem der Kranke seinen Zustand schildert und die übrige Familie vorbehaltlos zuhört, erhält die Familie ein klares Bild über Auftreten, Verlauf und Schmerz. Ferner lassen sich angemessene Möglichkeiten erarbeiten, wie Familienmitglieder auf das Auftreten der Symptome reagieren können, um den Leidenden zu unterstützen. Zur Bewältigung dieser Aufgabe ist jedoch häufig auch die Zusammenarbeit mit Fachkräften erforderlich, wozu der Familienberater beitragen kann.

Im folgenden möchte ich einige konkretere Anregungen geben, die dazu beitragen, zwischen der Krankheit als Sachproblem und den innerfamiliären Beziehungen eine klare Trennlinie zu errichten.
Der Kranke sollte in der Lage sein, seine Beschwerden sorgfältig zu beobachten, ohne sie zu verdrängen oder in hypochondrischen Grübeleien sich völlig auf die Krankheit zu konzentrieren. Dies ist besonders bei phasenweise auftretenden Symptomen erforderlich, um Gegenmaßnahmen rechtzeitig zu ergreifen. Die Selbstwahrnehmung kann jedoch aus unterschiedlichen Gründen beeinträchtigt sein. Psychosomatiker mit einer diffusen Körperwahrnehmung nehmen oft erste Krankheitsanzeichen nicht wahr. Die Eigenwahrnehmung von Kindern wird etwa durch eine verstrickte Mutter abgenommen, die dem Kind „alles von den Augen abliest". Die Mitteilung von körperlichen Wahrnehmungen wird beeinträchtigt, wenn sie durch Angehörige dramatisiert oder abgewertet wird. Der Familienberater kann die Selbstwahrnehmung des Kranken fördern, indem er ihn bittet, präzise und differenzierte Beschreibungen seines Körperzustandes zu geben, während die übrige Familie nur zuhört, eventuell Fragen stellt, aber die Aussagen des Kranken nicht korrigieren und qualifizieren darf. Der Berater zieht hier eine klare Grenze zwischen Patient und übriger Familie und macht den Patienten für die Kontrolle seiner Symptome verantwortlich.
Klare Aussagen über die Beschwerden helfen den Angehörigen, sich in die Rolle des Kranken zu versetzen. Dabei ist es auch wichtig, symmetrische Eskalationen zu unterbinden, die nach dem Schema ablaufen: „Meine Schmerzen sind viel größer als Deine, aber ich habe kein solches Theater veranstaltet!" Das läßt sich etwa vermeiden, indem auch die übrigen Familienmitglieder Gelegenheit erhalten, über ihre Krankheiten zu berichten. Läßt man auf diese Weise zu, daß sich die Familie vorübergehend in eine „Leidensgemeinschaft" verwandelt, entwickelt sich Mitleiden. Ferner wird deutlich, wie die Familienmitglieder aufeinander reagieren, wenn sie leiden.
Besonders bei länger anhaltenden oder häufig auftretenden Beschwerden ist es ratsam, auch Intensitätsunterschiede zu ermitteln. Dabei kann man sich darauf beschränken zu fragen, ob die Schmerzen immer gleich sind, wann sie zunehmen und wann sie am stärksten sind. Dadurch braucht der Kranke nicht zuzugeben, daß die Schmerzen ab und zu nachlassen, was ihm vermutlich schwerer fallen würde. Wenn er jedoch erkennt, daß die Schmerzen ab und zu besonders stark sind, kann er sich nicht mehr vor der Erkenntnis verschließen, daß es ihm zu anderen Zeiten besser geht, d. h. er kann auch die relativ beschwerdefreien Intervalle bewußter wahrnehmen und nutzen.
Über den Horizont der ursprünglichen Beschwerden hinaus weisen Fragen, die darauf abzielen zu ermitteln, wie der Patient im Krankheitszustand

die Familie erlebt, was ihn stört und was ihm hilft. Dadurch wird der Patient animiert, seine Wünsche an die Familie konkret mitzuteilen. Vorwürfe und Schuldgefühle der Angehörigen können aus dem Weg geräumt werden, wenn den Angehörigen gegenüber klare Wünsche artikuliert werden, die diese erfüllen können. Dazu die Aussage einer Frau, die unter starken psychosomatischen Lähmungserscheinungen litt:

Wenn die Schmerzen besonders schlimm sind, verkrieche ich mich am liebsten in mein Bett und möchte in Ruhe gelassen werden, dann registriere ich gar nicht mehr, was um mich herum vor sich geht. Aber wenn die Schmerzen nicht ganz so schlimm sind, möchte ich, daß mein Mann oder einer der Jungen bei mir ist, dann geht es mir gleich besser.

Häufig bitten Patienten in ihrer Not um kleine Handreichungen, die meist verweigert werden, weil ihr symbolischer Wert nicht erkannt wird. Auch wenn ein Glas Wasser, eine Wärmflasche oder eine kurze Massage im Hinblick auf die Symptomatik belanglos erscheinen, verkörpern sie für den Betroffenen ein Stück Sicherheit und Geborgenheit, die helfen, sich zu entkrampfen und die Schmerzen gelassener hinzunehmen.

Angehörige verspüren jedoch zuweilen den Impuls, den Kranken zu verwöhnen, um ihm dadurch seine Beschwerden zu erleichtern. Gleichzeitig wird dieser Impuls durch Ängste, durch die Verwöhnung ausgenutzt zu werden, unterdrückt. Je mehr die Verwöhnung unterdrückt wird, um so mehr verlangt der Kranke danach, weil er sich vernachlässigt fühlt. Wird der Patient dagegen offenherzig verwöhnt, äußert er meist spontan den Wunsch, auch allein sein zu wollen.

Neben der Klärung der Beschwerden und der Wünsche des Patienten ist es auch sinnvoll, die Reaktionen der übrigen Familie auf die Krankheit anzusprechen. Das mag für den Patienten im ersten Moment eine Belastung darstellen, wenn er erfährt, welche Ängste, Sorgen, Gefühle der Einsamkeit oder Einengung die übrigen bewegen. Aber erst wenn diese Gefühle geäußert werden, kann der Patient mitfühlen und fühlt sich in seinem Leiden nicht mehr so isoliert.

Das sachliche Gespräch über psychosomatische Symptome, damit verbundene gegenseitige Erwartungen und Befürchtungen, trägt dazu bei, diffuse Gefühle und Unterstellungen abzubauen, die die Beziehungen belasten und häufig auch dazu führen, daß die Symptomatik von beiden Seiten eingesetzt wird, um das Gegenüber unter Druck zu setzen, wodurch sich die Situation noch verschlimmert.

Die bisherigen Anregungen bezogen sich eher auf die sachliche Klärung der Beschwerden, Gefühle und Wünsche des Patienten sowie der Angehörigen. Parallel dazu ist es auch nötig, Kommunikationsmuster der Familie als

„Leidensgemeinschaft" zu untersuchen. Der Berater verschafft sich ein Bild, wie sich die Familie um das Leiden organisiert, und sucht diese Struktur zu verändern, wenn sie sich als disfunktional erweist. Diese Aufgabe ist jedoch meist wesentlich schwieriger und langwieriger, da die subtilen nonverbalen Botschaften schwer zu erkennen sind, zumal krankheits- und psychisch bedingte Verhaltensweisen oft kaum zu trennen sind. Besonders spezielle psychosomatische Störungen erfordern detaillierte Fachkenntnisse über das jeweilige Störungsbild wie über die damit verbundenen Beziehungsmuster, die nicht jedem Familienberater verfügbar sind, und die auch hier nicht erarbeitet werden können.

Von allgemeinerer Bedeutung sind jedoch zwei Fragen, die noch Aufmerksamkeit verdienen: 1. Wie kann der Patient aus seiner Mittelpunktstellung befreit werden, in die er aufgrund seiner Krankheit geraten ist? 2. Wie läßt sich die enge Beziehung zwischen dem Kranken und der „Pflegeperson", meist der Mutter, auflösen? Eines der beiden Phänomene, häufig auch beide, treten meist bei länger andauernden und schweren Erkrankungen auf und bilden dann gleichsam das Zentrum der Familie als „Leidensgemeinschaft".

1. Als groteskes Beispiel, wie stark eine Krankheit das Familienleben bestimmen bzw. einschränken kann, ist mir eine Familie in Erinnerung, von der eine Kollegin berichtete. Es handelt sich um eine Mutter, die mit ihrem autistischen Kind und ihren Eltern ein Eigenheim bewohnt. Das autistische Kind neigt zu aggressiven und autoaggressiven Ausbrüchen. Es schlägt mit dem Kopf gegen die Wände, bearbeitet Fenster und Wände mit diversen Gegenständen. Die Familie, die das Kind nicht in eine Sondereinrichtung abschieben will, weiß sich nicht anders zu helfen, als alle Wände des Hauses mit Holz zu verkleiden und die Fenster zu vergittern, um nicht ständig renovieren zu müssen.

In abgeschwächter Form ist eine Zentrierung auf die Krankheit häufig zu beobachten. Das ist zunächst ganz natürlich und sinnvoll, wenn es sich um eine vorübergehende Erscheinung handelt. Die Konzentration der familialen Energie auf die Krankheit eines Mitglieds dient der Aufgabe, die für die Genesung erforderlichen Kräfte zur Verfügung zu stellen. Sie wird jedoch disfunktional, wenn dadurch wichtige andere Aufgaben vernachlässigt werden oder wenn die Zentrierung länger als erforderlich anhält. Die Ablenkung von anderen Aufgaben mag dabei auch Abwehrcharakter tragen, wenn die Lösung unangenehmer Probleme aufgeschoben wird.

Einige der bereits beschriebenen Techniken lassen sich einsetzen, um die Entthronung des Krankheitssymptoms in Angriff zu nehmen. Die Bewußtmachung der Intensität kann eingesetzt werden, um die Zentrierung schrittweise abzubauen und zumindest die beschwerdefreien Intervalle für andere Aktivitäten zu nutzen.

Minuchin (1977) beschreibt eine Technik, die darauf abzielt, das Symptom bewußt zu intensivieren, indem der Patient als noch kränker, leidender und hilfsbedürftiger hingestellt wird, als er sich selbst gibt. Wird dieses Ritual authentisch durchgeführt, genießt es der Patient zunächst, auf die Dauer wird es ihm zu anstrengend, und der Genesung steht nichts mehr im Weg. Eltern benutzen dieses Vorgehen häufig bei diffusen Schmerzen von Kindern: Das Kind erhält eine intensive Pflege und Zuwendung, darf nicht aufstehen, soll viel schlafen, sorgfältig Medizin einnehmen, wird auf Diät gesetzt usw. Bei einem gut dosierten Einsatz dieses Rituals werden zuweilen beinahe magische Heilkräfte freigesetzt.

Ein anderes Vorgehen besteht darin, die Aufmerksamkeit auf andere gravierende Probleme zu lenken, ohne darauf zu drängen, daß diese vorrangig behandelt werden. Vielmehr wird mit der Familie überlegt, was getan werden kann, um diese Probleme aufzuschieben, solange die Krankheit im Mittelpunkt steht. Dadurch wird die Krankheit von ihrer absoluten Stellung befreit, indem ihr andere Probleme vergleichend zur Seite gestellt werden. Meist ist dieser Vergleich unterschwellig bereits vorhanden, er wird jedoch nicht aufgegriffen, um den Patienten zu schonen. Dieser spürt aber meist unbewußt, daß „etwas in der Luft ist" und er nicht mehr die volle Zuwendung erfährt. Das offene Aussprechen nimmt den atmosphärischen Druck und hilft, die Verzerrung der Problemsicht aufzuheben.

In eine ähnliche Richtung zielt, wenn die Belastung der Angehörigen sowie deren Bedürfnisse nach Erholung artikuliert werden. Das führt zu einer stärkeren Abgrenzungstendenz, was von seiten des Patienten im ersten Schritt meist mit ängstlichen Anklammerungstendenzen oder einer Verschlimmerung seines Zustandes beantwortet wird. Die Trennung in der Zeit, in der die Angehörigen etwas für sich tun, wird zu Beginn als Bedrohung erlebt, hat jedoch auf längere Sicht positive Wirkung und fördert auch die Motivation des Patienten, wieder gesund zu werden.

2. Häufig wird eine längere Krankheit dadurch zu bewältigen versucht, daß sie vom gesamten Familienleben abgetrennt wird, indem ein Mitglied mit der Pflege betraut wird, während sich die übrige Familie weitgehend zurückzieht. Bei Kindern ist dies in der Regel die Mutter oder eine Großmutter; ist ein Elternteil krank, so engagiert sich häufig ein heranwachsendes Kind für den Patienten. Dabei entwickelt sich zuweilen eine verstrickte Zweierbeziehung, in der die Pflegeperson vom Patienten mit Hilfe der Krankheit unter Druck gesetzt wird, ohne daß diese sich dagegen zur Wehr setzen kann, da nach verbreiteter Meinung einem Schwerkranken gegenüber kein Druck ausgeübt werden darf. Ferner spielt der Wunsch nach Wiedergutmachung für frühere Vernachlässigung häufig eine wichtige Rolle.

Bei dieser Konstellation scheint es wenig sinnvoll, mit der Pflegeperson daran zu arbeiten, sich stärker gegenüber dem Patienten abzugrenzen, da dies eine zusätzliche Belastung darstellt. Aussichtsreicher dürfte es sein, die Grenze um die verstrickte „Krankheitsdyade" zu lockern und Ideen zu entwickeln, wie die Hauptpflegeperson durch andere Familienmitglieder oder Außenstehende bei der Pflege entlastet werden kann. Dadurch kommt es zu einer bedeutsamen Verschiebung der familiären Beziehungen, indem die Beziehungen des Patienten zur gesamten Familie wieder intensiviert werden. Zunächst tauchen jedoch erhebliche Widerstände gegen eine derartige Veränderung auf, da sie für alle Parteien eine Bedrohung verkörpert: Die Pflegeperson wird von ihrer Position der Allverantwortlichkeit entthront, der Kranke befürchtet, weniger gut versorgt zu werden, und die abseits stehenden Familienmitglieder bangen um ihre Freiräume. Versucht man eine solche Umstrukturierung der Beziehungen vorzunehmen, ist zu empfehlen, in kleinen Schritten vorzugehen und die jeweiligen Erfahrungen auszuwerten. Dabei darf es nicht verwundern, wenn die Bilanz zunächst negativ ausfällt. Wenn es jedoch gelingt, die Mißerfolge dahingehend umzudeuten, daß alle erst voneinander lernen müssen und sich gegenseitig unterstützen und korrigieren müssen, um sich in der neuen Rolle zurechtzufinden, werden die Widerstände vermutlich verringert und die Neustrukturierung ermöglicht.

Organische und psychosomatische Krankheiten nehmen bei Problemfamilien einen hohen Stellenwert ein. Das gegenwärtige Verständnis von Krankheit macht es erforderlich, die Kräfte der Familie zur Genesung einzusetzen. Dazu finden sich in der Literatur noch kaum praktikable Behandlungsansätze. Die vorgeschlagenen Anregungen sind daher noch weitgehend hypothetisch. Wer auf diesem Gebiet weiterarbeiten will, muß seine eigene Kreativität einsetzen. Meine Beiträge sind nicht mehr als eine Ermutigung und Anregung, die Herausforderung aufzugreifen und das Thema Krankheit mit Problemfamilien gezielt anzugehen.

VII. Die Persönlichkeit des Beraters

Im Rahmen eines systemischen Behandlungsansatzes erscheint es logisch nicht stimmig, die Persönlichkeit des Beraters hervorzuheben. Das gilt jedoch nur, soweit die systemische Perspektive auf die Familie und das therapeutische System beschränkt bleibt. Ist die systemische Sicht jedoch nach unten und oben offen, steht nichts im Wege, auch die Beraterpersönlichkeit als System und Subsystem des gesamten Behandlungssystems zu untersuchen. Allgemeinere Aspekte wurden zwar bereits in dem Kapitel über die Dynamik des Behandlungssystems diskutiert, hier geht es stärker um die Fragen, die die besondere Situation von Problemfamilien berücksichtigen. Trotz der Betonung eines handlungsorientierten Ansatzes läßt sich sagen, daß Erfolg und Grenzen der Arbeit mit Problemfamilien nicht in erster Linie von der technischen Kompetenz, sondern von der Persönlichkeit des Beraters abhängen. Die Wahrnehmung der Familie, die Formulierung der Behandlungsziele und der Einsatz der Fähigkeiten steht in Zusammenhang mit persönlichen Einstellungen und Motivationen des Beraters, die weitgehend dem Bewußtsein verborgen sind. Das therapeutische Handeln ist in erster Linie zu verstehen auf dem Hintergrund der gesamten Beziehungserfahrungen und deren innerer Verarbeitung. Vor allem psychoanalytische Richtungen der Familientherapie versuchen, unter dem Aspekt von Übertragung und Gegenübertragung die Bedeutung der persönlichen Beziehungen des Therapeuten zu thematisieren und die Notwendigkeit der Bearbeitung frühkindlicher Beziehungserfahrungen herauszustellen. Allerdings erweist sich das ursprüngliche Übertragungsmodell als zu wenig flexibel, um die vielfältigen Verschränkungen der persönlichen Erfahrungen des Beraters mit den Beziehungen im Hilfssystem zu verdeutlichen, da es in erster Linie für die Anwendung auf Zweierbeziehungen konzipiert ist und linearen Charakter trägt. Dennoch werden in der Literatur unter dem Aspekt von Übertragung und Gegenübertragung zahlreiche typische Handlungs- und Reaktionsmuster des Beraters beschrieben (z.B. Whitaker u.a. 1975, Ackermann 1984). Ein ganzheitlicher Zugang zur Thematik findet sich in Arbeiten, die der wachstumsorientierten Familientherapie zuzuordnen sind (z.B. Luthman und Kirschenbaum 1977, Satir 1975).
Der Stellenwert der Beraterpersönlichkeit wird sehr unterschiedlich bewertet. Vereinfacht läßt sich eine pessimistische und eine optimistische Sicht feststellen, die sich jedoch meist überschneiden. In der pessimistischen Sicht erscheinen Persönlichkeitsfaktoren als Verfälschung, Entstellung oder Verzerrung einer Behandlungsmethode. Auf der Wahrnehmungs-

ebene können hier etwa Vorurteile und persönlichkeitsbedingte selektive Wahrnehmungsfilter oder Werte und Normen angeführt werden, die die Wahrnehmung der Familie behindern. Motivational werden unbewußte und unausgelebte Bedürfnisse wirksam, die ein schwer kontrollierbares Element der Beratung darstellen. Auf der Handlungsebene wirken eingeschliffene Verhaltensschemata, die sich verselbständigt haben und unreflektiert eingesetzt werden. Alle diese Faktoren entstellen den therapeutischen Prozeß und tragen dazu bei, daß der Berater sich nicht auf die Familie einläßt, sondern sie an seine eigene psychische Struktur anzupassen sucht. Der Berater benutzt (oder mißbraucht) die Familie, um eine Selbstbestätigung zu erhalten. Die Infragestellung durch die Familie wird nicht zugelassen.

In der optimistischen Sicht wird vor allem darauf hingewiesen, daß die therapeutische Beziehung eine menschliche Begegnung darstellt. Begegnung ist jedoch nur soweit möglich, wie sich der Berater in den Gegenüber einfühlt und die Gedanken, Wünsche und Gefühle der Familienmitglieder innerlich nachvollzieht. So findet sich etwa bereits in der psychoanalytischen Konzeption von Übertragung und Gegenübertragung ein Wandel des Verständnisses, von der ursprünglich eher verzerrenden Sicht der Übertragungsphänomene zu einer Perspektive, die darauf hinweist, daß der Therapeut aufgrund seiner persönlichen Reaktionen erst zu einfühlendem Verstehen in der Lage ist (Beckmann 1978). Identifikation und Projektion des Beraters wirken nicht nur störend, sondern stellen eine wesentliche Zugangsvoraussetzung zum Klienten dar.

Die persönlichen Erfahrungen schlagen sich auf die Empathie des Beraters nieder: Was er durchlebt, durchlitten hat, ist ihm vertraut. Treten ähnliche Situationen wie in seiner Vergangenheit auf, findet er sich rasch zurecht, Gefühle und Verhaltensweisen sind ihm bekannt und verfügbar, die gesamte Situation wirkt für ihn bekannt. Dabei kommt es allerdings darauf an, wieweit diese Situation innerlich verarbeitet wurde. Ackermann (1984) analysiert etwa die Rolle von Psychotherapeuten, die aus der Unterschicht aufgestiegen sind und schlecht Zugang zu Klienten ihrer eigenen Herkunft finden. „Im Laufe ihrer Entwicklung haben sie gelernt, sich von den unteren sozialen Schichten abzugrenzen, die sie als fremde, sie bedrohende Schichten wahrnehmen" (S. 101). Besonders wenn noch keine Versöhnung mit den (traumatischen) Erlebnissen in den unteren sozialen Schichten stattgefunden hat, ist die Arbeit mit Klienten dieser Gruppen eher erschwert.

Die positive Bedeutung der Persönlichkeit ist jedoch nicht nur im verstehenden Zugang zu sehen, sondern auch auf der Handlungsebene. In diese Richtung weist etwa das Konzept der Spontaneität, das Minuchin und Fishman (1983) entwickelten. Die Funktion der Persönlichkeit wird hier vor allem darin gesehen, daß unterschiedliche therapeutische Techniken integriert werden. Ohne diese Integrationsleistung bleibt die Familienarbeit eine technizistische, gefühlsarme Angelegenheit.

In der Realität sind beide Sichtweisen der Beraterpersönlichkeit bedeutsam, sowohl die optimistische wie die pessimistische. Die Beraterpersönlichkeit legt die Möglichkeiten und Grenzen der Beratung fest. Beide Perspektiven lassen sich nicht trennen, vielmehr liegen Licht- und Schattenseiten sehr dicht beieinander. Das soll anhand einiger exemplarischer Beispiele untersucht werden.

Ein Grundproblem, Allparteilichkeit (Stierlin u. a. 1977) zu verwirklichen, besteht in der Überidentifikation mit einzelnen Familienmitgliedern. Berater stammen oft aus Familien, in denen sie die Rolle des „Retters" übernahmen (Luthman und Kirschenbaum 1977). Sie fühlten sich für das Leid anderer Familienmitglieder verantwortlich, indem sie selbst auffällige Verhaltensweisen entwickelten, um dadurch von der Not anderer abzulenken, oder indem sie schon als Kind eine Erwachsenenrolle übernahmen, wodurch ihre eigenen kindlichen Bedürfnisse vernachlässigt wurden (Reich 1984). Berater mit einer ausgeprägten Helferhaltung tendieren dazu, für das (angeblich) schwächste Familienmitglied Partei zu ergreifen. In vielen Fällen ist dies ein Kind, zuweilen auch ein Elternteil, der sich als Opfer der Familie anbietet. Der Berater erkennt die schwierige Lage und die Unfähigkeit des Kindes, diese zu beseitigen. Er engagiert sich für das Kind, gerät dabei aber unweigerlich in ein Rivalitätsverhältnis zu einem Elternteil, da er sich bemüht, eine „bessere Mutter" oder ein „besserer Vater" zu werden. Dadurch fühlt sich die Mutter oder der Vater abgewertet und ausgeschlossen. Aufgrund seiner Überidentifikation ist der Helfer jedoch nicht in der Lage, bedeutsame Aspekte der Familie wahrzunehmen, die im Gegensatz zu seiner Sicht stehen.

Seine negative Einstellung zu einem Familienmitglied, das andere unter Druck setzt, erschwert ihm den Zugang zu diesem, vor allem erkennt er nicht dessen Hilfsbedürftigkeit. Wynne (1975) bezeichnet vor allem die Rivalität mit dem Familienvater als einen erschwerenden Hemmschuh der Familientherapie. Besonders bei Problemfamilien haben Väter aufgrund der ungelösten Probleme oft das Gefühl, versagt zu haben. Dieser Eindruck wird noch verstärkt, wenn der Berater Aufgaben übernimmt, die dem Vater in der jeweiligen soziokulturellen Situation zugeschrieben werden. Es ist für den Vater erniedrigend, wenn er erlebt, wie der Berater seine Position einnimmt und dabei mit den Familienmitgliedern so umgeht, daß er von ihnen anerkannt wird. Der Berater, der sich für die Kinder oder die Mutter engagiert, übernimmt unbemerkt Aufgaben des Vaters und entmachtet ihn dadurch. Das beeinträchtigt dessen Selbstwertgefühl und führt dazu, daß sein Widerstand gegen die Beratung wächst.

Ferner ist der Helfer dem „Opfer" der Familie zu nahe, um seine Autonomie zu registrieren. Er läßt ihm zu wenig Raum, eigenständige Schritte zu unternehmen, auch wenn er dazu in der Lage wäre.
Die Solidarisierung des Beraters mit einem schwachen Familienmitglied steht im Zusammenhang mit eigenen Autoritätskonflikten und unbewältigten Ablösungsproblemen von den Eltern. Ähnlich wie sich der Berater in seiner Kindheit von seinen Eltern benachteiligt oder bevormundet fühlte, erspürt er sehr schnell ähnliche Situationen des Kindes. Durch seinen „rettenden" Eingriff sucht er zu verhindern, was er selbst in seiner Kindheit erlitten hat. Die Parteinahme erfolgt zum Teil bewußt, zum Teil aber auch unbewußt. In jedem Fall ist der Berater jedoch von der Richtigkeit seiner Sicht und seines Vorgehens überzeugt, es gibt für ihn nur eine Alternative, während eine andere Sicht und eine andere Verteilung der Sympathien Wut und Empörung hervorruft. Hilflose Kinder sind in seiner Vorstellung gegenüber autoritären Eltern zu verteidigen und ohnmächtige Frauen gegenüber unterdrückenden Männern.
Überidentifikation läßt sich nicht nur in der Beziehung eines schwachen Familienmitglieds gegenüber einem starken beobachten, sondern auch im Verhältnis der Familie gegenüber Institutionen: Der sozial engagierte Berater setzt sich dafür ein, daß die tatsächliche (oder angebliche) Benachteiligung der Familie oder eines Familienmitglieds durch Schule, Sozialamt, Vermieter oder Arbeitgeber aufgehoben wird (Ackermann 1984). Er neigt dazu, sich für die Durchsetzung ihrer Rechte einzusetzen.
In diesen Fällen ist nicht das Engagement an sich zu kritisieren, sondern lediglich eine gewisse Starrheit und Einengung der Wahrnehmung. Der auf Rettung fixierte Berater hat Schwierigkeiten, Dinge zuzulassen, die seinem Schema entgegengesetzt sind. Er nimmt z.B. nicht wahr, wo die Familie selbst zu ihrem Zustand beiträgt. Seine eigene noch nicht ganz bewältigte Konfliktsituation erlaubt nicht, die Not der Familie distanzierter zu sehen. Dennoch enthält diese Konstellation auch einen positiven Aspekt: Der Helfer erfaßt Notsituationen sehr schnell und erkennt rasch Hilfsmöglichkeiten, die die Situation wirksam beseitigen können.
Die Angst, von der Familie ausgenutzt zu werden, ist Leitmotiv für eine übertriebene Distanz des Beraters. Sie steht im Gegensatz zur Überidentifikation mit der Familie. Rational wird die distanzierte Haltung jedoch begründet mit dem Argument der Hilfe zur Selbsthilfe. Der Berater möchte der Familie keine Tätigkeiten abnehmen, die sie selbst erbringen kann. Dabei wird die Autonomie jedoch im Extremfall zur Autarkie erhoben, aufgrund derer der Berater übersensibel auf jegliche Form von Abhängigkeit reagiert. Die massive Abgrenzung den Forderungen der Familie gegenüber ist zu sehen im Zusammenhang mit der Unfähigkeit, sich emotional auf die

Familie einzulassen und von ihr wieder zurückzuziehen. Das wird auch durch den Umstand verdeutlicht, daß sich Helfer von Familien zurückziehen, wenn diese das anfängliche Engagement nicht entsprechend honorieren.
Schwierigkeiten, ein für die Familie hilfreiches Verhältnis von Nähe und Distanz einzuhalten, ergeben sich auch aus sozialen Unterschieden zwischen Familie und Berater. Schichtbarrieren zwischen Mittelschichtberatern und Randgruppenfamilien wurden bereits mehrfach angesprochen. Unterschiedliche Einstellungen, Sprache oder nonverbale Verständigungsformen erzeugen eine Kluft, die vor allem dann eine wesentliche Rolle spielen, wenn der Berater Probleme hat, mit Nähe und Distanz flexibel umzugehen. Aus übertriebener Angst versäumt er, sich ein klares Bild über die Andersartigkeit zu verschaffen. Dadurch bleibt die Barriere bestehen, die Kommunikation zwischen Familie und Berater wird stark beeinträchtigt. Soziale Barrieren scheinen jedoch bis zu einem gewissen Grad kompensierbar, wenn der Berater die Beziehung zur Familie flexibel gestalten kann.
Unbewältigte Probleme des Beraters zeigen sich in einseitigen Reaktionen auf Agiersymptome in der Familie. Sowohl überstrenge Kontrollbemühungen wie übertrieben verständnisvolle Toleranz sind ein Indiz, daß dieser Bereich beim Berater ambivalent besetzt ist. In aggressiven Aktionen eines Familienmitglieds partizipiert er an einer Impulsivität, die ihm in seiner Kindheit früh verboten wurde. Die Identifikation mit dem Agieren verschafft dem überangepaßten Berater Befriedigungen, die er sich nicht unmittelbar erlauben darf. Aufgrund seiner infantilen Faszination oder starken Angst ist er jedoch nicht in der Lage, dem agierenden Familienmitglied oder der gesamten agierenden Familie zur Distanzierung von ihren Impulsen zu verhelfen.
Eine rigide Kontrollhaltung ist das Gegenstück zur übertriebenen Toleranz, sie entstammt allerdings der gleichen Thematik, nämlich der Angst vor einer Überflutung mit aggressiven oder sexuellen Impulsen. Ähnlich wie die eigenen inneren Impulse verdrängt werden, wird auch das Agieren in der Familie kategorisch zu unterbinden versucht, ohne daß es zu einer Auseinandersetzung und zur Suche nach effektiven Kontrollmöglichkeiten kommt. Es wird nicht nach der Intensität und den näheren Umständen des destruktiven Handelns gefragt, sondern allein die Tatsache des Auftretens oder Verschwindens der Symptome ist bedeutsam.
Diese Beispiele verdeutlichen, daß der Berater in der Familie nicht als menschlich unbeschriebenes Blatt handelt, der ausschließlich durch seine bewußten theoretischen Konzepte und professionell antrainierten Fertigkeiten geleitet wird. In wesentlich stärkerem Maß ist sein Verhalten durch seine bisherigen Beziehungserfahrungen bestimmt, die meist unreflektiert

auf seine Überlegungen, Gefühle und Aktionen einwirken. Was der Berater selbst erlebt, was er als befriedigend oder als bedrohlich erfahren hat, ist auch dasjenige, was ihm in der Familie als erstes ins Auge springt, es ist sein Schlüssel für den Zugang zur Familie. Für diesen Bereich ist er besonders sensibilisiert, gleichzeitig aber auch eingeengt und fixiert.
Das psychoanalytische Denken fordert dazu heraus, nach frühkindlichen Ursachen dieser Einstellungen zu forschen und sie mit der psychoanalytischen Methode aufzulösen. Eigenanteile zu bearbeiten, ist für die Arbeit mit Problemfamilien unverzichtbar. Allerdings scheint dazu das psychoanalytische Verfahren wenig geeignet. Sinnvoller erscheint ein eher wachstums- und handlungsorientiertes Vorgehen, das Ähnlichkeit zum Vorgehen in der Familienberatung selbst aufweist. Es kommt jedoch weniger auf das Verfahren an als auf die Ziele und Inhalte. Im Vordergrund steht die Bearbeitung der internalisierten Beziehungserfahrungen aus der Herkunftsfamilie. Durch die bewußte Konfrontation mit Schlüsselerlebnissen aus der Kindheit wird dem Berater deutlich, wo seine unerledigten Probleme, seine Stärken und Schwächen liegen. Bisher zu wenig zugelassene Gefühle werden angesprochen. Es gelingt, rigide und einseitige Haltungen zu thematisieren und dadurch zu entschärfen. Die Fixierung auf bestimmte Problemschwerpunkte wird aufgegeben, wenn neue, bisher nicht zugelassene Bereiche zugänglich gemacht werden. Die Bearbeitung sollte allerdings nicht auf die Herkunftsfamilie beschränkt bleiben, sondern auch berücksichtigen, ob diese Erfahrungen sich im außerfamiliären Leben weiter verstärkt haben oder (zumindest teilweise) korrigiert wurden. Einen weiteren Schwerpunkt bilden eigene Partnerbeziehungen und die Erfahrung als Elternteil. Es ist sicher vorteilhaft, wenn Familienberater selbst Eltern sind, um sich in die Elternrolle nicht nur aus der Perspektive des Kindes versetzen zu können, sondern sie unmittelbar erlebt zu haben.
Die Horizonterweiterung über die Herkunftsfamilie hinaus ist wichtig, um die weitere Differenzierung der Beziehungserfahrungen zu erfassen. Ferner wird dadurch deutlich, daß es keinen Stillstand gibt, sondern daß sich Beziehungen (und Beziehungsprobleme) ständig weiterentwickeln. Damit wird das Wachstumsmodell als Leitidee der Beziehungsarbeit sichtbar. Die Entwicklung von Beziehungen stagniert nicht von einem bestimmten Punkt an, sondern Prozesse der Differenzierung und Umorganisation laufen das ganze Leben hindurch ab. Es treten immer wieder neue Aspekte in den Vordergrund, während andere an Bedeutung verlieren.
Der Familienberater nimmt an diesem Prozeß persönlich und beruflich Anteil, wobei beide Bereiche sich gegenseitig so stark beeinflussen, daß eine Trennung kaum möglich ist. Die persönlichen Grenzen erweisen sich als Handicap für die Arbeit, und persönliche Fortschritte schlagen sich auch

beruflich nieder. Umgekehrt überschatten die Höhen und Tiefen der Arbeit mit Familien auch das persönliche Leben. Insofern ist es nicht nur im Interesse der Familienarbeit, sondern auch der privaten Beziehungen, daß der Familienberater seine Beziehungserfahrungen fortlaufend reflektiert. Dazu dienen Selbsterfahrung, Supervision, eigene Therapie eventuell auch mit dem Ehepartner oder der eigenen Familie zusammen, aber auch die Pflege privater Beziehungen, die einen Ausgleich zur beruflichen Sphäre darstellen und der einseitigen beruflichen Deformation entgegenwirken. Wird die Entwicklung des persönlichen Beziehungspotentials nicht als Aufgabe einer bestimmten Ausbildungsphase angesehen — wie etwa bei der Lehranalyse in der psychoanalytischen Ausbildung —, sondern als lebenslanger Prozeß, entfällt auch der Druck, alle Probleme in einer bestimmten Zeiteinheit zu bearbeiten. Vielmehr kann sich der Berater auf die Themen konzentrieren, die bei ihm persönlich und von der Klientel her anfallen, mit der er jeweils arbeitet. Die ständige Bereitschaft, sich in der Arbeit in Frage zu stellen und den eigenen blinden Flecken nachzuspüren, verhindert die Ausbildung einer therapeutischen Erstarrung, die nicht mehr in der Lage ist, sich auf wechselnde Beziehungskonstellationen einzulassen. Persönliche Offenheit dagegen erlaubt, immer wieder neue und differenzierte Beziehungsstrukturen zu erkennen und zu entwickeln.

VIII. Falldarstellungen

1. Ehepaar Lompa

Das Ehepaar Lompa kam zur Paarberatung, um einen gemeinsamen Ausweg aus der verfahrenen Ehesituation zu finden. Im Vordergrund stand dabei der Streit über die Alkoholabhängigkeit des Mannes. Die Ehe besteht seit 25 Jahren, sie war in den ersten Jahren sehr glücklich. Die Spannungen begannen, als die beiden Kinder geboren wurden. Der Mann hatte das Gefühl, daß sich seine Frau mehr den Kindern als ihm zuwandte. Er fing an zu trinken und verlor vor zehn Jahren seine Arbeit als gelernter Schlosser. Er machte mehrere Anstrengungen, vom Alkohol loszukommen. Seine längste Trockenperiode war dreieinhalb Jahre. Er wurde auch in einer psychosomatischen Klinik (psychosomatische Magengeschwüre) behandelt. Seine Frau besuchte eine Angehörigengruppe, in der sie unter Druck gesetzt wurde, sich von ihrem Mann zu trennen. Beide entschlossen sich jedoch, eine Eheberatung aufzusuchen.
Herr Lompa ist 49 Jahre, Frau Lompa 46 Jahre. Die Tochter Andrea, 22 Jahre, Erzieherin, arbeitet in einem kirchlichen Kindergarten. Sie lebt mit einem Freund zusammen und wohnt nicht mehr zu Hause. Der Sohn Stephan, 20 Jahre, macht eine Friseurlehre und steht kurz vor der Prüfung. Er wohnt bei den Eltern.
Hervorstechendes Merkmal der ehelichen Beziehung ist der starke Hunger nach Anerkennung beider Partner, der jedoch in Folge der andauernden gegenseitigen Abwertungen enttäuscht wird. In diese Auseinandersetzungen werden auch die Kinder einbezogen. Dies wird an dem folgenden Gesprächsausschnitt besonders deutlich. Die Sequenz entstammt dem 11. Paargespräch. Das Gespräch fand etwa einen Monat nach Weihnachten statt. Das Weihnachtsfest, das etwa mit der Silberhochzeit zusammenfiel, hatte eine leichte Entspannung gebracht, die allerdings nicht anhielt. Kurz darauf eskalierte der Streit. Als Test für den gegenwärtigen Stand der Beziehung wurde in der vorangehenden Sitzung eine Hausaufgabe erarbeitet, die darin bestand, daß der Ehemann am Sonntag um 14.30 Uhr vom Frühschoppen nach Hause kommen sollte, während die Frau das Mittagessen fertig haben sollte. Zu Beginn der laufenden Sitzung wirken beide Partner verzweifelt. Frau Lompa macht sich Sorgen um ihre Kinder und spürt starke Magenbeschwerden. Herr Lompa zweifelt, ob er jemals vom Alkohol wegkommt.
(Abkürzungen: F: Ehefrau; M: Ehemann, B: Berater)

M: Aber das sind nur so Beispiele, die müßten normalerweise mein Selbstbewußtsein heben, nä ... Und dann mache ich das andere ja wieder kaputt. Ich weiß, ich weiß es doch vom Verstand her.
B: Ja, aber wenn so, wenn ich so zusammenfasse; im Moment ist los, was los sein kann.
F: Ja.
B: Ja.
M: Ja, aber natürlich für meine Frau und auch für mich.
B: Und für die Kinder.
M: Ja natürlich für die Kinder, ich stelle mir ja auch jetzt vor, und in der Beziehung bin ich auch egoistisch, stellen sie sich vor, der Sohn macht seine Prüfung nicht und wird arbeitslos. Da gibt's kein Geld.
B: Ja.
M: Und dann hängt er auf der Straße, und dann haben wir noch weniger Geld. Das ist ganz egoistisch gedacht von mir, das hat mit Gefühlen nichts zu tun. Das hat auch was damit zu tun, daß ich dann mein Leben, dann noch weiter einengen muß, also finanziell. Ja, und daß da mein Sohn, ich kenne doch soviel arbeitslose Jugendliche, was da in der Szene so passiert. Da habe ich doch Angst, daß der da abtrudelt und ‚no bock' sagt, oder irgend so was.
B: *(zur Frau)* Sie schütteln den Kopf. Wovor haben sie Angst?
F: Weil ich meinen jungen Sohn jahrelang kenne. Sei es Prüfungen oder sonst irgendwas, schwierige Arbeiten, Stephan war immer ein Panikmacher, immer gewesen. Und da mein Mann sich ja immer um Stephan fast gar nicht gekümmert hat, kann er sich da nicht so reindenken. Der ist jetzt wieder so total unten im Keller, und der packt das, wie der das immer macht. Der zerfleischt sich dabei.
B: Hm.
F: Und der klotzt so ran, dann macht der das immer wieder vom Feinsten. Und bei unserer Tochter ist das eben anders. Der ist praktisch alles in den Schoß gefallen. Die hat auch schwer ackern müssen, aber die hat das irgendwie locker, lässig über die Bühne gekriegt.
B: Und jetzt fallen ihr die Magengeschwüre in den Schoß.
F: Ja.
M: Ja und in diese Situation bei meiner Tochter, in die hinein kann ich mich versetzen. Ja? Ich weiß.
B: *(wendet sich an die Frau)* Stimmt das?
F: Was denn?
B: Daß sich Ihr Mann in Ihre Tochter reinversetzen kann. Meinen sie das auch?
F: Er meint das zwar immer, aber.
B: Aber.
M: Das laß ich mir nicht abstreiten. Dafür kenne ich nun ... Du sagst eben, meinen Sohn kenne ich jahrelang, du kennst den dein Leben lang. Und ich kenne meine

Tochter. Ich weiß ganz genau, daß da in dem Kindergarten was nicht stimmt. Und ich weiß wie schwer das ist, Jugendliche oder Kinder acht Stunden am Tag oder sechs oder sieben Stunden zu beschäftigen, die quengeln rum: „Was machen wir jetzt, was machen wir jetzt." Und dann, mag da noch was mit der Kindergärtnerin, sie läßt, ich höre ja nichts von dir nicht und von ihr ja auch nicht. Ich höre da immer nur so „Querelen sind da im Gange" und alles das, und das darfst du nicht wissen. Jetzt kommt noch hinzu, daß kein Mensch in dem Kindergarten wissen darf, daß sie bei ihrem Freund wohnt, das sind doch alles seelische Belastungen. Die muß jeden Morgen in unsere Wohnung kommen und dann um halb acht die Wohnung wieder verlassen, weil sie beobachtet werden könnte, wo sie her kommt.
Verstehen Sie, das sind alles krumme Touren und wenn man die macht und dann nicht seinen geraden Weg geht, dann kriegt man seelische Beschwerden, wenn man ehrlich ist, und sie ist ehrlich.
B: Hm.
M: Also für mich ist die ganze Angelegenheit, wenn die im anderen Kindergarten arbeiten würde, im anderen Ortsteil, dann wäre die Sache behoben. So ist das für meine Tochter und für mich, ist das eine verlogene Angelegenheit. Das steht für mich hundertprozentig fest, und darunter leidet die.
B: *(zur Frau)* Ist da was dran?
F: Ja, da stimmt ein bißchen von, aber bei meiner Tochter ist eins, meine Tochter hat immer sehr schlecht gegessen. Die habe ich als Kleinkind schon mal eine Zeitlang nur mit Bananen und Milch ernährt, und dann hat sie auch sonst immer schlecht gegessen, was mich immer sehr belastet hat, aber ich habe sie nie gezwungen. Und seit dem sie jetzt mit dem Freund zusammen ist, kommt sie jetzt schon langsam dahinter und wird so auf die lockere Art verdonnert, sie ißt jetzt sogar schon Graupensuppe und Rosenkohl und all' solche Sachen und das ist schon ein Ereignis. Unsere Andrea lebt nur von Milch, von Süßigkeiten, Pudding und ab und zu mal ein bißchen Essen, und das hält keiner aus. Das weiß ich, das weiß mein Mann nicht.
M: Aber ich weiß eins, daß die Andrea eine Charaktereigenschaft hat, die der Vater auch hat. Das Essen muß man zum Beispiel selbst zubereiten und unsere Andrea hat so einen phlegmatischen und einen etwas faulen Charakter.
F: Die braucht das Essen gar nicht zubereiten, die kriegt das von ihrer Schwiegermutter, alles frei Haus serviert.
M: Für manches ist Andrea auch zu faul, das ist keine schlechte Eigenschaft, ich betrachte das nicht als Charakterfehler.
F: Faul würde ich nicht sagen, du mußt ja auch eins bedenken, es ist eine Umstellung für das Kind. Die hat zu Hause nie kochen ...
M: Richtig.
F: ... brauchen. Ich habe ihr das oft angeboten, ich habe gesagt: „Probiere mal."

„Ach, Mutti ich habe keine Lust." Die Kinder haben nie was zu Hause machen brauchen, sei es. Die kamen von der Arbeit oder aus der Schule, dann war für die, Mutti machte ja sowieso alles. Die einzige Leidenschaft, die Andrea hatte, war Backen, und das kann sie aus dem Effeff, und für Kochen hat sie sich halt nicht interessiert. Aber die beiden haben sich so engagiert, das geht Hand in Hand, und das ist das, was ich so unwahrscheinlich toll finde. Die sind beide berufstätig, da läuft alles Hand in Hand, wahrscheinlich ist das bei mir, auch jetzt so das Leben zwischen meinem Mann und mir, und ich sehe jetzt die Tochter und den zukünftigen Schwiegersohn, wie das da läuft.
B: Da sind sie absolut nicht neidisch.
F: Da werde ich wohl etwas auch neidisch sein. Mit Sicherheit, weil ich das ganz großartig finde, und ich habe oft, mein Schwiegersohn ist so ein riesen Kerl, den habe ich mir oft schon so geschnappt und habe ihn mir so geknubbelt und habe gesagt: „Du bist ein ganz Toffter", weil ich merke, daß es meiner Tochter da gut geht.
(kurze Pause)
M: Du hast eben was Entscheidendes gesagt, für mich Entscheidendes, die Kinder brauchten nie was machen, die Mutter hat immer alles gemacht, und da war immer alles fertig, und da war alles dingsbums. Und da frage ich mich, jetzt so im nachhinein, ob das für mich auch alles immer so fertig war.
F: Ja.
M: Oder ob ich nicht neidisch auf die Kinder war, für die immer alles fertig war, es geht ja heute noch so weiter. Die richtige warme Mahlzeit, die gibt es nicht mittags, auch wenn ich nicht arbeite, die gibt es erst abends, wenn der Stephan von der Arbeit kommt und das ist für mich tödlich.
F: Beschwere dich doch.
Die Eltern definieren sich über ihre Kinder. Beide zeigen, an welchen Stellen sie ihre Kinder verstehen. Die Mutter identifiziert sich stärker mit ihrem Sohn, der Vater mit der Tochter. Diese klassische „ödipale" Konstellation enthält jedoch einige subtile Nuancen, die diese Situation entschärfen: Der Mann läßt sich nicht davon abbringen, daß er Verständnis für beide Kinder aufbringt, obwohl seine Frau dies bezweifelt. Beider Zugang zu den Kindern ist von eigenen Bedürfnissen geprägt. Indem beide sich über die Kinder auseinandersetzen, wird ihnen auch ihre Verschiedenheit bewußt. Über das Thema Essen lenkt Herr Lompa auf den ehelichen Konflikt.
M: Das abendliche Essen.
F: Ich habe dir schon mal gesagt, ich bringe dir das Essen nicht in die Kneipe.
M: Nein.
F: Das ist der entscheidende Punkt.
M: Ja.
F: Du bist ja nie da.
M: Sonntag, fünf vor halb drei ...

F: Du warst.
M: ... flog der Alte ein.
F: Ja.
M: Er ist um zwölf Uhr gegangen, aber um fünf vor halb drei war er wieder da.
F: Wir hatten auch ...
M: Nicht besoffen.
F: ... Wir hatten ja auch ein Abkommen.
M: Ja.
F: Das fand ich auch toll.
M: Also, ging doch.
F: Es brauchten nur noch die Kartoffeln angeschmissen, es ist immer alles fertig.
M: Ja.
F: Nur du bist nicht da.
B: Doch, er war. Sie waren da ...
M: Ja.
B: *(zur Frau)* ... und Sie waren ...
M: War fertig.
F: Ja.
M: Sonntag hatten wir ja abgemacht.
B: Und das lief so?
M: Reibungslos.
F: Ja. Das war, wirklich, das habe ich.
M: Bin erst um zwölf Uhr weggegangen, habe schön gemütlich lange Kaffee getrunken, habe mich fertig gemacht, sauber gemacht und rasiert, und alles, und dann bin ich gegangen und nach zwei Stunden und zwanzig Minuten, war ich wieder da.
B: Und das hat dieser Alkoholiker geschafft ...
M: Ohne Anstrengung.
B: ... nach ein paar Jahren trocken, ...
M: Zum ersten Mal wieder gemacht.
B: ... nach vier Jahren AA's, hingekriegt.
F: Ja.
B: Ja.
F: Fand ich großartig, ja. Genau wie Weihnachten, wie den ersten Feiertag.
B: Und das hat diese Frau ihnen zugetraut, und sie hatte da alles stehen, wie sie nach Hause kamen.
M: Ja. Ich hatte nicht damit gerechnet, da bin ich ganz ehrlich drin. Ich habe gedacht, du wirst wohl um vier Uhr dein Essen kriegen, und dann hast du wieder einen Grund zu motzen, aber es war nicht so. Das Essen war fertig, Kartoffeln mußten noch kochen, aber.
B: Und dieser Typ hat nichts zu kritisieren gehabt, wie er fünf vor halb drei nach Hause kam?

F: Doch er hatte zu kritisieren: „Es ist ja noch nichts fertig." Ich sage: „Es ist alles fertig, ich brauche nur noch Kartoffeln kochen", ich sage.
B: Hat er das richtig kritisiert, oder?
F: Ja, hat er sich auf die Couch gelegt, und ich sage: „Möchtest du denn jetzt essen?" (ahmt die Stimme ihres Mannes nach). „Hab' schon keinen Hunger mehr." Und dann kam er auf einmal, ich meine wir haben ein Abkommen. Ja, ich sage: „Das Abkommen besteht ja auch noch, ich brauche nur die Kartoffeln noch kochen." Ja und dann habe ich die einfach gekocht, obwohl er gesagt hat, ich hab' schon keinen Hunger mehr.
M: Ja, also ich.
B: Und dann ist er Ihnen, hat er Sie in den Arm genommen, oder?
F: Gar nichts, wir haben gegessen, und er hat gesagt: „Sehr lecker." *(schmunzelt)*.
M: Das war ja auch in den Arm nehmen.
F: Das ist ja für mich auch schon mal was *(lacht)*.
B: *(mit fröhlicher Stimme)* Auch schon etwas, wo sie jetzt noch lachen können, drüber.
F: Obwohl mir nach dem Essen dann wieder speiübel war, wegen meiner scheußlichen Magenbeschwerden.
B: Aber immerhin hatten Sie ihren Spaß daran, daß er es gelobt hat.
F: Ja, ich muß, ich meine, das macht er ja öfter, wenn er kann, zu Hause ist, und es schmeckt ihm, das hat er ja bisher immer gemacht, lecker, das sagt er ja schon, aber.
B: Ne, war da nicht so ein besonderes Lob dabei, ne.
M: „Sehr lecker" habe ich gesagt.
F: Ja, doch, hast du gesagt.
M: Ich sage nicht immer lecker.
F: Vor allen Dingen weil ich ja auch, mein Sohn ißt keinen Rosenkohl, und ich hatte extra für uns beide Rosenkohl gemacht, ich denke das ist mal, für uns beide, dann.
B: Weil Sie ihn gerne mögen, oder weil Ihr Mann ihn gerne mag?
F: Weil mein Mann gerne Rosenkohl, ich meine, ich esse ihn auch gerne, aber ich habe ihn jetzt gekauft, ich denke, wenn das hinhaut dann haben wir mal Sonntag, weil ein Pfund ist für mich echt zu viel.
B: Und mußte der Stephan den Rosenkohl auch mit essen?
F: Nein.
M: Nein.
F: Stephan hatte ich, mache ich dann immer was anderes.
B: Okay, aber sie hat auch an sie gedacht und nicht nur an Stephan.
M: Nein, das stimmt.
F: Nein.
M: Das habe ich auch festgestellt.

F: Rosenkohl habe ich für ihn und eben für mich gemacht.
M: Also ich bin am Sonntag nach Hause gegangen und habe gesagt, jetzt bist du mal gespannt, wie du jetzt pünktlich und sauber und nüchtern empfangen wirst, und da hatte ich das Gefühl, das war nicht so, wie ich das erwartet habe.
B: Ah ha.
M: Daß da auch mal ein Wort gekommen wäre: „Oh du bist ja pünktlich", oder so, oder: „Das ist ja nett, daß du so früh nach Hause kommst", das kam nicht, nä.
B: Und das haben Sie gemerkt ...
M: Und habe ich.
B: ... daß Ihrer Frau das unangenehm ist, daß sie so rechtzeitig kommen.
M: Nein nicht unangenehm. Und da habe ich so in die Töpfe geguckt, und da waren die Kartoffeln ja noch roh. Und da ich ihr gesagt hatte, hier ja gesagt hatte, nicht Sonntags morgens als ich aus dem Haus gegangen bin, habe ich nicht gesagt, ich komme um halb drei nach Hause, das habe ich absichtlich nicht gesagt.
B: Ah ja.
M: Ja.
B: Sie haben Ihre Frau nicht mehr erinnert.
M: Nein. An das Abkommen habe ich auch nicht erinnert und habe gesagt: „Hoffentlich ist das Essen auch fertig." Und dann, dann wurde ich natürlich, als ich nach Hause kam, und es kam nicht so, wie ich erwartet hatte, da wurde ich wieder ungeduldig, weil die Kartoffeln noch nicht fertig waren und das hat was mit meinem spinnerten Choleriker zu tun, oder irgendwas, ich weiß es nicht.
F: Soll ich mal ganz ehrlich sein.
M: Du hast auch nicht damit gerechnet.
F: Ich habe das vergessen *(lacht)*. Bin ich ganz ehrlich.
B: *(amüsiert)* Das hatten sie nicht gedacht, daß das so einfach ist.
M: *(auch amüsiert)* Nein, das habe ich nicht gedacht.
F: Ich habe mich zwar unheimlich gefreut, daß er so früh, zwanzig vor drei war er schon zu Hause, aber ich habe das echt vergessen mit dem Abkommen, mit drei Uhr, wenn er das nicht gesagt hätte, aber ich war fertig.
B: Sie standen Gewehr bei Fuß.
F: *(lächelnd)* Ja, wie immer. Ich habe das echt vergessen.
(Pause)
Aber das sind ja alles gar nicht so die sehr großen Probleme.
M: Nä, hm.
B: Ja, das sollte ja auch kein Problem sein.
M: Nein, nein.
B: Sondern das war jetzt ein Punkt, in der augenblicklichen Situation, wo sie beide irgendwo lachen können.
(Frau L. lacht)

Die Auswertung der Hausaufgabe erweist sich als sehr ergiebig. Beide äußern sich bereitwillig und offen, werden durch provokative Bemerkungen des Beraters angeregt, ihre Erwartungen und Gefühle auszusprechen. Für kurze Augenblicke werden dabei positive Rückmeldungen an den Partner gegeben, und jeder kann eingestehen, wie er dem anderen Fallen stellte. Die neue Erfahrung ist jedoch nicht tragfähig: „Es sind ja gar nicht die großen Probleme."

B: Und ich habe jetzt das natürlich so ein bißchen auch noch ausgeweitet, weil ich denke, im Moment haben sie wirklich sehr wenig zu lachen, beide.
M: Ja.
B: *(zur Frau)* Sie leiden im Grunde sehr stark so mit den Kindern, und Sie *(zum Mann)* sind ein bißchen ausgeschaltet, und wo Sie jetzt so gerade gesagt, ja, irgendwo gerade mit Andrea.
M: Ja.
B: Da leide ich *(atmet tief durch)* auch ein bißchen mit, und vielleicht leiden Sie auch darunter, daß Sie nicht soweit drin sind wie Ihre Frau.
M: Richtig, aber ich muß auch manches zugeben, manches kann ich und manches kann ich nicht. Das Verhältnis zu meinem Sohn kann ich nicht über den Zaun brechen, und ich weiß auch nicht, ich bin da machtlos, ich bin da wirklich machtlos, ich weiß nicht in der Beziehung. Ich komme an andere Jugendliche ran, an schwer erziehbare Jugendliche und dingsbums und: „Peter, Peter hin, Peter her", das ist jetzt kein Eigenlob.
B: Hm.
M: „Komm mal her Peter", und dann erzählen Sie mir von Ihrer Familie, und was in der Klinik los ist, und an meinen eigenen Sohn komme ich nicht ran. Und diese Machtlosigkeit, das tut weh. Und wenn man dann in der Badewanne, so beiläufig erzählt kriegt: „Paß' mal auf, der will seine ganze Lehre drangeben." Mir hat sie nichts gesagt, so wie ich ihn kenne, wird der nur Panik machen.
B: Herr L..
M: Mir hat sie das erzählt, um mir vielleicht, was weiß ich, Angst einzujagen oder.
B: Herr L. warum meinen Sie, hat sie's Ihnen gerade in der Badewanne erzählt?
M: Ja, weil da die beste Gelegenheit war, da lag ich flach, oder. *(Frau L. lacht)*
B: Ja?
M: Ja, oder ich war entspannt oder? Ich weiß jetzt nicht was Sie, worauf Sie hinaus wollen.
B: Ich weiß auch nicht, nur mir fällt es ein, und Sie haben es gerade wieder betont, daß Ihre Frau Ihnen das in der Badwanne erzählt hat.
M: Ja, das war ja keine kurze Geschichte. Am Kaffeetisch hat sie es mir nicht erzählt. Als ich in der Badewanne lag, ist sie dann immer wieder rausgegangen und hat da ihre Putztücher sauber gemacht und irgendwas gemacht, dann kam sie wieder rein und hat mir wieder eine neue Geschichte erzählt. Und da habe ich gedacht, was macht die, was macht die jetzt mit dir, jetzt wo alles so in die

Brüche geht, will die dir jetzt wieder Schuldgefühle einreden oder will die dir jetzt mitteilen, was hier wirklich los ist.
B: Herr L. meinen Sie, jetzt so eine dumme Frage, ist das jetzt eine neue Erfindung von Ihrer Frau, daß sie Ihnen so wichtige Dinge in der Badewanne erzählt oder hat sie das immer schon gemacht?
M: Nein, hat sie noch nie gemacht.
B: Dann ist das was Neues.
(kurze Pause, danach sprechen Berater und Mann im schnellen Wechsel)
M: Ja.
B: Und vorhin ...
M: Ja, weil die Badewanne ja für uns ...
B: ... bald ersoffen haben sie vorhin erzählt.
M: Ja.
B: Aber Sie sind doch leider nicht ersoffen.
M: Erst hat es mich betroffen, und dann bin ich wütend geworden, nä. Das ist vielleicht auch nicht die richtige Reaktion.
B: Was haben Sie dann in Ihrer Wut gemacht, sind Sie in der Wut aus der Badewanne rausgesprungen.
M: Ja, ganz besonders geschrubbt *(lacht)*. Ja alleine die Badewanne ist für uns ja schon ein Problem, vielleicht hängt das, ob das damit zusammen hängt, daß ich da endlich mal wieder in der Badewanne war, und sie hat gedacht „Jetzt liegt der da so schön, jetzt kannst du ihm das mal erzählen. Jetzt kann er nicht direkt aus der Haut fahren, jetzt liegt er im Wasser", ja.
B: Haben Sie sich geärgert, daß Sie es Ihnen in der Badewanne erzählt hat?
M: Nein nicht über den Ort, da habe ich mich nicht geärgert. Nur, ja doch, die Umstände so, könnte man ja auch am Kaffeetisch erzählen.
B: Wenn Sie sagen, Sie wurden wütend, und wenn Sie am Kaffeetisch gewesen wären, hätten Sie sicher anders reagiert, was wäre denn da anders gelaufen?
(Pause)
M: Ja, das ist verdammt eine Möglichkeit. *(Pause)* Ja also, am Kaffeetisch hätte passieren können, daß ich aufgestanden wäre und wäre gegangen und hätte mir das gar nicht mehr zu Ende angehört.
B: Hm.
M: „Laß mich mit deinem Kram in Ruhe, jetzt ist alles zu spät, und jetzt kommst Du auf mich zu, und jetzt soll ich wieder der Retter sein oder irgend so etwas unternehmen." Vielleicht hätte ich mich angezogen und wäre gegangen.
B: Also wenn Ihre Frau Ihnen Dinge erzählen will, wo es ihr nicht so wichtig ist, ob Sie dabei bleiben oder abhauen, dann ist es besser, wenn sie es am Kaffeetisch macht, und wenn sie Ihnen Dinge erzählt, wo so Gefahr ist, daß Sie abhauen könnten, und wo sie selbst vielleicht eher die Möglichkeit hat, raus und rein zu gehen, dann soll sie das am besten machen, wenn Sie in der Badewanne sind.

M: Da haben Sie recht.

Der Berater reitet hier auf der Badewannen-Szene herum, weil hier eine spontane Veränderung in der Beziehung sichtbar wird. Die Frau bezieht den Mann in Probleme mit ihrem Sohn ein, die sie bisher für sich behielt. Der Mann ist jedoch darüber verärgert, daß sie ihm die Freude am Bad verdarb. Er ist so sehr mit ihrem „Überfall" beschäftigt, daß er ihr eigentliches Anliegen nicht versteht. Nachdem Herr Lompa seinem Ärger Luft macht, ist er für die Umdeutung des Verhaltens seiner Frau offen.

B: Ja.
F: Ich muß ja eins dazu sagen, das ist ja ein Ereignis, daß der freiwillig schon da reingegangen ist *(lacht)*. Das hat mich schon irgendwie überrascht, am frühen Morgen, und das war für mich ein Ereignis.
B: Und dann haben Sie ihn gleich belohnt.
F: Und ich hatte irgendwie so einen Druck mit den Kindern, jetzt da die eine Belastung, da die andere Belastung, das war auf einmal unheimlich viel ... und ich bin der Meinung wofür bin ich verheiratet, er muß ja teilhaben ...
B: Ja, ja.
F: ... an solchen Sachen, auch.
B: Hm, hm.
F: Ich kann doch nicht alles mit mir rumschleppen ...
B: Ja, ja.
F: ... und den Nachbarn erzählen, die das im Grunde genommen gar nichts angeht.
B: Ja, ja.
M: Will ich ja auch.
B: Aber Frau L., jetzt mal so im Ernst, was für ein innerer Teufel hat Sie denn so geritten, daß Sie das unbedingt in der Badewanne erzählen mußten?
F: Wenn ich ganz ehrlich bin, ich habe mir da gar nichts bei gedacht.
B: Genauso wie bei den Kartoffeln, die Sie so hatten stehen lassen und nicht angemacht hatten.
F: Ja, nur eben, er lag jetzt da in der Wanne und entspannt, und ich hatte im Moment, hatte ich das Gefühl, du mußt jetzt irgendwas loswerden.
B: Hm.
F: Mich hat ...
B: Und wenn er.
F: ... das furchtbar belastet. Ich hatte einen wahnsinnigen Druck.
B: Hm, also Sie hatten einen wahnsinnigen Druck.
F: Ja.
B: Und hätten Sie genauso reagiert, wenn er nicht in die Wanne gegangen wäre, sondern wenn Sie am Kaffeetisch gesessen wären?
F: Wahrscheinlich auch.
B: Ja, hätten Sie genauso losgelegt?

F: Ja, wahrscheinlich, ja. *(Pause)* Wenn ich die Gelegenheit gehabt hätte, und er hätte dagesessen oder was, ich hätte das irgendwie an dem Tag loswerden müssen, weil mich das so sehr beschäftigt hat.
B: Hm.

Frau Lompa wird blitzartig deutlich, daß sich bei ihr etwas änderte, als sie ihren Mann entspannt in der Badwanne sah. Sie spürt, daß sie verheiratet ist, und drückt dies in einer Form aus, daß sie ihren Mann mit ihren Sorgen überschüttet.

F: Weil, ich kann ihn ja abends nicht packen. Wenn er dann nach Hause kommt, hat er ein paar Bier getrunken, dann ist bei mir die Sperre da, dann erzähle ich nichts mehr.
B: Hm.
F: Dann wird Fernsehen geguckt, und er schläft dann kurz darauf ein. Ja und dann gehen wir ins Bett, und meistens wander' ich dann nachts wieder aus. Weil er dann auf der Seite schnarcht und auf dem Rücken schnarcht und ...
B: Ah ja.
F: ... und das ist ja.
B: Also.
M: Und das belastet mich, das belastet mich ungemein. Ich bin 25 Jahre mit dieser Frau verheiratet, geschnarcht habe ich immer, und in letzter Zeit ergreift meine Frau, ob ich getrunken habe oder nicht, das ist für mich vollkommen uninteressant, ja, bevor ich auch schon eingeschlafen bin, zieht sie um.
B: Hm.
M: Das ist eine Flucht vor mir. Im Bett könnte man sich vielleicht ja auch einmal was erzählen und noch andere Sachen machen. *(Pause)* In diesem Bett haben wir doch früher auch andere Sachen gemacht, ich meine da ganz spezielle. Da kann man sich aber durch Umquartierung ins Kinderzimmer von entziehen, das ist der bequemste Weg, sich gegen irgendwelche Berührungen vom Mann zu schützen.
B: Okay, dann macht sich Ihre Frau selten.
M: Wie denn, das Umziehen?
B: Nein, dann macht sich Ihre Frau ...
M: Rar.
B: ... in dem Moment selten und wenn sie jetzt auszieht, haben Sie richtig erkannt, dann will sie in dem Punkt nichts mehr mit Ihnen zu tun haben ...
M: Richtig.
B: ... dann will sie im Bett nicht mehr mit Ihnen erzählen, quatschen ...
M: Ja, ja.
B: ... und dann will sie die anderen Sachen auch nicht mehr mit Ihnen machen.
M: Nein, und wenn sie. Und das ist eine furchtbare Erkenntnis für mich.
B: Ja.
M: Bitte?

B: Ja.
M: Ich bin ja außerdem fast entmündigt. Jetzt kommt, das ist aber kein Jammern, das ist einfach eine Feststellung, ich bin ja auch noch entmännlicht. Und das schon seit über einem Jahr, ja, und da muß ich mit fertig werden, nicht meine Frau. Meine Frau kommt da leichter drüber weg, glaube ich, aber ich nicht, ja.
B: Obwohl, wenn man es genau nimmt Herr L., es stimmt nicht so, daß Sie entmännlicht sind.
M: Bitte?
B: Sie sind nicht entmännlicht, so wie bei den Schecks.
M: Ja.
B: Sondern im Moment will Ihre Frau nicht mit Ihnen schlafen.
M: Ja richtig.
B: Das sind zwei paar Dinge.
M: Ja.
B: Und so wie Ihre Frau die Beziehung sieht, ist es für sie unmöglich, sich auf diese Dinge einzulassen.
M: Das sehe ich auch ein, das muß aber auch einmal klar gesagt werden und nicht immer darauf zurück geschoben werden, daß ich angeblich eine Fahne habe oder daß ich schnarche, also das Schnarchen tue ich schon immer. Früher hat sie mich nur angetippt und gesagt: „Lege dich auf die Seite", dann habe ich das auch gemacht, verstehen Sie? Nur, sie legt sich manchmal abends neben mich, dann werde ich nachts wach, dann ist sie weg.
B: Hm.
M: Ja und dann kann ich nicht mehr, dann fängt bei mir das Grübeln an, dann kann ich nicht mehr einschlafen, und das solltest du dir auch einmal vor Augen führen, ich bin psychisch in der Beziehung auch nicht zusehr belastbar, und das ist jedesmal: „Jetzt ist sie wieder vor dir geflüchtet."
B: *(zur Frau)* Sie schütteln den Kopf, also irgendwas, hat Ihr Mann da falsch.
F: Das ist alles falsch, was du dir da einredest, Peter. Ich bin mit den Nerven im Moment so runter, ich vertrage weder Geräusche noch Schnarchen, dann kommt die Angst hinzu mit dem Im-Bett-Rauchen. Du hast mir gesagt: „Ich rauche ja gar nicht mehr im Bett."
M: Ja tue ich ja auch nicht mehr, du nimmst mir ja abends die Zigaretten weg.
F: Dann hast du es ein paarmal wieder gemacht, dann schläfst du tief und fest und hast eine brennende Zigarette in der Hand, irgendwo auf dem Buckel, dann hast du aber schon zwei Stunden geschlafen, dann ist es halb eins, ein Uhr, es wird halb zwei, und ich geistere immer noch durch die Bude und wenn ich dann sage, „so jetzt ist Feierabend" und nimm mein Bettzeug und gehe dann ins Kinderzimmer. Das muß doch wohl verständlich sein, das ist nicht, um dich zu verletzen, bei aller Liebe nicht, aber mein Körper braucht Ruhe und nicht da so einen Heckmeck mit Feuer, und ich habe wirklich Angst vor Feuer,

dafür hast du schon viel zu viel verbrannt und gemacht, und du schläfst da tief und fest bei, das registrierst du gar nicht.
B: Hm.
M: Seit Wochen ...
F: Und aus ...
M: ... rauche ich nicht mehr im Bett.
F: ... lauter Angst räume ich jetzt schon die Zigaretten abends vom Bett weg.
B: Herr L. können Sie das verstehen?
M: Ja natürlich.
B: Gut, dann ist an dem Punkt Einigkeit. Aber jetzt hat Ihr Mann noch andere speziellere Vermutungen geäußert, und die sind jetzt mit der Zigarette und dem Schnarchen nicht abgetan.
F: Hm.
B: Hat er da recht oder liegt er da falsch?
F: Also ich gehe nicht vor ihm nachts flüchten, um nicht mit ihm zu schlafen, das stimmt einfach nicht. Ich bin im Moment so zu. Ich von mir aus kann im Moment nicht auf meinen Mann zugehen.
B: Hm.
F: Und ich warte täglich, daß von ihm aus mal irgendwie was passieren würde. Ich kann im Moment nicht, ich weiß nicht, woran es liegt, aber ich.
B: Ist gut, wenn Sie wissen, wo ihre Schwellen sind und wo Sie nicht können, nicht, und es ist, glaube ich, auch sehr wichtig, wenn wirklich Ihr Mann da eine Bewegung in die Richtung macht, daß Sie sich bewußt machen, „kann ich jetzt oder kann ich jetzt nicht." Denn was so ein Jahr nicht gelaufen ist, da denke ich, sollte man sehr sorgfältig sein ...
M: Ja richtig.
B: ... wenn man dann wieder neu anfängt, denn so ein Neuanfang, der bedeutet vielleicht fast genausoviel, wie nach 25 Jahren wieder einmal gemeinsam Weihnachten zu feiern oder vielleicht sogar noch mehr.
F: Wahrscheinlich noch mehr.
B: Und es wär schade, wenn meinetwegen, das irgendwie zu früh kommt und dann geht es in die Hosen.
M: Da kommt so mein berühmter Ausspruch, „darf ich dich mal ans Bein packen" ...
B: Hm.
M: ... Verstehen Sie, ich weiß es, ich will das nicht praktisch mit aller Gewalt und sagen: „Komm her mein Schatz und jetzt ist alles wieder in Ordnung", so einfühlsam bin ich selbst, daß das nicht geht, ...
B: Ja.
M: ... das weiß ich.
B: Schön, nicht und dann ist es auch sehr gut gelaufen, ...
M: Ja.

B: ... daß Ihre Frau da einen Rückzieher macht ...
M: Ja.
B: ... und sagt: „Das ist mir zu viel."
M: Ja.
B: Nicht, haben Sie auch akzeptiert. Nicht, und Sie sagen: „Probiere mal, mache mal wieder eine Anstrengung", und dann wollen wir mal gucken, ob ich mich ans Bein fassen lasse oder noch ein Stückchen höher und wo meinetwegen dann wieder der Eisklotz sitzt, wahrscheinlich ist er beim ersten, zweiten und fünften Versuch noch nicht total weg.
M: Nein, da bin ich mir ganz bewußt drüber, das weiß ich alles. Nur manchmal vermittelt mir meine Frau den Eindruck und das ist das Schlimme für mich, daß sie sich vor mir ekelt, ja? Daß ich also ein ekelhafter Mensch bin.
B: Herr L., das hat sie jetzt aber nicht gesagt.
M: Nein, das hat sie gerade nicht gesagt, nein. Das setzt mich auch sehr in Erstaunen.
B: Sie hat gesagt: „Probiere."
M: Ja.
B: „Ich kann nicht."
M: „Auf dich zugehen", richtig.
B: Und ich habe gesagt, es ist wichtig, daß Sie die Freiheit haben, wenn Ihr Mann die Initiative ergreift, daß Sie an jedem Punkt, nein sagen können, und daß Sie das akzeptieren.
M: Akzeptieren, richtig.
B: Und damit, glaube ich, ist an diesem Punkt eine ganze Menge Klarheit.

Besonders im letzten Abschnitt, aber auch in den vorhergehenden Sequenzen wird deutlich, wie sich die Beziehungsebene weitgehend im Handeln, in Körperempfindungen bis hin zu Krankheitssymptomen usw. ausdrückt. Die Klärung ergibt sich dadurch, daß die angesprochenen Situationen aufgegriffen und vertieft werden. Der Berater arbeitet dabei in erster Linie darauf hin, die Handlungsebene zu differenzieren. Die tieferliegende Bedeutung ergibt sich häufig von allein, ohne daß abstrakte Deutungen vorgenommen werden.

2. Familie Schmidt/Moll

Familien mit psychotischen Mitgliedern werden von Sozialarbeitern nicht nur in sozialpsychiatrischen Diensten, sondern auch im Bereich der allgemeinen Bezirkssozialarbeit relativ häufig betreut. Hauptziel der Betreuung ist dabei meist das „Kindeswohl", d. h. inner- und außerfamiliäre Ressourcen zu erschließen, um das Recht des Kindes auf Erziehung sicherzustellen. Anlaß für das Eingreifen sind in vielen Fällen Schulprobleme der Kinder.

Das Angebot einer Schularbeitenhilfe wird von der Familie häufig zunächst bereitwillig aufgegriffen und eröffnet somit einen Zugang zur Familie, der in einer handlungsorientierten Beratung genutzt werden kann. Wenn die Familie einer Schularbeitenhilfe zustimmt, bekundet sie Interesse an einer schulischen Förderung der Kinder und signalisiert, daß sie sich mit dieser Aufgabe überfordert fühlt. Auch wenn die Motivation in diesem Fall sehr niedrig zu sein scheint, stellt sie — ähnlich wie bei Kontrollproblemen — die einzige sichere Basis für die Zusammenarbeit dar. Dabei darf auch nicht übersehen werden, daß auch Außenstehende ein Interesse an einer Lösung der Schulprobleme haben, etwa Lehrer, Jugendamt oder Angehörige. Der Erfolg der Beratung wird durch Außenstehende an den sichtbaren Leistungsfortschritten in der Schule gemessen. Treten die erhofften Veränderungen nicht ein, hat man in der Regel davon auszugehen, daß Außenstehende der Familie gegenüber ihre Mißbilligung an der Familienberatung unverhohlen zum Ausdruck bringen. Würde man das Anliegen der Schularbeitenhilfe nicht ernst nehmen, wäre damit meist ein Abbruch der Beratung verbunden.

Schularbeitenhilfe im Rahmen einer Familienberatung erhält jedoch einen anderen Charakter als ein Nachhilfeunterricht. Der Familienberater sucht zwar auch das Schulproblem zu lösen, aber er übernimmt die Aufgabe nicht vollständig, sondern er sucht von Anfang an die Familie einzubeziehen. Das gestaltet sich im vorliegenden Fall sehr schwierig. Die Akten entwerfen ein denkbar ungünstiges Bild der Familie, die eigentlich keine Familie ist, sondern aus zwei zerbrochenen Familien zusammengesetzt ist. Was die jetzige Familie betrifft, ist sie durch Krankheiten und Behinderung (Psychose der Frau, Lähmung des Mannes), Alkoholprobleme, Gewalttätigkeit charakterisiert. Diese massiv agierenden und gefährlichen Symptome, die bisher nur soweit bewältigt wurden, daß das Schlimmste verhindert werden konnte, sind auch der eigentliche Anlaß für den Sozialarbeiter, sozialpädagogische Familienhilfe zu beantragen. Als Zugang dient dabei das Bemühen von Herrn Moll, Verantwortung für die Familie zu übernehmen und dem Anpassungsdruck gerecht zu werden.

Herr Moll ist 46 Jahre alt, seit einem halben Jahr durch einen Schlaganfall rechtsseitig gelähmt. Aus seiner geschiedenen Ehe leben bei ihm seine Söhne Ulf, 15 Jahre, Hauptschüler, und Toni, 11 Jahre, Sonderschüler. Herr M. hat starke Alkoholprobleme; eine Anzeige wegen Kindesmißhandlung mußte mangels Beweises zurückgezogen werden.

Herr M. lebt seit sechs Jahren in eheähnlicher Gemeinschaft mit Frau Schmidt, 32 Jahre alt. Das gemeinsame Kind Silke ist jetzt 4 1/2 Jahre alt, geht jedoch nicht in einen Kindergarten.

Frau S. hat aus ihrer geschiedenen Ehe einen elfjährigen Sohn Markus, der zunächst im Haushalt lebte. Das Sorgerecht wurde entzogen, da Frau S. seit Silkes Geburt psychisch krank ist, gegen die Kinder gewalttätig wurde, sowie versucht hat, Herrn M. im Schlaf zu erstechen. Herr M. rief mehrmals die Polizei. Zwangseinweisung durch das Gesundheitsamt in ein Landeskrankenhaus oder erneute Unterbringung von Frau S. im Frauenhaus, wo sie nach ihrer Trennung vom Ehemann gelebt hatte, scheitern. Medikamentöse Behandlungen durch verschiedene Psychiater und Neurologen bricht Frau S. nach kurzer Zeit ab.

Herr M., der nach seinem Schlaganfall um seine Autorität in der Familie fürchtet, vor Auffälligwerden der Familie in der Nachbarschaft große Angst hat, ist gerne bereit, den Vorschlag des Sozialarbeiters, eine sozialpädagogische Familienhelferin einzusetzen, anzunehmen, insbesondere da seine Söhne zunehmend Schulschwierigkeiten haben und er die Möglichkeit sieht, daß sie Nachhilfeunterricht erhalten. Die Familie lebt vom Krankengeld des Vaters und bezieht zusätzliche Hilfe zum Lebensunterhalt vom Sozialamt. Beim ersten Kontaktgespräch sind alle Familienmitglieder sowie der betreuende Sozialarbeiter und ich anwesend:

Die Familie bewohnt ein Zechenhäuschen; das Familienleben spielt sich jedoch nur in der Küche ab. Herr M. hat seinen Stammplatz in der Nähe der Tür, neben sich ein kleines Tischchen mit Kulis, Radiergummi, Briefumschlägen, Geldbörse ... Die übrigen Familienmitglieder dürfen diese Dinge nur mit seiner Zustimmung benutzen, werden ständig und bei jeder Kleinigkeit kontrolliert. Frau S. sitzt auf einer Kiste am Herd, weit weg vom Tisch und den anderen Familienmitgliedern. Sie ist grell geschminkt — Lippenstift bis ans Kinn —, redet ständig mehr oder weniger laut vor sich hin. Dabei geht es meist um Vergewaltigungen, Totgeburten, Entbindung durch Kaiserschnitt usw.

Es ist kaum möglich, zu ihr Blickkontakt zu bekommen. Sie lebt sehr abgekapselt in ihrem Wahn. Ich sitze zwischen Toni und Silke. Silke spielt ununterbrochen mit einer Skat-Karte, knickt eine Ecke auf und ab. Toni stöbert in alten Fotos. Auf Nachfrage erfahre ich, daß diese Bilder Ulf oder Frau S. zeigen, als sie zu ihnen zog. Zu diesem Zeitpunkt wog sie 70 kg weniger, ist jetzt aufgrund der Fotos nicht mehr zu erkennen. Toni sagt, er denke noch oft an früher.

Herr M. reißt das Gespräch an sich, will Frau S. „in die Ecke" schicken, als ich mich um Kontakt zu ihr bemühe. Als ich ihm sage, daß ich gleich für ihn da bin, jetzt jedoch mit seiner Frau rede, holt er sich erst ein Bier, wirkt beleidigt.

Herr M. und Frau S. siezen sich. Frau S. siezt auch die Kinder.

Als auf Herrn M.s Befehl, Ulf und Toni ihre Zeugnisse vorzeigen müssen, holt Frau S. ihren Mutterpaß und sagt, sie wisse gar nicht, was sie mir sonst zeigen könne. Sie macht mich mehrmals darauf aufmerksam, daß die Ärzte sie unterstützt hätten, und daß es diese Ärzte wirklich gibt.

Als es darum geht, ob die Familie glaubt, mit mir arbeiten zu wollen, spricht Herr M. seine Vorbehalte gegen Pädagogen an. Seine Söhne waren vorübergehend in

Pflegefamilien untergebracht. Eine Sozialarbeiterin hatte sich bemüht, für Toni das Sorgerecht zu entziehen, da Herr M. eine schrittweise Wiedereingewöhnung Tonis, der damals drei Jahre alt war und 1 1/2 Jahre in der Pflegefamilie gelebt hatte, nicht wollte und Toni immer starke Ängste bei seinen seltenen Besuchen zeigte. Er sagt dazu, daß eine Pädagogin ihm „sein eigen Fleisch und Blut" nehmen wollte. Ich versichere ihm, daß er aufgrund seiner Erfahrungen ruhig auch gegen mich mißtrauisch sein sollte. Er stimmt einer gemeinsamen Arbeit zu. Frau S. redet wirr; sie fragt, ob sie schon in den Wechseljahren sei, und bittet mich, daß ich jetzt regelmäßig kommen soll. Wir besprechen, daß ich nachmittags mit der Schularbeitenhilfe beginne.

Die Anwesenheit aller Familienmitglieder beim Erstgespräch zeigt eine gewisse Bereitschaft aller Betroffenen an, mit der sozialpädagogischen Familienhelferin zusammenzuarbeiten, auch wenn diese Bereitschaft in sehr verschlüsselter Form zum Ausdruck kommt: Herr Moll präsentiert sich als Familienoberhaupt und bietet Kooperation an, indem er den Kindern befiehlt, die Zeugnisse vorzuzeigen. Frau Schmidt reagiert wie eines der Kinder und zeigt somit, daß sie die mütterliche Rolle nicht ausfüllen kann.
Die Beraterin nimmt sich viel Zeit, Kontakt zu den einzelnen Familienmitgliedern aufzubauen. Dies stellt bereits eine erste Herausforderung dar, da sie auch auf Frau Schmidt eingeht, die von der Familie offensichtlich massiv abgewertet wird. Herr Moll, dem diese Annäherung unangenehm ist, erfährt jedoch eine Bestätigung, als die Beraterin auf seine Vorbehalte gegenüber Pädagogen eingeht und ihn sogar zu Mißtrauen ermutigt. Diese Ermutigung hat paradoxen Charakter und macht es Herrn Moll schwer, seine Abwehr aufrechtzuerhalten.
Am Ende des Erstgesprächs wird ein formeller Kontrakt erarbeitet, die Beraterin wird als Schularbeitenhilfe akzeptiert. Daneben zeichnet sich jedoch schon eine umfassendere Ebene der Zusammenarbeit ab, auf der sich die Familienmitglieder bis zu einem gewissen Grade öffnen. Die Beraterin geht auf alle zu und stellt dadurch bereits vertraute Beziehungsmuster in Frage, vor allem durch die Art, wie sie mit Frau Schmidt umgeht.

Ulf hat starke Defizite in Mathematik und anderen Hauptfächern. Wir machen Schularbeiten unter Herrn M.s Kontrolle, der hierbei mehrmals sein Mißtrauen gegenüber Pädagogen anspricht. Ulf wird ständig kritisiert, er solle gerade sitzen, deutlicher sprechen, wird gleich unsicher, wenn sein Vater dabei ist. Nachdem ich jedesmal betone, Herr M. möge doch auch gegen mich mißtrauisch sein, läßt er uns nach einigen Tagen auch allein Schularbeiten machen. Ulf beginnt von Schulfreunden zu erzählen, zeigt mir seine Meerschweinchen, schenkt mir eins davon und sagt über

seine Position in der Familie, immer sei er an allem schuld, er muß alles machen, Einkäufe, Behördengänge, teilweise auch den Haushalt.
Toni macht zunächst in meinem Beisein keine Schularbeiten. Erst nach Wochen übt er Lesen mit mir, da er sich schämt, daß er kaum lesen und schreiben kann. Als ich ihn lobe, weil er alte Spielautos repariert, beginnt er zu meinen Füßen zu spielen wie ein Kleinkind; bedauert nach jedem Besuch, daß ich schon wieder gehe.

Herr Moll stimmte der Schularbeitenhilfe zwar formell zu, kann es jedoch nicht zulassen, daß die Helferin eine Beziehung zu seinem Sohn eingeht, aus der er ausgeschlossen ist. Erst wie ihm signalisiert wird, daß sein kontrollierendes Verhalten als Mißtrauen gegen die Beraterin ankommt, wozu er auch noch ermutigt wird, ist er in der Lage, sich zurückzuziehen. Das trägt dazu bei, daß die Beziehung der Beraterin zu Ulf sehr rasch einen therapeutischen Charakter erhält. Auch bei Toni wird die anfängliche Zurückhaltung (bedingt durch seine schulischen Minderwertigkeitsgefühle) in kurzer Zeit überwunden. In der Art, wie die Beraterin die Schularbeitenhilfe realisiert, wird deutlich, daß sie die Problematik in einen umfassenderen Zusammenhang stellt und — obwohl sie an der äußeren Ebene ansetzt — auch auf die psychologische Ebene überwechselt und die innere Not der Kinder versteht.

In dieser Zeit bemühe ich mich, alle Familienmitglieder mit gleicher Aufmerksamkeit zu behandeln. Ich sage, daß ich für alle gleichermaßen zuständig sei. Herr M. versucht, Frau S. als „Verrückte", auf die ich nicht achten solle, auszuschließen. Toni und Silke hänseln sie häufig, zerren ihr an den Haaren, beschimpfen sie und schlagen sich auf die Seite des Vaters. Ulf ignoriert Frau S.
Herr M. hat häufig Besuch aus der Nachbarschaft, jüngere Leute, mit denen er Bier trinkt und die ihn darin unterstützen, daß Frau S. „einen Sprung in der Schüssel hat", die sich über sie lustig machen. Herr M. versucht, mich auf seine Seite zu ziehen, seiner Frau nachzuweisen, daß ihre Wahnideen bewußte Lügen seien, um sie schlecht zu machen.

Im zweiten Schritt ringt die Beraterin um eine Erweiterung des Kontraktes (ich bin für alle da). Da dieser Sicht nicht widersprochen wird, wird somit bereits ein therapeutisches System aufgebaut. Das drückt sich darin aus, daß die Beraterin mit der Beziehungsstruktur konfrontiert wird und unter Druck gerät, diese zu akzeptieren. Die Familie organisiert sich in einer Art Verschwörung gegen die psychotische Mutter, an der die Beraterin mitagieren soll, ähnlich wie die Nachbarn dieses Beziehungsspiel mitspielen. Die Struktur der Familie läßt sich folgendermaßen umschreiben: alle Familienmitglieder sind normal bis auf Frau S., die „verrückt" ist. An Verrückten darf man ungestraft seine Haßgefühle auslassen.

Als es nicht möglich ist, Frau S. ins Gespräch einzubeziehen, da sie sich völlig in ihren Wahn zurückzieht, setze ich mich neben sie an den Herd, um von hier aus mit den übrigen Anwesenden zu reden. Nach einigen Tagen nimmt Frau S. erstmalig von sich aus Kontakt zu mir auf, indem sie fragt, ob wir gemeinsam Tee trinken wollen, was ich gerne annehme. Ich erfahre, daß sie jetzt mit abgezähltem Geld erste kleine Einkäufe erledigt. Wir reden nun täglich über Einkaufsmöglichkeiten in der Nähe, Sonderangebote usw. Sie erzählt mir stolz jeden Tag, wenn ich komme, welche Einkäufe sie hat übernehmen können. Ich schenke ihr Wollreste, die sie gleich verstrickt. Während der ca. zwei bis drei Stunden, die ich täglich in der Familie verbringe, wird es möglich, einige Minuten auf der realen Ebene zu sprechen.

Die Beraterin nimmt Beziehung zur Mutter auf, was zunächst nur auf einer nonverbalen Ebene möglich ist, indem sie sich zu ihr setzt. In der körperlichen Nähe zu Frau Schmidt überbrückt sie die Polarisierung in der Familie zwischen verrückt — nicht verrückt, ohne der Gefahr zu erliegen, sich mit dem isolierten Familienmitglied (der Mutter) zu solidarisieren und die übrige Familie abzuwerten. Körperliche Nähe und die Handlungsebene (Tee trinken, Wollreste schenken) sind in dieser Phase die adäquate Form der Beziehungsaufnahme zur psychotischen Mutter.

Herr M. bittet mich, ihn zum Hausarzt zu begleiten, da er Schwierigkeiten mit seinem Rentenantrag hat und dies mit mir und dem Arzt bereden möchte. Beim gemeinsamen Gespräch zeigt sich, daß Herr M. Vorbehalte gegen den Arzt hat, weil dieser ihn kritisiert, da er weiß, daß er Frau S. schlägt, weil er sie oft wegen starker Mißhandlungen behandelt hat. Der Arzt gibt mir eine Überweisung für Frau S. zur Psychiaterin mit.

Herr M. rechtfertigt sich, daß er Frau S. nur schlage, wenn sie „spinnt". Er hat Angst, daß sie nochmals auf ihn einstechen wird und er sich jetzt mit seiner Behinderung nicht mehr wehren kann. Es zeigt sich, daß dies der Grund ist, warum stets eins der Kinder anwesend sein muß und Silkes Kindergartenbesuch nicht zustande kommt. Herr M. hatte hierfür Gründe, wie, es sei draußen zu kalt, vorgeschoben. Ich biete an, regelmäßig vormittags zu kommen, wenn Silke den Kindergarten besucht. Daraufhin bemüht sich Herr M. um den Kindergartenplatz. Wir gehen gemeinsam zur Leiterin des Kindergartens und erreichen eine sofortige Aufnahme in den Kindergarten.

Sobald Herr M. spürt, daß der Kontakt zu Frau S. sich nicht gegen ihn richtet, beginnt er, seine Fixierung auf die Psychose der Frau aufzugeben und schaltet die Beraterin ein, um seine eigenen Probleme in Angriff zu nehmen. Dabei wird der Konflikt zwischen den Eltern vom Vater erstmals auf einer realistischen Ebene und frei von Vorwürfen angesprochen. Die Beraterin akzeptiert die Angst des Vaters vor der Gewalttätigkeit der Mutter als

Realangst. Auf dieser Basis ist es möglich, das Problem des Kindergartenbesuchs von Silke zu lösen.

Frau S., die wieder auf ihr Äußeres achtet, wünscht sich neue Kleidung. Ich schlage vor, daß wir gemeinsam zur Kleiderkammer des Diakonischen Werkes fahren. Herr M. ist dagegen, gibt jedoch nach. An einem Vormittag fahren Frau S., Toni, Silke und ich zur Kleiderkammer. Herr M. gibt mir das Fahrgeld, da Frau S. zu diesem Zeitpunkt noch nicht in der Lage ist, ohne Hilfe Straßenbahn zu fahren. Sie achtet im Straßenverkehr nicht auf die Kinder. In der Kleiderkammer sucht sie für sich und die Kinder gebrauchte Kleidung aus. Sie findet ein weites Kleid und bezeichnet dies als Umstandskleid.

Am nächsten Tag erwarten mich Herr M. und Ulf am Gartentor, Frau S. sei am Vortag nach dem Besuch der Kleiderkammer „ausgeflippt", sei schreiend auf die Straße gerannt, habe Toni bedroht und den durch Herrn M. gerufenen Polizisten ihre Monatsbinden gezeigt. Nach mehrmaligen Aufforderungen sei Frau S. dann ins Haus gegangen. Herr M. wolle den Vorschlag der Polizisten, Frau S. zwangseinzuweisen, nicht aufgreifen. Ich bespreche mit ihm, daß er, wenn nochmals die Kinder bedroht werden, Frau S. in die Psychiatrie bringen lassen müßte, nenne ihm ein Krankenhaus und die entsprechende Station, zu der ich kurz vorher Kontakt aufgenommen hatte. Herr M. befürchtet, Frau S. würde sich in der Klinik das Leben nehmen und er sei dann schuld. Die Kinder bestätigen, daß Frau S. mit Selbstmord droht, Herr M. einen Selbstmordversuch verhindert hat. Da Herr M. befürchtet, Frau S. könne mich angreifen, begleiten Ulf und Herr M. mich zu Frau S. in die Küche. Frau S. berichtet gleich von dem Polizeieinsatz und daß sie sich keine Monatsbinden kaufen durfte, da Herr M. ihr kein Geld geben wollte. Sie habe ihre Regel, Herr M. mischt sich ein, schreit sie an und bezichtigt sie der Lüge. Als sie sagt, sie habe wohl gestern entbunden, fällt mir ein, daß sie ihr neues Kleid aus der Kleiderkammer als Schwangerschaftskleid bezeichnet hat. Sie bestätigt, daß sie dieses Kleid gestern getragen habe und dies viel bei ihr ausgelöst habe. Daraufhin schildert sie ihre Halluzinationen und beginnt zu schluchzen. Nachdem sie Herrn M. vorgeworfen hat, er habe sie kaputt gemacht, beginnt sie zu würgen, will sich das Leben nehmen. Dies ist ihr erster Stickanfall, den ich miterlebe. Ich stelle mich an ihre Seite, kontrolliere meinen Atem, spüre, daß ich ruhig durchatmen kann. Frau S. ist bereit, mit mir zur Psychiaterin zu gehen.

Nach ersten beachtlichen Fortschritten kommt es zu einem Rückfall, als bei der Mutter Schwangerschaftsphantasien psychotische Reaktionen hervorrufen. Die Krise wird von der Beraterin genutzt, neue Formen der Kontrolle des psychotischen Verhaltens einzuführen (Planung einer Einweisung in die Psychiatrie). Die Beraterin sucht jedoch nicht nur das Verhalten äußerlich zu kontrollieren, sondern sie läßt sich auf die Geburtsphantasien der Mutter ein und unterstützt sie, indem sie ihr zur Seite steht, die damit verbundenen psychosomatischen Reaktionen zuzulassen.

Frau S. beginnt, von ihrem Elternhaus und ihrer Kindheit in Süddeutschland zu reden. Ihre Mutter ist gestorben als sie 16 Jahre alt war. Der Vater lebt seither allein; Frau S. möchte Kontakt zu ihm aufnehmen. Sie setzt durch, daß sie von Herrn M. Papier, Bleistift und Radiergummi erhält, um ihrem Vater zu schreiben. Sie zieht Linien und schreibt ungelenk in kindlicher Schönschrift. Danach schreibt sie an ihre Krankenkasse, um einen Krankenschein für den Besuch zur Psychiaterin zu erhalten.
Sie schminkt sich kaum noch oder nur noch dezent. Herr M. reagiert auf die Veränderung. Er rasiert sich, legt viel Wert auf seine guten nachbarschaftlichen Kontakte, kauft ein Funkgerät, welches er am Küchenfenster aufstellt. Wenn er vor dem Funkgerät sitzt, verläßt er seinen Stammplatz, den allerdings niemand einnimmt. Nach einiger Zeit erlaubt mir Herr M. auf meine Nachfrage, seinen Platz einzunehmen. Ulf reagiert mit der Bemerkung, jetzt haben sie ein neues Familienoberhaupt. Seitdem nimmt Frau S. und neuerdings auch Ulf gelegentlich den Stammplatz von Herrn M. ein.
Herr M. läßt keine Gelegenheit aus, zu betonen, alles sei verlorene Liebesmüh, Frau S. sei verrückt und wolle gar keine Hilfe. Ich versichere, daß Frau S. dies allein entscheiden müsse.

Nachdem die psychotische Episode abgeklungen ist, gelingt es Frau Schmidt und Herrn Moll, Schritte in Richtung größerer Autonomie zu unternehmen und damit sich von dem symbiotischen Clinch weiter zu distanzieren, der durch den Wahn von Frau Schmidt aufrechterhalten wurde. Während sich die Veränderung bei Frau Schmidt vor allem in ihrem Aussehen spiegelt, zeigt Herr Moll durch Verlassen seines Stammplatzes an, daß sein Selbstbewußtsein zugenommen hat. Dennoch ist die frühere Homöostase noch nicht überwunden, und es dauert nicht lange, bis es zu einem erneuten Rückfall kommt.

Die Psychiaterin verschreibt Psychopharmaka und vereinbart wöchentlich Gesprächstermine. Als ich Frau S. zu dem zweiten Arzttermin abholen will, erkennt sie mich nicht, hält mich für die Fahrerin des Unfallwagens. Frau S. hatte vor einigen Jahren einen durch ihren geschiedenen Mann verursachten Unfall.
Unterwegs droht sie mir Prügel an, wenn ich nicht zugebe, was ich ihr angetan habe. Nach einiger Zeit bekommt sie einen Stickanfall, sagt, sie müsse ja ganz von vorn beginnen. Ich versorge sie mit einem Glas Wasser.
Da Frau S. bei der Ärztin sehr wirr redet, sie anschreit, nicht weiß, warum sie zu ihr kommt, schlägt die Ärztin vor, Frau S., wenn sie nicht mehr zur Spritze kommt, zwangseinzuweisen, sie sei „ein Fall für Bedburg Hau" (Landeskrankenhaus).
Zu diesem Zeitpunkt bin ich unsicher, ob dies nicht tatsächlich die einzige Möglichkeit ist; entschließe mich jedoch nach der Supervision, zunächst von einer Einweisung abzusehen. Der Hausarzt ist bereit, die medikamentöse Behandlung fortzuset-

zen. Frau S. bricht jedoch auch hier nach zwei Spritzen ab; ich merke, daß ich Angst bekomme, daß sie nun gar nicht mehr real ansprechbar sein wird. Herr M. prophezeit, daß Frau S. wieder „ausflippt"; ich bespreche mit Frau S., daß sie am besten weiß, was ihr gut tut und nur sie entscheiden kann, ob sie weiterhin Psychopharmaka erhält.

An diesem Rückfall wird deutlich, wie Helfer (hier die Ärztin) von der Familienhomöostase erfaßt werden, indem sie die Beziehungsdefinition der Familie übernehmen (Frau Schmidt ist unheilbar psychisch krank). Für die Beraterin stellt die Arbeit in dieser Phase einen Seiltanzakt dar, den sie jedoch mit Unterstützung der Supervision erfolgreich bewältigt.

Von diesem Zeitpunkt an gibt Frau S. ihren Wahn mehr und mehr auf, übernimmt den Haushalt, kocht regelmäßig, übernimmt Behördengänge. In Einzelgesprächen redet sie viel über ihre Beziehung zu ihrem geschiedenen Mann, der ihr den Kontakt zu ihrem Sohn Markus kaputt gemacht habe. Sie trauert jetzt darüber, daß ihr das Sorgerecht entzogen wurde, sie ist oft deprimiert.
Das Verhältnis zu den Kindern verändert sich. Sie duzt die Kinder wieder, spielt mit den beiden Jüngeren, schmust mit Silke. Als sie Ulf am Essenstisch erstmalig wieder duzt, ist dieser so verblüfft, daß er ihr antwortet. Er hatte seit ihrer Erkrankung nicht mehr mit ihr gesprochen.

Die Beraterin läßt sich vorübergehend auf eine sehr enge Beziehung zur Mutter ein. Dabei läuft die Arbeit zweigleisig, auf der einen Ebene werden reale Alltagsaufgaben angegangen und die realen Beziehungen zu den Kindern verändert, auf der Phantasieebene wird die Scheidungsproblematik bzw. die damit verbundenen, noch nicht verarbeiteten Erlebnisse angesprochen. Die Einzelarbeit mit Frau Schmidt hilft dieser, ihre Rolle in der Familie zu verändern und zunehmend Elternfunktionen zu übernehmen.

Der Kontakt zwischen Herrn M. und Frau S. ist nach wie vor sehr schwierig, so daß Paargespräche einen immer größeren Anteil der gemeinsamen Arbeit ausmachen. Gleichzeitig beginnt auch Herr M. in Einzelgesprächen mit mir über seine geschiedene Ehe und seine schlechten Erfahrungen mit Frauen zu sprechen. Seine geschiedene Frau ist Alkoholikerin, entmündigt, hatte Toni entführt und in einer fremden Stadt im Kaufhaus ausgesetzt.
Herr M. spricht über seine Minderwertigkeitsgefühle, seine Ängste rauszugehen, weil er glaubt, aufgrund seiner Behinderung verlacht zu werden. Aus seiner Ehe berichtet er über seine tiefen Minderwertigkeitsgefühle, da seine geschiedene Frau Sexualität mit ihm unbefriedigend empfand und — wie er später erfuhr — ihn mit Nachbarn betrogen hat.

Die Stabilisierung der Mutter weckt auch die Bereitschaft des Vaters, sich persönlich auf die Beratung einzulassen und eigene unverarbeitete Erlebnisse zur Sprache zu bringen. Er sucht Unterstützung bei der Beraterin und erfährt, daß Frauen auch anders sein können, als er bisher erlebte.

Als Frau S. zu fasten beginnt, in kurzer Zeit 30 kg abnimmt, sich nach einer Frauengruppe bei der Kindergartenleiterin erkundigt, wirkt Herr M. zunehmend resignierter.

Er bemüht sich mit allen Mitteln, Frau S. ans Haus zu binden; nur langsam gewinnt sie während der gemeinsamen Gespräche Einblick in die finanzielle Situation, erkämpft, daß sie 20 Pf. für sich hat, wenn sie rausgeht, um eventuell die öffentliche Toilette benutzen zu können. Dieses Problem ist Gegenstand mehrstündiger Paargespräche, wobei deutlich wird, daß Herr M. jede selbständige Handlung durch Familienmitglieder — z.B. Benutzen einer öffentlichen Toilette, Briefmarken für private Post haben zu wollen ... — als Loslösung von ihm und damit als persönliche Zurückweisung empfindet. Beide reden erstmalig miteinander über Herrn M.s Erkrankung, seinen möglichen Tod bei einem erneuten Anfall. Frau S. sagt ihm, wie furchtbar es für sie wäre, wenn er nicht mehr da wäre. Er genießt dies sichtlich, sagt, er möchte umsorgt werden.

Frau S. beginnt sich allerdings gegen seinen autoritären Ton zu wehren. In einem gemeinsamen Gespräch geht es darum, nach welchem Rezept die Kohlrouladen gekocht werden. Herr M. beschimpft Frau S., daß sie nicht so kocht, wie er es möchte. Frau S., die zunächst zurückschreit, beginnt zu weinen, droht mit Selbstmord oder Auszug gemeinsam mit Silke, notfalls in ein Mutter-Kind-Heim. Herr M. wird nachdenklich. Er sagt, daß Bekannte und Nachbarn für seinen Rat, insbesondere für die Weitergabe seiner Kochrezepte, dankbar seien, nur Frau S. nimmt nichts an. Er fühlt sich abgewertet. Frau S. zieht Parallelen zwischen ihrem ersten Mann und Herrn M.; beide machen alles schlecht, was sie tut, beschimpfen und schlagen sie, spielen die Kinder gegen sie aus. Frau S. sagt, daß sie sich den Kontakt zu Silke nicht mehr kaputt machen läßt, wie es bei Markus gewesen sei. Lieber ginge sie in ein Heim.

Ich stelle fest, daß beide Bestätigung voneinander haben möchten, Frau S. für das, was sie kocht, Herr M. durch das Annehmen seiner Ratschläge. Als Silke und Toni nach Hause kommen, werden beide gleich in den Konflikt einbezogen. Herr M. fragt Silke, ob sie mit der Mama ins Heim möchte. Silke sagt, sie ginge nicht mit der „Alten". Frau S. sagt Toni, heute gäbe es nichts zu essen, die Rouladen seien ja nicht gut. Toni hat Hunger, findet das Essen sehr gut. Herr M. schreit Toni an, er solle sagen, welche Rouladen besser schmecken, wie er sie immer gekocht habe, oder diese. Toni schweigt.

Herr M. beginnt nun seinerseits, einige Male Frau S. zu siezen. Frau S. hatte Herrn M. wieder geduzt, nachdem wir ein gemeinsames Gespräch hierüber geführt hatten

und Herr M. zugegeben hat, daß es ihm keineswegs gleichgültig ist, wenn sie ihn vor den Besuchern siezt.
Herr M. schreit Frau S. an: „Halten Sie die Schnauze". Sie läßt sich jedoch nicht mehr einschüchtern, zeigt keine Angst vor seinen Gewaltandrohungen. Herr M. hat einige Male den Raum verlassen, wenn ihm das Gespräch zu nahe ging, wenn er kurz vor dem Zuschlagen stand. In letzter Zeit droht er an, den Raum zu verlassen, tut es jedoch nicht, duzt Frau S. auch wieder. Die Paargespräche beginnen mit „Nichtigkeiten", bis beide sich gegenseitig die Schuld an der eigenen Erkrankung vorwerfen. Frau S. spricht darüber, daß sie Gemütsschwankungen hatte, Angst wieder „verrückt" zu werden, daß, wenn Herr M. sie während des Streits „fertig" macht, sie am liebsten wieder „verrückt spielen" würde, nackt auf die Straße rennen, wie sie es früher getan hat, damit die Polizei endlich wieder kommt und sie mitnimmt; jetzt würde sie sich nicht mehr wehren und gerne mitgehen.

Die persönlichen Veränderungen von Frau S. und Herrn M. stellen eine Herausforderung an die Partnerbeziehung dar. Das bisherige homöostatische Niveau kann nicht mehr aufrechterhalten werden. Während die Veränderungen auf der Ebene der Eltern-Kind-Beziehung noch gut verarbeitet werden, verlagert sich der Schwerpunkt der Beratung zunehmend auf die Partnerbeziehung. Frau S. wird beweglicher und aktiver und fordert für sich Freiräume. Sie übernimmt den progressiven Teil, während Herr Moll Probleme hat, seine Dominanz aufzugeben. Neben der Auseinandersetzung um die Macht in der Familie, in die auch die Kinder als Bundesgenossen umworben werden, tritt jedoch zunehmend das Bedürfnis nach Zuwendung, das von der Beraterin aufgegriffen wird. In der Auseinandersetzung zwischen den Partnern wird eindrucksvoll veranschaulicht, wie bewahrende homöostatische und verändernde Tendenzen in Konkurrenz zueinander treten. Einerseits läuft der Streit nach einem bestimmten Schema ab: Beginn mit kleinen Alltagsproblemen, Beschuldigungen wegen der Erkrankungen, Eskalation durch gegenseitige Vorwürfe, Abbruch durch Verlassen des Raumes. Zunehmend können jedoch die Auseinandersetzungen ausgehalten werden, der Streit verliert an Schärfe, es treten Anzeichen von Annäherung auf. Die Partner sind jedoch noch nicht in der Lage, allein zu streiten, sondern benötigen die Unterstützung durch die Beraterin.

Schwierigkeiten der einzelnen Familienmitglieder, die in Paar- oder auch in Familiengesprächen zur Sprache kommen, werden oft zuvor in Einzelgesprächen mit mir geäußert, wie z.B. Herrn M.s Minderwertigkeitsgefühl, seine Unzufriedenheit mit seiner Körperfülle, seiner Behinderung und seinem allmorgendlichen Trockenwürgen. Frau S. bespricht ihr Bedürfnis, etwas für sich zu tun, mal rauszukommen mit mir, bevor sie wagt, dies auch durchzusetzen.

Ähnlich verhalten sich auch die Kinder. Ulf beklagt sich über die Pflichten, die er in der Familie übernehmen muß, daß er keine Freizeit für sich hat. Herr M. findet, Ulf werde immer frecher, habe keinerlei Achtung vor ihm.
Ich schlage beiden ein gemeinsames Gespräch vor. Dies findet statt im Beisein von Toni und Frau S.:
Ulf ist zuständig, für die regelmäßige Tabletteneinnahme seines Vaters zu sorgen. Da dieser die Tabletten mit der linken Hand nicht aus der Packung herausnehmen kann, legt Ulf jeden Morgen die verschiedenen Tabletten in einem Behälter zurecht. An diesem Morgen hat er eine vergessen. Herr M. kocht vor Wut, wirft Ulf vor, er wolle ihn umbringen, da er ohne Tabletten unweigerlich stürbe. Ulf denke nur noch an die Jugendfarm, die er seit kurzem täglich besucht. Ulf erhält Stubenarrest, wehrt sich zunächst, wird jedoch kleinlauter, als sein Vater zunehmend in Wut gerät.
Als Ulf darauf beharrt, er wolle nicht länger angeschrien werden, schlägt Herr M. ihn, droht mit sofortigem Rausschmiß. Während des Streits sinkt Frau S. in sich zusammen, wirkt gänzlich unbeteiligt.
Toni steht zwischen Vater und Bruder, versucht Herrn M. abzulenken, ein unverfängliches Thema anzuschneiden. Als ich dies anspreche, gesteht Toni, daß er Streit nicht haben kann, geht aus dem Zimmer. Für einen kurzen Moment nehme ich die Haltung von Frau S. — vornübergebeugt — ein und denke, daß sie sich von sich aus nicht äußern wird. Ihre anfängliche Parteinahme für Ulf wurde bei der Lautstärke des Streits überhört.
Ich frage Frau S. nach ihrer Meinung. Sie möchte, daß die Familie erhalten bleibt. Ulf würde ihr fehlen, außerdem mache er eine Menge für die Familie, was sie oft noch nicht übernehmen kann, da sie sich selbst noch nicht gefestigt genug fühlt.
Ich schlage vor, die Pflichten anders aufzuteilen, da die Verantwortung für derartig wichtige Dinge wie Tabletteneinteilung zu groß für Ulf ist. Frau S. ist bereit, dies zu übernehmen. Herr M. beharrt darauf, daß Ulf dies tun soll, sonst müsse er ausziehen oder ins Heim.
Ich sage der Familie nochmals, daß ich für alle gleichermaßen da bin und gegebenenfalls auch für Ulf eine Unterkunft beschaffen würde.
Als ich gehe, begleitet mich Ulf ein Stück, sagt, sein Vater gebe ihm die Schuld an dem Schlaganfall. Er meine jedoch, dies sei die gerechte Strafe. Er läßt seinen Haß raus, spricht von Mißhandlungen, wie die Familie tyrannisiert werde, die Kinder bis vor kurzem Haus und Garten, nur um zur Schule zu gehen, verlassen durften.
Am nächsten Morgen bekomme ich einen Fliederstrauß aus dem Garten, den Ulf nach Anweisung seines Vaters geschnitten hat. Ulf sei nach dem Gespräch verändert gewesen, habe Reparaturen ausgeführt, woraufhin er dann zur Jugendfarm gehen durfte.
Ca. vier Wochen später ist der Konflikt zwischen Vater und Sohn erneut entbrannt. Auslöser war ein Streit um ein Motorrad, welches Ulf, um sich Geld zu verdienen,

geputzt hat. Herr M. hat sich eingemischt, es sei nicht sauber genug. Ulf habe ihn daraufhin auf offener Straße und vor den Nachbarn beschimpft. Ulf sagt, er will nicht, daß Herr M. sich in seine Angelegenheiten einmischt, und schon gar nicht, indem er ihn gleich anschreit. Ein Nachbar, der beim Streit anwesend war, kommt hinzu, unterstützt Ulf. Herr M. wird nachdenklich: „Ist es denn nicht mein Recht, meinen Kindern was zu sagen?"

Die Differenzierung der familialen Struktur beginnt in diesem Fall bei der Partnerbeziehung. Krankheitssymptome und das Ausagieren von Impulsen verlieren allmählich an Bedeutung, wenn es darum geht, Beziehungen zu definieren. Autonomie und Abgrenzung, aber auch das Bedürfnis nach Nähe finden zunehmend Beachtung. Nachdem dieser Prozeß in Gang gekommen ist, steht auch eine Neustrukturierung der Eltern-Kind-Beziehungen an. In der Auseinandersetzung um die Kohlrouladen, die die Mutter gekocht hat, muß der Vater schmerzlich erkennen, daß die alte Koalition gegen die Mutter abbröckelt und sich die Beziehung der Kinder zur Mutter bzw. Stiefmutter verbessert. Noch bedrohlicher wird die Situation für den Vater, als sich der heranwachsende Ulf, der bisher in hohem Maß elterliche Funktionen übernahm, deutlich vom Vater abgrenzt und Freiräume für sich in Anspruch nimmt. Der Konflikt zwischen Vater und Ulf ist der Ausgangspunkt für ein dramatisches Familiengespräch, in dem zum ersten Mal eine wesentlich differenziertere Familienstruktur als zu Beginn sichtbar wird.

Die Entwicklung in einem derartig massiv gestörten System verläuft nicht geradlinig. Nachdem die durch die Psychose festgelegte Beziehungsstruktur aufgebrochen ist, kommt die Familie wie ein steuerloses Schiff ins Trudeln. Das System reagiert äußerst sensibel auf Veränderungen von innen oder außen. Höhe- und Tiefpunkte, progressive und regressive Elemente wechseln sich ab. Dieser Prozeß stellt sehr hohe Anforderungen an die Beraterin, die sie an die Grenze ihrer Belastbarkeit bringen. Entlastend wirkt hier jedoch, daß die Außenorientierung der Familie zunimmt und auch andere Hilfen in Anspruch genommen werden, die in diesem Fall gut auf die Familienhilfe abgestimmt sind, etwa die kurzfristige stationäre psychiatrische Behandlung, die Rehabilitationsmaßnahme des Vaters oder die Heimunterbringung des ältesten Sohnes Ulf. In dieser Behandlungssequenz gehen unterschiedliche Themen und Behandlungsarrangements nahtlos ineinander über. Arbeit mit einzelnen Familienmitgliedern, wechselnden familialen Subsystemen, der gesamten Familie und die Einbeziehung außerfamilialer Kontakte sind erforderlich, um die Entwicklung der Familie zu unterstützen und akute Krisen zu entschärfen. Die Arbeit bewegt sich zum Teil auf der Handlungsebene, indem Konflikte aufbrechen, deren Lösung

auch die Beziehungen verändert, etwa beim Auszug von Ulf. Handlungsmäßige Eskalationen erzeugen jedoch auch eine erhöhte Bereitschaft, über die Ereignisse und deren Hintergründe zu reflektieren und sie verbal zu verarbeiten. Als wichtiges Instrument der Beziehungsarbeit erweist sich das Fernsehen, das von der Beraterin in metaphorischer Form benutzt wird, um Beziehungen zu artikulieren und in Frage zu stellen. Auch der expressive Charakter von Körpersymptomen ist sehr ausgeprägt und wird in den Beziehungskontext integriert, dabei spielt der handelnde Umgang mit Körperreaktionen, das „Be-handeln" eine entscheidende Rolle.
Dieser Behandlungsabschnitt soll nicht mehr durch einzelne kommentierende Bemerkungen unterbrochen werden, um den Ablauf nicht zu unterbrechen. In der Beschreibung werden ohnehin die wesentlichen Entwicklungslinien sichtbar. Vor allem kommt deutlich zum Ausdruck, wie sich Familienmitglieder in ihrem Veränderungsprozeß gegenseitig beeinflussen. Fortschritte in einem Teil des familiären Systems lösen Belastungen in einem anderen Subsystem aus, die in der Beratung aufgefangen werden müssen.
Die Bewegung in der Familie gleicht einem reißenden Strom nach der Öffnung der Schleusen, die die familiäre Energie lange Zeit aufgestaut haben. Keines der Familienmitglieder kann sich den Fluten entziehen, alle werden in einer rasenden Bewegung vorwärts getrieben. Die Familienberaterin ist voll damit beschäftigt, eine Überschwemmung zu verhindern und die Wassermassen zu zähmen. Ohne die Unterstützung durch Dritte wäre dies sicher nicht gelungen. Der Auszug von Ulf sowie die Heirat von Frau Schmidt und Herrn Moll nach Abschluß sind sicher wichtige Einschnitte in der Entwicklung der Familie, in denen eine gewisse Beruhigung sichtbar wird. Dennoch kann nicht davon ausgegangen werden, daß die Familie in Zukunft alle Krisen ohne Unterstützung von außen lösen kann. Die Familie hat jedoch bedeutsame Veränderungen erlebt und dabei erfahren, was sie selbst dazu beitragen kann, Stagnation zu überwinden.

Nachdem Frau S. immer mehr Aufgaben in der Familie übernimmt, die sonst Ulf hat erfüllen müssen, reagiert Ulf sehr ambivalent. Einerseits genießt er den gewonnenen Freiraum, andererseits ist sein Vater nicht mehr gleichermaßen abhängig von ihm. Seine Rolle in der Familie ändert sich. Nachdem die Konflikte zwischen Vater und Ulf eskalieren und Frau S. Ulf unterstützt, beginnt Ulf seinerseits Frau S. zu unterstützen. Er läßt sich nicht mehr ständig von ihr bedienen, hilft ihr beim Kochen. In den Paargesprächen, wenn Frau S. die Gewalttätigkeiten durch Herrn M. anspricht, äußert sie gleichzeitig Verständnis für Ulf, der oft vor Angst schreiend auf die Straße gelaufen sei. Dies würde sie am liebsten auch tun.
Herr M. verläßt anfangs den Raum, wenn es ihm zu nahe geht; später droht er nur noch damit, dann wirkt er sehr hilflos, erzählt, wie beliebt er doch überall sei, zeigt

seine Zeugnisse aus der Schule und von Arbeitgebern. Er habe nie Ärger gehabt, verstehe die Welt nicht mehr, wenn Frau S. und die Kinder ihn kritisieren, Haß und Erniedrigung äußern. Er sei von seinen Eltern noch mit 35 Jahren geschlagen worden, achte seine Eltern immer noch, habe sie nie gehaßt.
Außer Ulf äußern auch Toni und Silke zunehmend Ärger über Restriktionen des Vaters. Einerseits reagiert Herr M. mit verstärktem Druck und Gewaltandrohung, andererseits wirkt er zunehmend hilfloser; sagt den Kindern, daß er mir „petzt", was sie getan haben und wünscht sich von mir, daß ich seine schwindende Autorität ersetze.
Neu ist, daß Herr M. von „wir" spricht, womit er sich und Frau S. meint, wenn es um Planung von Haushaltsangelegenheiten geht. Dort gibt er sein Alleinentscheidungsrecht und seine 100%ige Kontrolle auf.
Gleichzeitig beinhalten Paargespräche intimere Bereiche wie sexuelle Bedürfnisse. Dies wird von Frau S. noch sehr wirr geäußert, z. B. phantasiert sie über diverse körperliche Beschwerden wie Rückenschmerzen als Folgen ihres Unfalls, fehlendes Gefühl in den Händen und im Beckenbereich. Als sie weiterassoziiert, fallen ihr flüchtige Begegnungen mit Männern nach ihrer Trennung von ihrem geschiedenen Mann ein. Sie gerät ins Schwärmen, sagt, Zärtlichkeiten würden sie heilen. Alle Schmerzen seien dann verschwunden. Herr M. will abblocken, droht spazierenzugehen, wenn sie weiterredet. Seinerseits fallen ihm zur Zeit nur negative Erlebnisse aus seiner Ehe ein, wie Frigidität seiner Frau, Versagensängste und starke Schwierigkeiten, darüber zu reden. Sexualität ist für ihn mit einem großen Tabu belegt. Er wirft Frau S. Schamlosigkeit vor, wenn sie ihre Bedürfnisse nach Zärtlichkeit äußert.
In den kommenden Monaten sehe ich die Familie täglich; an zwei Vormittagen rede ich mit dem Paar allein, an drei Nachmittagen sind meist die drei Kinder dabei. In den Paargesprächen haben beide Partner Gelegenheit, Unzufriedenheit und Haßgefühle gegeneinander zum Ausdruck zu bringen. Beide verleugnen zu diesem Zeitpunkt ihr Bedürfnis nach Nähe, so daß sowohl Herr M. als auch Frau S. zunehmend resigniert wirken. Parallel dazu nimmt die Bedrohung durch Gewalt, die Mordgefährdung, ab. Da allerdings die Konflikte zwischen Vater und Ulf eskalieren, gewinnt Frau S. vorübergehend an Sicherheit in der Familie und wirkt selbständiger als vorher. Herr M. schafft es, den Raum zu verlassen oder droht nur noch mit Gewalt, ohne jedoch zuzuschlagen. Gegenstände wirft er daneben oder so, daß Frau S. oder Ulf kaum verletzt werden.
Nach ca. neun Monaten gemeinsamer Arbeit scheint die Beziehung zwischen den Erwachsenen derart hoffnungslos, daß Frau S. mit starken Depressionen reagiert. Einige Wochen lang steht sie nur noch auf, wenn ich in die Familie komme. Sie spricht häufiger wieder sehr wirr, jede Bewegung scheint ihr sehr viel Mühe zu bereiten. In dieser Zeit bringe ich sie ab und zu ins Bett, bewundere ihre Schmusetiere, die sie unter meiner Aufsicht zurechtrückt. Gegenüber dem Partner oder auch Ulf

beschütze ich sie, indem ich ihr z. B. zu ihrem Recht auf einen Mittagschlaf verhelfe. Ich bemuttere sie, woraufhin sie ihre Verrücktheit in der täglichen Arbeit sehr schnell wieder aufgibt, jedoch dann sehr depressiv ist. Sie ist in dieser Zeit stark selbstmordgefährdet, so daß ich jeden Tag froh darüber bin, Frau S. noch lebend anzutreffen. Auch Herr M., der zunächst eher hilflos auf die Haßgefühle der Familienmitglieder gegen ihn reagiert, wirkt zunehmend depressiver und trinkt derartig exzessiv, daß er sich kaum noch an Gespräche erinnert. Er vernachlässigt sich, wäscht sich wochenlang nicht, so daß er starken Ausschlag bekommt, noch mehr zunimmt und kaum noch gehen kann. Er kann jetzt aufgrund des Übergewichts nur noch liegen oder sitzen; er wird von Frau S., meistens jedoch von Ulf versorgt und gepflegt. Frau S. spricht ihre Ängste von seinem möglichen Tod an, da er begonnen hat, auch starke Medikamente in Überdosis zu konsumieren. Wie Herr M. diese Verhaltensweisen zeigt, steht sie wieder häufiger auf und übernimmt kleine Haushaltspflichten.

An einem Vormittag kommt es jedoch zwischen den Eltern zu einem Streit im alten Stil, woraufhin Frau S. zum Diakonischen Werk flüchtet, um sich beim Bezirkssozialarbeiter auszuweinen. Herr M. ist froh darüber, daß ich Frau S. nachfahre und sie noch bei der Diakonie antreffe. Nach einem gemeinsamen Gespräch spricht sie über ihre Selbstmordpläne, übergibt mir die Verantwortung für Markus und Silke. Markus habe beim letzten Wochenendbesuch den Wunsch geäußert, auch mit mir reden zu können und fragte, wann er mich auch mal erreichen kann. Sie fühlt sich jetzt auch als Mutter wertlos und möchte ihre Mutterrechte und Pflichten an mich abtreten.

Herr M. berichtet von einem Film, in dem ein Familienvater aufgrund der zerrütteten Ehe keinen anderen Ausweg mehr wußte, als seine Familie umzubringen. Deutlich wird seine Hilflosigkeit und Angst vor einem erneuten psychotischen Schub von Frau S. sowie einer Überforderung als Familienoberhaupt, da es ihm nicht mehr gelingt, durch Machtausübung Ordnung zu schaffen. Im Gegensatz zu Frau S., die ihre Gefühle meist über Körpersymptome äußert und hierüber das Gespräch beginnt, reden die übrigen Familienmitglieder über sich, indem sie mir aggressive Filmszenen schildern, oder beim gemeinsamen Fernsehen Identifikationen mit Darstellern bewußt werden und Parallelen zur eigenen Situation gezogen werden können. Die Arbeit mit der Familie ist also nicht so zu verstehen, daß wir uns gemeinsam hinsetzen und über Konfliktsituationen reden, sondern daß ich mit der Familie z. B. fernsehe, beim Spiel oder den Schularbeiten mit den Kindern das Tun der Erwachsenen beobachte und anspreche.

Am nächsten Tag wirkt Herr M. nüchterner als in den Wochen vorher, die Medikamente sind verschwunden. Er wirkt sehr aufgeregt und hält es kaum aus, daß ich mit Ulf Schularbeiten mache und ihm nicht gleich zuhöre. Er ist sehr wütend auf Frau S. und möchte, daß ich gegen sie Anzeige wegen Verleumdung erstatte. Frau S. habe am Vorabend behauptet, ich habe mit ihm ein Verhältnis, und das könne ich schließlich nicht auf mir sitzen lassen. Frau S. beginnt zu weinen, ist jedoch unsicher, was sie gesagt hat. Sie zeigt Angst, wieder verrückt zu werden, zumal Ulf die Geschichte bestätigt. Als Vater und Sohn sich gegen sie verbünden, beginnt sie ihrer Wut auf Ulf freien Lauf zu lassen. Sie packt ihre Tasche und möchte, daß ich sie ins Frauenhaus bringe; sie schlägt mit der Tasche auf Ulf ein, spuckt ihn an. Nach diesem Vorfall scheinen sich Vater und Sohn einig in ihren Bemühungen, mir zu gefallen. Ulf verbessert sich sehr in der Schule. Herr M. beginnt auf sein Äußeres zu achten, bespricht mit mir die täglichen Ämterschreiben. Durch die Tatsache, daß er sich, um die Rente auf Dauer zu erhalten, einer Rehabilitationsmaßnahme unterzieht, fällt eine Menge Papier- und Formularkrieg an.

Frau S. ignoriert mich scheinbar völlig, läuft Kaugummi kauend und sehr beschäftigt in den Räumen herum, um aufzuräumen oder zu putzen, und versäumt keine Gelegenheit, mir abschätzende und abwertende Blicke zuzuwerfen. Aus vorhergehenden Gesprächen wußte ich, daß Frau S. Herrn M. mit einer Nachbarin inflagranti erwischt hatte und dies eine ihrer schmerzlichsten Erfahrungen in der Beziehung zu Herrn M. war. Außerdem hatte sie bei meiner Vorgängerin ebenfalls die Phantasie gehabt, diese habe zu Herrn M. sexuelle Beziehungen aufgenommen, woraufhin die gemeinsame Arbeit abgebrochen werden mußte. Frau S. hatte sich vor Monaten meine Frisur und Haarfarbe zugelegt, läßt sich jetzt die Haare wieder wachsen, schminkt sich auffälliger und trägt Schmuck. Ich bestätige ihr, daß ihr die neue Frisur gut stehe, der Schmuck sehr schön sei, was sie scheinbar überhört. Herr M. ist entschlossen, zu mir zu halten, und jetzt bereit, auch mal an sich zu denken. Hinzu kommt der Druck, daß die mehrmals verschobene vierwöchige Reha-Maßnahme näherrückt und er nicht in der Lage ist, mehr als einige Meter allein zu laufen. Ich bringe ihm ein Diätprogramm mit und begleite seinen Alkoholentzug. Als Herr M. es schafft, einen Tag nicht zu trinken, reagiert Frau S. mit Wahnideen, phantasiert, schwanger zu sein, und möchte wie eine Schwangere geschont und umsorgt werden. Herr M. ignoriert sie und die Kinder und konzentriert sich auf seine Diät.

Ulf und Toni nutzen ihre neugewonnenen Freiheiten, sind zunehmend mit Gleichaltrigen unterwegs und verlieren mehr und mehr die Angst vor möglichen Gewalttätigkeiten des Vaters. Frau S. wird apathischer, redet kaum noch oder nur sehr mühevoll. Sie bewegt sich wie ein Kleinkind und wendet sich mit hilfesuchenden Blicken an mich. Als ich mich hierauf nicht einlasse und beginne, ihr Grenzen zu setzen, wendet sie sich in einem Paargespräch Herrn M. zu und bittet ihn, sie doch wieder zu schlagen. Am nächsten Tag erfahre ich, daß Frau S. freiwillig und ohne Theater zu machen, sich in die Psychiatrie hat einweisen lassen.

In den drei Wochen, die sie dort bleibt, besuche ich sie regelmäßig und gehe weiterhin täglich in die Familie, um den Entzug Herrn M.s zu begleiten. Frau S. beginnt in der Klinik ebenfalls mit einer Diät. In den Einzelgesprächen befaßt sie sich wieder verstärkt mit ihrem körperlichen Befinden, zeigt Ängste, sich aufzulösen, bis ich ihre Schuldgefühle anspreche. Sie gesteht sich zu, am liebsten ihren Partner verlassen zu wollen, bringt es jedoch nicht über sich, ihn nach dem Schlaganfall allein zu lassen. Seither hat Frau S. keine Stickanfälle mehr.

Bei diesen Gesprächen habe ich häufig das Gefühl, selbst kaum noch Luft zu bekommen und reagiere mit einer starken Bronchitis. In der Arbeit mit Frau S. erlebe ich mehrmals ihre Körperreaktionen an mir selbst und kann so das dadurch geäußerte Gefühl aufgreifen. Zum Thema Schuldgefühle blieb mir keine andere Wahl, als dies anzusprechen, da mir etwas den Hals zudrückte und die Luft nahm.

Nach ihrem Klinikaufenthalt sind beide Partner entschlossen, miteinander neu zu beginnen. Sie konkurrieren miteinander, wer schneller abnimmt. Zu diesem Zeitpunkt findet ein Gespräch im Kindergarten statt zwischen Frau S., der Kindergartenleiterin, der Erzieherin aus Silkes Gruppe und mir, da im Kindergarten Silkes starke Gewichtszunahme innerhalb des letzten halben Jahres auffiel. Frau S. reagiert sehr betroffen, sucht nach organischen Ursachen. Ein Besuch beim Hausarzt bestätigt, daß Silke stark übergewichtig ist und schnellstens abnehmen sollte. Silke wird ebenfalls auf Diät gesetzt und durch den Vater sehr unterstützt und kontrolliert. Durch den Zusammenschluß von Vater und Tochter scheitern Frau S.' Fastenversuche.

Ulf, jetzt 16 Jahre alt, und Toni, 12 Jahre, haben beide Freundinnen und gehen zunehmend altersgerechten Interessen nach. Herr M. reagiert auf die Ablösungsversuche seiner Söhne unterschiedlich, er verbietet Ulf den Kontakt zu seiner Freundin, da er einmal das Zechenhäuschen, die Werkstatt usw. übernehmen solle. Er solle erst einmal etwas Anständiges lernen, bevor er sich für Mädchen interessiere. Ulf setzt sich zur Wehr, so daß es wieder häufiger Streit gibt. Toni hingegen hat eine zwei Jahre ältere Freundin, mit der er oft bis 22.00 Uhr unterwegs ist, die ihn zu Hause besuchen darf. Beide sitzen dann schmusend in der Küche, was vom Vater gern gesehen und gefördert wird.

Herr M. fährt zur Rehabilitationsmaßnahme, Frau S. wirkt in der Zeit allein mit den Kindern ungezwungener und lebhafter. Sie kann zugeben, daß sie froh ist, mal alleine zu sein, ohne Schuldgefühle zu entwickeln. Herr M. kommt nach vier Wochen gut erholt zurück. Er beginnt, seine Körperbehinderung anzunehmen, lernt wieder Fahrradfahren, bastelt in seiner Werkstatt und erledigt alltägliche Dinge wieder allein.

Im Sommer, nach 1 1/2 Jahren gemeinsamer Arbeit, habe ich meine Besuche in der Familie auf einmal wöchentlich reduzieren können, da die Atmosphäre in der Familie ruhiger und entspannter ist. Eine Beendigung meiner Besuche zum Jahresende wird ins Auge gefaßt. Frau S. kann dies gut akzeptieren, wohingegen Herr M. eher trotzig reagiert. Ulf schlägt vor, in der Schule wieder schlechter zu werden, wenn ich nicht mehr komme. Er beginnt wieder, Schularbeiten mit mir zu machen, obwohl dies eigentlich nicht mehr nötig ist. Ulf, der bei meinen Besuchen in letzter Zeit meist mit Freunden oder seiner Freundin unterwegs war, erscheint wieder regelmäßig zum wöchentlichen Treffen. Während der nächsten Nachmittage brechen

Vater und Sohn wegen irgendwelcher Nichtigkeiten einen Streit vom Zaun, der mich an die Gespräche erinnert, wie sie vor einem Jahr zwischen Herrn M. und Frau S. typisch waren. Beide haben Angst vor Gewalttätigkeiten des anderen und sind in Alarmbereitschaft, um notfalls dem anderen zuvorzukommen. Vor der neuen Situation stehe ich zunächst eher fassungslos. Frau S. reagiert nicht psychotisch, versucht zwischen beiden zu vermitteln, resigniert dann aber in ihren Bemühungen und zieht sich zurück. In den Einzelgesprächen mit Herrn M. um seine Diät und seine Anstrengungen, nicht zu trinken, spricht Herr M. jetzt seine Angst an, verrückt zu werden. Hier merke ich, wie ich mich immer mehr mit Herrn M. identifiziere und aus dieser veränderten Nähe heraus, eher in der Lage bin, ihn zu unterstützen, sich gegen das kindlich quengelige Verhalten von Frau S. abzugrenzen und auf die Situation nicht mit Gewalt oder Rückzug und verstärktem Trinken zu reagieren.

Ulf sucht eine Vertrauenslehrerin in der Schule auf und bittet mich, ihm möglichst sofort einen Heimplatz zu vermitteln, da er es zu Hause nicht mehr aushält. Er habe Konzentrationsstörungen und sei mit den Nerven am Ende. Nach Absprache mit dem zuständigen Bezirkssozialarbeiter gelingt es, eine Notaufnahme in eine Verselbständigungsgruppe eines Heimes zu erwirken. Ulf zieht zwei Wochen nach dem Gespräch mit mir aus, bleibt aber weiterhin an der alten Schule.

Herr M. reagiert, als er von dem Einzelgespräch zwischen Ulf und mir erfährt, mit Wut auf Ulf, lacht ihn aus und prophezeit ihm eine fürchterliche Zukunft. Ulf gerät stark unter Druck und sucht Zuflucht im Freundeskreis. Ich treffe ihn mit seiner Freundin außerhalb der Wohnung, wo er seine Ängste äußern kann. Als Herr M. erkennt, daß Ulf es ernst meint und ausziehen wird, verweigert er seine Zustimmung, so daß zu befürchten ist, daß eine Entscheidung des Vormundschaftsgerichts herbeigeführt werden muß. Um einerseits mir eine mögliche Stellungnahme vor dem Gericht gegen eines der Familienmitglieder, die mir alle gleichermaßen nahestehen, zu ersparen, sowie die Familie davor zu schützen, daß das Positive der Beziehung zwischen Herrn M. und Ulf bei einer Auseinandersetzung vor Gericht in die Brüche geht, spreche ich mit dem Paar allein über mögliche Folgen, wenn Herr M. Ulfs Auszug nicht zustimmt. Nach anfänglichen Schimpftiraden läßt Herr M. Trauer und Enttäuschung zu über Ulfs plötzliche Veränderung. Ulf ist bei diesem Teil des Gesprächs anwesend und erhält anschließend die Zustimmung zum Auszug. Er ist sehr betroffen über die Tränen des Vaters, kann ihm jedoch sagen, daß er sich keine Schuldgefühle mehr machen läßt und bleibt bei seiner Entscheidung. Er beginnt seine Familie in den nächsten Wochen nach dem Auszug wieder gelegentlich zu besuchen, die Atmosphäre ist hierbei sehr entspannt.

Nachdem Ulf es geschafft hat, sich gegen die Realisierungswünsche der väterlichen Idealvorstellungen zu wehren, weist Herr M. Toni, der bislang in der Familie als dumm, aber pfiffig galt, eine neue Rolle zu. Er muß jetzt einen Teil von Ulfs Aufgaben übernehmen. Ich unterstütze die Eltern in der Durchsetzung ihrer diesbezüglichen Ziele. Toni darf wieder Kind sein und gibt die Beziehung zu seiner älteren Freundin auf, da er damit offensichtlich überfordert war, indem er meines Erachtens die verdrängten Wünsche seines Vaters ausleben mußte.

Einige Wochen vor Beendigung meiner Maßnahme in der Familie äußert Herr M. den Wunsch, nachdem er die Kinder ins Kinderzimmer geschickt hat, mit mir und Frau S. gemeinsam einen Pornofilm anzusehen. Der Film spielt in einem Frauengefängnis, in dem die Frauen von Wärtern mit Drogen gefügig gemacht werden, um anschließend mit ihnen nach brutalen Mißhandlungsszenen Sex zu haben. Betont wird in diesem Film die Lust, die die Frauen an dem brutalen Genommenwerden empfinden. Anschließend behauptet Herr M., genauso sei das Leben. Ich erwidere ihm, daß er mir sicher nicht glauben wird, aber daß das genauso nun nicht ist.

Nach diesem Nachmittag verändert sich die Beziehung zwischen den Erwachsenen sehr schnell. Sie besprechen Einkäufe, den Tagesablauf und ähnliche alltägliche Angelegenheiten ruhig miteinander, können sich ansehen, lächeln sich an. Als Frau S. meine Freude darüber mitbekommt, als sie ihm die Hand auf die Schulter legt und ihn das erste Mal in meinem Beisein wieder berühren kann, wird sie sehr verlegen. Es scheint wirklich Zeit zu sein, daß ich mich zurückziehe. Das Paar eröffnet mir, daß sie heiraten werden. Frau S. möchte versorgt sein und im Falle seines Todes nicht auf Unterstützung vom Sozialamt angewiesen sein. Herr M. will nicht länger weglaufen. Beide wünschen sich noch einige ruhige gemeinsame Jahre. Meine Bemühungen, Frau S. Zugang zu einer Selbsthilfegruppe psychisch Kranker zu verschaffen, oder aber die letzten Gespräche in den Büroräumen stattfinden zu lassen, um die Familie darin zu unterstützen, sich noch mehr nach außen zu öffnen, scheitern zu diesem Zeitpunkt, da die Familie in Weihnachts- und Hochzeitsvorbereitungen aufgeht.

Es gelingt jedoch, mit allen Familienmitgliedern einen Besuch bei Ulf abzustatten, um dort mit Heim- und Gruppenleitung ein gemeinsames Gespräch zu führen. Ulf fühlt sich in der Gruppe sehr wohl und erhält positives Feedback durch die Gruppe, wenn es darum geht, Gruppenkonflikte zu lösen. Herr M. ist sehr stolz auf Ulfs schulische Leistungen und seine Aussicht auf eine Lehrstelle im metallverarbeitenden Bereich, was er sich für sich immer gewünscht hatte. Ulf kann bei diesem Treffen seinem Vater sagen, daß er doch eine ganze Menge von ihm gelernt habe. Beim Abschlußgespräch sind alle Familienmitglieder einschließlich Ulf anwesend. Frau S. leugnet zunächst, gewußt zu haben, daß es das letzte Treffen ist. Es gelingt dann jedoch ein korrekter Abschied, der allen sehr schwer fällt. Frau S. und Herr M. heiraten einen Monat nach dem Abschluß; ich werde Trauzeugin. Gelegentlich besuche ich die Familie kurz. Frau S. ruft häufiger an. Ulf treffe ich ab und zu im Heim. Die Ängste vor einem gemeinsamen Rückfall in alte Verhaltensweisen, die beim Abschied geäußert wurden, scheinen im Moment kein Thema mehr zu sein.

Literaturverzeichnis

Ackermann, J.: 1984. Psychoanalyse, Psychotherapie und Beratung mit Arbeiterfamilien und einkommensschwachen Schichten. München.
Andolfi, M.: 1982. Familientherapie. Das systemische Modell und seine Anwendung. Freiburg.
Andolfi, M. u. a.: 1986. Das Spiel in der Maske. Stuttgart.
Argyle, M.: 1969. Soziale Interaktion. Köln.
Balint, M.: 1970. Therapeutische Aspekte der Regression. Die Therapie der Grundstörung. Stuttgart.
Bandler, R. u. a.: 1978. Mit Familien reden. Gesprächsmuster und therapeutische Veränderung. München.
Bandler, R., Grinder, J.: 1980. Metasprache und Psychotherapie. Paderborn.
Bandler, R., Grinder, J.: 1981. Neue Wege der Kurzzeit-Therapie. Paderborn.
Bartling, G. u. a.: 1980. Problemanalyse im therapeutischen Prozeß. Stuttgart.
Bateson, G., Jackson, D. D. u. a.: 1969. Auf dem Weg zu einer Schizophrenie-Theorie, in: Schizophrenie und Familie. Frankfurt, S. 11—43.
Bauriedl, Th.: 1983. Beziehungsanalyse. Frankfurt.
Bernstein, B.: 1972. Studien zur sprachlichen Sozialisation. Düsseldorf.
Bertalanffy, L. v.: 1972. Zu einer allgemeinen Systemlehre, in: Bleicher, K. (Hrsg.): Organisation als System. Wiesbaden.
Bösel, M.: 1976. Arbeitssituation und Familie, in: Braun, H., Leitner, U., S. 91—106.
Bosch, M.: 1983. Kriterien zur Wahl der Interviewtechnik in der Familientherapie, in: Brunner, E. J. (Hrsg.): Interaktion in der Familie. Heidelberg.
Boszormenyi-Nagy, I. (Hrsg.): 1975. Familientherapie. Theorie und Praxis. Reinbek.
Boszormenyi-Nagy, I., Spark, G. M.: 1981. Unsichtbare Bindungen. Die Dynamik familiärer Systeme. Stuttgart.
Braun, H., Leitner, U. (Hrsg.): 1976. Problem Familie — Familienprobleme. Frankfurt.
Brunner, E. J. (Hrsg.): 1983 a. Interaktion in der Familie. Heidelberg.
Brunner, E. J. (Hrsg.): 1983 b. Eine ganz alltägliche Familie — Beispiele aus der familientherapeutischen Praxis. München.
Brunner, E. J.: 1986. Grundfragen der Familientherapie. Berlin.
Buchholz, M.: 1982. Psychoanalytische Methode und Familientherapie. Frankfurt.
Buchholz, W. u. a.: 1984. Lebenswelt und Familienwirklichkeit. Studien zur Praxis der Familienberatung. Frankfurt.
Dechêne, H. Ch.: 1975. Verwahrlosung und Delinquenz. Profil einer Kriminalpsychologie. München.
Dierking, W. (Hrsg.): 1980. Analytische Familientherapie und Gesellschaft. Weinheim.
Dilthey, D.: 1979. Therapeut(in) — Klient(in) — Beziehung, in: Grunwald, W. (Hrsg.): Kritische Stichwörter zur Gesprächspsychologie. München, S. 232—250.
Dittmar, N.: 1973. Soziolinguistik. Frankfurt.
Duss v. Werdt, J., Welter-Enderlin, R. (Hrsg.): 1980. Der Familienmensch. Systemisches Denken und Handeln in der Therapie. Stuttgart.
Eberhard, K.: 1969. Merkmalsyndrom der Verwahrlosung, in: Praxis der Kinderpsychologie 18, S. 560—566.
Erikson, E. H.: 1965. Kindheit und Gesellschaft, Stuttgart. 2. Auflage.
Ernst, H.: 1983. Grenzfall — Das Borderline-Syndrom — eine Zeitkrankheit, in: Psychologie Heute 10, S. 20—26.

Ferreira, A. J.: 1960. The „Double Bind" and delinquent behavoir, in: Arch. Gen. Psychiat. 3, S. 359—367.
Ferreira, A. J.: 1980. Familienmythen, in: Watzlawick, P., Weakland, J. H. (Hrsg.): Interaktion. Bern, S. 85—93.
Fisch, R. u. a.: 1987. Strategien der Veränderung. Stuttgart.
Fischer, G.: 1981. Wechselseitigkeit. Interpersonelle und gegenständliche Orientierung in der sozialen Interaktion. Bern/Stuttgart.
Freud, S.: 1911. Formulierungen über die zwei Prinzipien des psychischen Geschehens. Ges. Werke. Band 5.
Friedrich, H. u. a.: 1979. Soziale Deprivation und Familiendynamik. Göttingen.
Gerlicher, K.: 1977. Zur Anwendung von Familientherapie bei Unterschicht- und Randgruppenfamilien, in: Gerlicher, K. u. a.: Familientherapie in der Erziehungsberatung. Weinheim, S. 47—51.
Gordon, Th.: 1976. Familienkonferenz. Die Lösung von Konflikten zwischen Eltern und Kind. Hamburg.
Goldbrunner, H.: 1983a. Therapeutische Gruppenarbeit mit Straffälligen. Stuttgart.
Goldbrunner, H.: 1983b. Familientherapie in der Bewährungshilfe in interdisziplinärer Cotherapie, in: Bewährungshilfe. Jahrgang 30, Nr. 4.
Goldbrunner, H.: 1983c. Dialektische Beziehungen in der Gruppenarbeit, in: Schwalbacher Blätter 34, S. 124—139.
Goldbrunner H.: 1984. Abweichendes Verhalten und Rollenspiel, in: Kreuzer, K. J. (Hrsg.): Handbuch der Spielpädagogik. Düsseldorf.
Goldbrunner, H.: 1986a. Formen der Psychotherapie. Familientherapie. Kurzeinheit 5. Fernuniversität Gesamthochschule Hagen.
Goldbrunner, H.: 1986b, Verstehen als Grundproblem pädagogischen und therapeutischen Handelns, in: Schwalbacher Blätter 37, S. 63—76.
Goldbrunner, H. u. a.: 1988. Beratung sozial benachteiligter Familien in der Sozialarbeit-/Sozialpädagogenausbildung, in: Soziale Arbeit 37, S. 82—89.
Goldstein, A. P.: 1978. Strukturierte Lerntherapie. München.
Gottschalch, W. u. a.: 1975. Sozialisationsforschung. Frankfurt/Main. 8. Auflage.
Goudsmit, W.: 1963. Psychotherapie bei Delinquenten, in: Psyche 17, S. 664—684.
Graumann, C. F.: 1972. Interaktion und Kommunikation, in: Graumann, C. F. (Hrsg.): Sozialpsychologie, 2. Halbband: Forschungsberichte. Göttingen, S. 1109—1262.
Grinder, J., Bandler, R.: 1982. Kommunikation und Veränderung. Paderborn.
Guntern, G.: 1980. Die kopernikanische Revolution in der Psychotherapie: der Wandel vom psychoanalytischen zum systemischen Paradigma, in: Familiendynamik 5, S. 2—41.
Güttges, A.: 1976. Zur Interaktion zwischen Randgruppenfamilien und Behörden am Beispiel der Familie W., in: Richter, H. E. u. a. (Hrsg.): 1976. Familie und seelische Krankheit. Reinbek, S. 102—110.
Haley, J.: 1977. Direktive Familientherapie. München.
Haley, J.: 1978. Gemeinsamer Nenner Interaktion. Strategien der Psychotherapie. München.
Haley, J.: 1981. Ablösungsprobleme Jugendlicher. Familientherapie, Beispiele, Lösungen. Stuttgart.
Hartmann, K.: 1970. Theoretische und empirische Beiträge zur Verwahrlosungsforschung. Berlin/Heidelberg/New York.
Hartmann-Lange, D., Ackermann, J.: 1983. Probleme und Chancen in der Beziehung zwischen Mittelschichttherapeuten und Klienten aus Arbeiterfamilien und unteren sozialen Schichten, in: Zimmer, D. (Hrsg.): Die therapeutische Beziehung. Weinheim, S. 238—249.

Hassan, S. A.: 1977. Familie und Störungen Jugendlicher. Teil I und II, in: Familiendynamik, S. 69—99 u. 242—277.
Headley, L.: 1979. Erwachsene und deren Eltern in gemeinsamer Therapie. München.
Heider, F.: 1977. Psychologie der interpersonalen Beziehungen. Stuttgart.
Hoffmann, L.: 1982. Grundlagen der Familientherapie. Hamburg.
Jürgens, G., Salm, H.: 1984. Familientherapie. Fünf Freiheiten, in: Petzold, H. (Hrsg.): Wege zum Menschen. Paderborn. Band I, S. 387—450.
Kaufmann, E., Kaufmann, P. N. (Hrsg.): 1983. Familientherapie bei Alkohol- und Drogenabhängigkeit. Freiburg.
Kempler, W.: 1976. Grundzüge der Gestalt-Familientherapie. Stuttgart.
Koschorke, M.: 1975. Zur Praxis der Beratungsarbeit mit Unterschichtfamilien, in: Wege zum Menschen 27. Göttingen.
Langenmayr, A.: 1980. Krankheit als psychosoziales Phänomen. Göttingen.
Luthman, S., Kirschenbaum, M.: 1977. Familiensysteme. Wachstum und Störungen. Einführung in die Familientherapie. München.
Mandel, A. u. a.: 1974. Einübung in die Partnerschaft durch Kommunikationstherapie und Verhaltenstherapie. München.
Mattejat, F.: 1984. Familie und psychische Störungen bei Kindern und Jugendlichen: Zur empirischen Fundierung des familientherapeutischen Ansatzes. Würzburg.
Mattejat, F.: 1985. Pathogene Familienmuster: Therapeutische und empirische Analysen zum Zusammenhang zwischen Familienmerkmalen und psychischen Störungen bei Kindern und Jugendlichen. Stuttgart.
Melzer, G.: 1978. Familientherapie und klientenzentrierte Gesprächsführung in der Sozialarbeit. München.
Metsch, H.: 1985. Familientherapie, in: Revensdorf, D.: Psychotherapeutische Verfahren. Band 4. Gruppen-, Paar- und Familientherapie. Stuttgart, S. 64—117.
Minuchin, S. u. a.: 1967. Families of the Slums. New York.
Minuchin, S.: 1977. Familie und Familientherapie. Freiburg.
Minuchin, S. u. a.: 1981. Psychosomatische Krankheiten in der Familie. Stuttgart.
Minuchin, S., Fishman, H. C.: 1983. Praxis der strukturellen Familientherapie. Freiburg.
Moser, T.: 1970. Jugendkriminalität und Gesellschaftsstruktur. Frankfurt.
Napier, A. Y., Whitaker, C. A.: 1982. Die Bergers. Reinbek.
Nielsen, H. u. a.: 1986. Sozialpädagogische Familienhilfe. Weinheim.
Oswald, G., Müllensiefen, D: 1986. Psychosoziale Familienberatung. Freiburg. 2. Auflage.
Peseschkian, N.: 1980. Positive Familientherapie. Eine Behandlungsmethode der Zukunft. Frankfurt.
Rauchfleisch, U.: 1981. Dissozial. Göttingen.
Rauchfleisch, U.: 1982. Zur ambulanten Psychotherapie mit Delinquenten, in: Psyche 36, S. 307—326.
Reich, G.: 1984. Der Einfluß der Herkunftsfamilie auf die Tätigkeit von Therapeuten und Beratern, in: Praxis der Kinderpsychologie 33, S. 61—69.
Reiter, L.: 1973. Zur Bedeutung der Sprache und Sozialisation für die Psychotherapie von Patienten aus der sozialen Unterschicht, in: Strotzka, H. (Hrsg.): 1973. Neurose, Charakter, soziale Umwelt. München.
Richter, H. E.: 1963. Eltern, Kind und Neurose. Reinbek.
Richter, H. E.: 1970. Patient Familie. Entstehung, Struktur und Therapie von Konflikten in Ehe und Familie. Reinbek.
Richter, H. E.: 1972. Die Gruppe. Reinbek.
Richter, H. E.: 1974. Lernziel Solidarität. Reinbek.

Richter, H. E. u. a.: 1976. Familie und seelische Krankheit. Eine neue Perspektive der psychologischen Medizin und der Sozialtherapie. Reinbek.
Rohde-Dachser, Ch.: 1979. Das Borderline-Syndrom. Bern/Stuttgart.
Rohde-Dachser, Ch.: 1987. Ausformung der ödipalen Dreieckskonstellation bei narzißtischen und bei Borderline-Störungen, in: Psyche 57, S. 773—799.
Rotthaus, W. (Hrsg.): 1983. Systemische Familientherapie im ambulanten und stationären Bereich. Dortmund.
Sager, C. J. u. a.: 1974. Handbuch der Ehe-, Familien- und Gruppentherapie. München.
Satir, V.: 1973. Familienbehandlung. Freiburg.
Satir, V.: 1975. Selbstwert und Kommunikation. München.
Scheer-Wiedmann, G., Schweitzer, J.: 1980. Probleme der Familientherapie in sozialen Brennpunkten, in: Dierking, W. (Hrsg.): Analytische Familientherapie und Gesellschaft. Weinheim.
Schlippe, A. v.: 1983. Familientherapie mit Unterschichtfamilien, in: Schneider, K. (Hrsg.): Familientherapie in der Sicht psychotherapeutischer Schulen. Paderborn, S. 372—384.
Schlippe, A. v.: 1984. Familientherapie im Überblick. Paderborn.
Schneider, K. (Hrsg.): 1983. Familientherapie aus der Sicht therapeutischer Schulen. Paderborn.
Schweitzer, J., Weber, G.: 1982. Beziehung als Metapher: Die Familienskulptur als diagnostische, therapeutische und Ausbildungstechnik, in: Familiendynamik 7, S. 113—128.
Selvini-Palazzoli, M. u. a.: 1977. Paradoxon und Gegenparadoxon. Stuttgart.
Selvini-Palazzoli, M. u. a.: 1983. Das Problem des Zuweisenden in der Familie, in: Zeitschrift für systemische Therapie 1, S. 11—20.
Simon, F. B., Stierlin, H.: 1984. Die Sprache der Familientherapie. Ein Vokabular. Überblick, Kritik und Integration systemtheoretischer Begriffe, Konzepte und Methoden. Stuttgart.
Simon, F. B.: 1984. Der Prozeß der Individuation. Über den Zusammenhang von Vernunft und Gefühlen. Göttingen.
Skynner, A. C.: 1981. Die Familie. Schicksal und Chance. Frankfurt.
Speck, R., Attneave, C.: 1976. Die Familie im Netz sozialer Beziehungen. Freiburg.
Sperling, E. u. a.: 1982. Die Mehrgenerationen-Familientherapie. Göttingen.
Spitz, R.: 1954. Die Entstehung der ersten Objektbeziehung. Stuttgart.
Sprey, Th.: 1977. Randgruppenberatung, in: Schwarzer R. (Hrsg.): Beraterlexikon. München S. 160—163.
Steinvorth, G.: 1973. Diagnose: Verwahrlosung. Eine psychologische Analyse anhand von Jugendamtakten. 2. Auflage. München.
Stierlin, H.: 1975. Eltern und Kinder im Prozeß der Ablösung. Frankfurt.
Stierlin, H. u. a.: 1977. Das erste Familiengespräch. Theorie, Praxis, Beispiele. Stuttgart.
Stierlin, H.: 1978. Delegation und Familie. Beiträge zum Heidelberger Familiendynamischen Konzept. Frankfurt.
Streeck, U.: 1978. Psychotherapeutische Gesichtspunkte in der Einzelfallarbeit mit Randschichtangehörigen, in: Gruppenpsychotherapie und Gruppendynamik 13, S. 262—273.
Textor, M. R. (Hrsg.): 1986. Das Buch der Familientherapie. Sechs Schulen im Vergleich. Frankfurt. 2. Auflage.
Thomas, G. J.: 1986. Unterschicht, Psychosomatik und Psychotherapie. Eine kritische Sichtung von Forschung und Praxis. Paderborn.
Tscheulin, D.: 1975. Gesprächstherapie als zwischenmenschlicher Kommunikationsprozeß, in: GwG (Hrsg.): Die Klientenzentrierte Gesprächspsychotherapie. München, S. 98—113.

Urlaub, M.: 1976. Familienfürsorge, in: Braun, H., Leitner, U. (Hrsg.): Problem Familie/Familienproblem. Frankfurt, S. 169—178.
Utz, K.: 1987. Kooperative Familiengespräche, in: Blätter der Wohlfahrtspflege, S. 152—154.
Watzlawick, P. u. a.: 1969. Menschliche Kommunikation. Formen, Störungen, Paradoxien. Bern/Stuttgart.
Watzlawick, P. u. a: 1974. Lösungen. Zur Theorie und Praxis menschlichen Wandels. Bern.
Watzlawick, P., Weakland, H. J. (Hrsg.): 1980. Interaktion. Bern.
Weins, W.: 1983. Problemfamilien im Gemeindekontext. Stuttgart.
Whitaker, C. A. u. a.: 1975. Gegenübertragung bei der Familienbehandlung von Schizophrenie, in: Familientherapie. Theorie und Praxis. Band 2. Reinbek, S. 90—119.
Willi, J.: 1985. Die Koevolution. Reinbek.
Wirsching, M., Stierlin, H.: 1982. Krankheit und Familie. Konzepte — Forschungsergebnisse — Therapie. Stuttgart.
Wynne, L. C.: 1975. Einige Indikationen und Kontraindikationen für exploratorische Familientherapie, in: Familientherapie. Theorie und Praxis. Band 2, Reinbek, S. 53—89.
Zimmer, D.: 1983. Überlegungen zu einem Modell der Therapeut-Klient-Beziehung, in: ders. (Hrsg.): Die therapeutische Beziehung. Weinheim, S. 138—150.
Zuk, G. H.: 1975. Familientherapie. Intervention und therapeutische Prozesse. Freiburg.